MASTERING

ITA

Italian Life and Language

MACMILLAN MASTER SERIES

Astronomy
Australian History
Background to Business
Banking
Basic English Law
Basic Management
Biology
British Politics
Business Communication
Business Law
Business Microcomputing
Catering Science
Chemistry
COBOL Programming
Commerce
Computer Programming
Computers
Data Processing
Economic and Social History
Economics
Electrical Engineering
Electronics
English Grammar
English Language
English Literature
Financial Accounting
French
French 2
German
German 2
Hairdressing
Italian
Italian 2
Japanese
Keyboarding
Marketing
Mathematics
Modern British History
Modern European History
Modern World History
Nutrition
Office Practice
Pascal Programming
Physics
Practical Writing
Principles of Accounts
Restaurant Service
Social Welfare
Sociology
Spanish
Spanish 2
Spreadsheets
Statistics
Statistics with your Microcomputer
Study Skills
Typewriting Skills
Word Processing

MASTERING ITALIAN 2

Italian Life and Language

ROBERT C. POWELL

and

ROBERTA TOZER

EDITORIAL CONSULTANT
BETTY PARR

First published 1989

Published by
MACMILLAN EDUCATION LTD
Houndmills, Basingstoke, Hampshire RG21 2XS
and London
Companies and representatives
throughout the world

Printed in China

British Library Cataloguing in Publication Data
Powell, Robert C.
Mastering Italian 2: Italian life and
language.—(Macmillan master series).
1. Italian language—Questions & answers
I. Title II. Tozer, Roberta III. Parr,
Betty
458
ISBN 0–333–43573–7
ISBN 0–333–43574–5 Pbk
ISBN 0–333–43575–3 Pbk export

CONTENTS

CONTENTS

II REFERENCE MATERIAL

LIST OF FIGURES

LIST OF ILLUSTRATIONS

SERIES EDITOR'S PREFACE
MASTERING ITALIAN 2

Mastering Italian 2 is intended for students working, with or without a teacher, to extend their command of spoken and written Italian and to learn more about Italy and her people. When *Mastering Italian* was published in 1983, it was described as 'a carefully planned introduction to the language and . . . a secure foundation for further study'. The present course is a sequel to the first, and will surely be welcomed by thousands who have studied *Mastering Italian* and by many others who have a good basic knowledge of the language and seek a stimulating and well organised programme to support more advanced work, with or without an examination in view.

In the first Course, the main emphasis was placed on understanding and using the spoken language, although reading and writing were given due attention. In *Mastering Italian 2*, the ready comprehension and effective use of the written language are important objectives, though listening and responding to spoken Italian are also vital elements. A glance at the table of contents will give a hint of many individual features, though it will not reveal the lively teaching and sensitive understanding that characterise the Course. A selection of authentic passages from contemporary sources gives an insight into aspects of life in present-day Italy. Some of these form the basis for recorded conversations, which provide a further source of information and opinion, and an excellent demonstration of the language as spoken by well-educated Italians. The last chapter contains a small anthology of literary extracts, from Dante to the present day; it is hoped that the student may be stimulated by this glimpse of Italian literature to embark on further reading in this rich field.

The authors' most helpful and informative introduction gives an account of the contents of the book and its accompanying cassette, and suggests ways of using them effectively. Helpful notes on each extract should assist the student to develop a measure of linguistic independence and a sense of style. The grammatical explanations which follow the chosen passages ensure that grammar is learnt in the context of familiar material, not in theoretical isolation. A comprehensive and comprehensible Grammar Section in the Appendix of reference material gives fuller information in an accessible form. Exercises carefully planned to provide practice in all the language–skills are accompanied by a key, placed in the Appendix, which should instil confidence and facilitate self-assessment.

To work with this Course is to embark on an enjoyable voyage of discovery which should lead to increased mastery of the Italian language and a deeper understanding of Italy and her people.

BETTY PARR
Editorial Consultant

INTRODUCTION
HOW TO USE THIS BOOK

THE STUDY MATERIAL

Mastering Italian 2 is intended for people who already have some basic knowledge of Italian and who wish to extend their understanding of the language. This second-stage book includes a range of spontaneous conversations recorded with Italian native speakers from several different parts of the country. It also offers a wide variety of authentic reading material taken from newspapers, magazines, information brochures and literature. The range of registers of the various texts, together with the topics developed in the ten chapters, provide fascinating insights into the language, society and culture of contemporary Italy.

In selecting the material for study, we have borne in mind the needs of several types of language learner.

* Adult learners working independently who want a varied diet of authentic reading and listening material, helpful notes of clarification and a guided programme of self-checking exercises to assess their own performance.
* Students attending classes on second- or third-stage courses in adult education centres or institutions of further education. *Mastering Italian 2* will be a useful addition to the list of course books available to the teacher. It could also be a useful supplement for students' work at home.
* Students preparing intermediate or advanced-level certificates set by the various regional and national examination boards.
* Students who have completed an intensive beginners' course in Italian at school, polytechnic, university or in Italy itself, and who need to develop further their reading, listening and writing skills and knowledge of structure and vocabulary.

- ⋆ Business people whose knowledge of spoken Italian may be quite extensive but who have had no formal learning experience. *Mastering Italian 2* will develop their reading and writing skills and explain some of the more formal aspects of language usage.
- ⋆ People of Italian origin whose mother-tongue may be a dialect form but who now wish to formalise their understanding of the national language. This book offers a coherent programme of study to enable them to develop their reading and writing skills in standard Italian.

LINGUISTIC GOALS

Reading Skills

All of the Italian language presented for study and enjoyment in this book is authentic – that is to say, it has been published in its original form, if not always in its original format. It is inevitable, therefore, that some of the passages may appear rather difficult on first reading. With practice, however, and developing confidence gained through an increasing vocabulary, you should find things becoming much easier. You should not be put off if you do not understand every single word immediately. The tasks set on each text will take you through various stages, from gist comprehension – which involves gaining a grasp of the general ideas – through more detailed understanding of the arguments presented and appreciation of the style and purpose of the writing. For the vocabulary and idiom of the texts to become part of your own 'repertoire', you will need to read and re-read each passage and conversation several times. Reading aloud can help speed up the process of assimilating a new language. By and large, material has been chosen from publications that are widely available outside Italy, thus encouraging you to continue your discovery of the language and society of that country.

Listening Skills

The cassette which accompanies this book contains recordings of the **Conversazioni**, examples from the **Pronunciation Guide**, answers from some of the **Exercises** and readings of some of the literary extracts. There are also some items from an Italian local radio station. All items on the cassette are marked in the text with the cassette symbol [cassette symbol]. As well as using the cassette as an essential tool during formal study time, why not listen on your way to work, or while you peel the potatoes? It is worth talking along with the native speakers, reproducing their pronunciation and intonation. Some people claim to learn a great deal by listening to the foreign language cassette last thing at night, just before dropping off to sleep!

Communication Skills
In addition to the notes clarifying the expressions contained within each passage, idiomatic phrases of spoken Italian have been singled out for special attention. These are primarily intended to help the traveller to Italy cope with typical, everyday situations. Some of the exercises are designed especially to practise oral skills and a number of these exercises have been recorded on the cassette.

Grammatical Skills
An understanding of the underlying structure of a language is essential if you are to develop fluency and accuracy in all the four language skills of listening, speaking, reading and writing. Each chapter contains sections entitled **Explanations** which, as well as providing vocabulary lists to assist comprehension, include grammatical details based on examples taken from the texts. Studying grammar in context is the best way to increase your ability to manipulate language. You should always study the relevant parts of the **Grammar Section** at the end of the book to supplement the notes in the chapters. This summarises the main grammar points of the book and provides further examples.

EXERCISES

Exercises are set after each passage or conversation to help you check your understanding of the ideas and your linguistic competence. We have tried to make the exercises as varied and as interesting as possible. Some involve role-play and test oral skills, while others focus on written skills such as summarising, translation or letter-writing. You should check your progress regularly by referring to the **Key to the Exercises**, also to be found at the back of the book – after attempting the exercises, of course!

TYPEFACES

Throughout this book, words in Italian are printed in a different typeface from English words. This approach, it is hoped, will avoid any confusion, particularly in the **Explanations** and **Exercises**. Most Italian words have the stress on the *penultimate syllable*; words which do *not* follow this pattern have the stressed syllable shown in italics in the **Select Vocabulary** lists. (See also the discussion of l'enfasi (stress) on p. xxv below.)

INFORMATION ABOUT ITALY

There are several passages headed **Informiamoci** which are designed to increase your awareness and appreciation of modern Italian society. Some offer practical advice to the traveller or holiday-maker. Topics such as geography, politics, health, cinema and the mass media are also included.

REFERENCE MATERIAL

No single text book can cover all aspects of the foreign language and culture. The serious student of Italian will need a good dictionary and the support of a fuller description of the language. A list of suggested titles appears at the back of the book, together with some useful addresses for obtaining more information about Italy, courses in Italian, and Italian life and culture.

PLANNING TO USE THE BOOK AND CASSETTE

In the first two or three chapters of the book, some of the basic elements of Italian have been isolated for special attention – e.g. noun and adjective formation and use of tenses. Beyond this, however, there is no attempt to create an artificial progression from 'simple' to 'complex' language. What some language learners find difficult, others may find easy. You are therefore free to choose the sequence in which the chapters are to be read and studied. You may follow the chronological order, taking each passage in turn and completing the work set; you may decide to concentrate on listening first and spend more time with the conversations on the cassette before working on your reading and writing skills. Having looked at the themes of the chapters in the **Contents**, you may select one that particularly appeals and study those units of work first. Whichever route you take, we hope you will find the topics interesting and the tasks challenging and rewarding. Buon Lavoro!

ROBERT C. POWELL
ROBERTA TOZER

GUIDE TO PRONUNCIATION

The first volume of *Mastering Italian* included a very brief guide to the pronunciation of the Italian language. This section takes the student of Italian as a foreign language several steps further along the road to developing a perfect accent: Italian is not really a difficult language to pronounce well. It is sometimes called a 'phonetic' language; this means simply that what you see written on the page is pronounced more or less as it is written, with every single part of each word having its importance in the sentence. In order to make the most of this section, you should read it in conjunction with the cassette. The examples have been recorded for you. Listen to them carefully and copy the native speakers. There are many regional accents in Italian but the pronunciation of the national language, as opposed to the regional *dialects*, remains fairly constant throughout Italy.

L'ALFABETO (the alphabet)

If you need to give your name on the telephone to an Italian who does *not* understand English, it is as well to adopt the system of providing a place name for each letter of the alphabet. A list of the towns used in this way is given below.
If your name was Powell, for example, you would spell it out thus:

P come Padova – O come Otranto – W come Washington – E come Empoli – L come Livorno – L come Livorno

PRONUNCIATION

There is no Italian town beginning with W. Similarly, if your name contained H or Q, you would say:

H (acca) come Hotel, Q come quaranta

A (a)	Ancona	O (o)	**O**tranto
B (bi)	Bologna (or Bari)	P (pi)	P**a**dova (or Parma)
C (ci)	Como		
d (di)	Domod**o**ssola	Q (cu)	quaranta
e (e)	**E**mpoli	R (erre)	Roma
F (effe)	Forlì	S (esse)	Savona
G (gi)	G**e**nova	T (ti)	Torino
H (acca)	Hotel	U (u)	**U**dine
I (i)	**I**mola	V (vi)	Ven**e**zia (or Vicenza)
L (elle)	Livorno		
M (emme)	Milano	W (vi doppia)	Washington
N (enne)	N**a**poli	Z (zeta)	Zara

(note that we have marked where the *stress falls when it is not on the penultimate syllable* – Domod**o**ssola)

The letters J, K, X and Y are not really part of the Italian alphabet, but are referred to in the following way:

J = i lunga
K = cappa
X = ics
Y = ipsilon

LE VOCALI (the vowels)

1. Italian vowels are mostly 'pure' sounds. The voice should not slur over the sounds as often happens in English. Any comparison between the two is only a rough approximation, as the cassette will indicate.

	English word	Italian word
a	bar	un bar
e	Fred	freddo
i	chips	cipria
o	port	porto
u	cube	cubo

Note that in some words the vowel *o* is pronounced with an 'open' sound, as in the English word 'pot':

ottimo, costo, ho

In others, it has a more 'closed' or narrow sound, as in the English word 'closed':

molto, dopo

Similarly, the vowel *e* has two kinds of sound: an 'open' *e*:

espresso

and a 'closed' version:

nero, sera, meno, etc.

These vowel sounds do vary slightly from region to region. The vowel *i* placed between c or g and *a*, *o*, *u*, is hardly pronounced at all, but *changes the sound of the consonant* from a hard, guttural one to a soft, palatal one:

chocolate = cioccolata, everyone = ciascuno,
John = Giovanni, jacket = giacca

2. Diphthongs (i dittonghi) usually occur when a *hard* vowel (*a*, *e* or *o*) combines with a *soft* one (*i* and *u*). In these cases, the stress always falls on the *hard* one:

fiore, fianco, pieno, riunione, poi, ṇoi, paio, laico, dieta, chiesa, etc.

When *two soft vowels* combine, the stress falls on the *second* one:

piuma, Luisa

Learn the *exceptions* as you come across them in the recordings and in talking to Italians:

po**e**ma, plat**e**a, quals**i**asi

LE CONSONANTI (the consonants)

1. *c* and *g* in front of the vowels *e* and *i* have a soft sound, similar to that found in the English words 'chair', 'cheer', 'jug', 'gin', 'gem':

   centocinquanta, gengiva

   In some regions of Italy you will hear the soft *c* pronounced even 'softer', bordering on the English 'sh' sound.
   Before the vowels *a*, *o*, *u*, *c* and *g* are hard, guttural sounds, like the English c, k and g:

   cocoa = cacao, cuddle = coccolare, gargle = gargarismo, government = governo, etc.

2. *ch* and *gh* are found *only* in front of *e* and *i*. Think of the *h* making the *c* and *g hard*:

   chiesa, chilo, perché, ghiaccio, ghisa, ghetto

3. *g* followed by *l* and the vowels *a*, *e*, *o*, *u* has a hard, guttural sound:

   globale, Gloria, inglese, etc.

   But *gl* before the vowel *i* is usually a soft palatal sound, like -li- in 'million':

   foglio, figlia, gli

   In a few instances, however, it retains its *hard* quality:

   anglicano, negligenza, glissando, glicerina

4. The sound of *g* followed by *n* and any of the vowels is always *soft*, similar to the English -ni- in 'onion', or ne- in 'newt':

   gnocchi, agnello, bagno, Ignazio

5. *h* is *always silent*, for example in parts of the verb avere:

   ho, hai, ha, hanno

6. *qu* followed by another vowel is pronounced as in the English words 'qualm', 'quest', 'quick':

quaderno, quercia, quindi, quotidiano

7. *r* is 'rolled'. To achieve this sound, the tip of the tongue has to flick back, curling towards the roof of the mouth. Try, literally, getting your tongue around this sentence:

Il treno numero trentatrè è arrivato da Trieste con tre ore di ritardo

8. *s* has *two* sounds:

(a) *Unvoiced*, like the English 'soap', in several instances. When it is the *first* letter of a word and followed by a vowel:

salute, senza, sicurezza, solo, sugo

When it is *doubled*:

rissa, rosso, influsso

When it is *followed* by *c*, *f*, *p*, *q*, *t*:

scacco, sfondo, speciale, studente

(b) *Voiced*, like the English 'pose'.
When it is at the *beginning* of a word and followed by the consonants *b*, *d*, *g*, *l*, *m*, *n*, *r*, *v*:

sbaglio, sdraio, sgradevole, smarrire, snello, sviluppo

and generally when it is *within* a word:

esercizio, quasi

9. *sc* has *two* pronunciations.

(a) Similar to the English 'shoot' in front of *e* and *i*:

sci, sciopero, scemo, lascerò

(b) Similar to the English 'scheme' in front of *a*, *o*, *u*:

scatola, scoglio, scusi

10. *sg* also has *two* pronunciations (as in **1** above), namely a palatal soft sound before *e* and *i*:

sgelare

and a guttural, hard sound before *a*, *o*, *u*:

sgabello, sgonfiato, sguardo

But *sc* and *sg* are followed by *h* only in some instances, and *only* in front of *e* and *i* to give a guttural, hard sound:

schema, schiaffo, schiena, pesche, fischio, sghembo, funghi, aghi

11. *z* has *two* pronunciations.

(a) *Unvoiced*, similar to the sound 'ts' in the English word 'bets':

zampa, zeppo, zero, zucchino, forza

(b) *Voiced*, similar to the sound 'dz' in the English word 'lads': zona, zigomo, zanzara

12. Double consonants must be pronounced *strongly*, since some words have quite different meanings which depend solely on a single or double consonant (cf. English pen-knife):

pena – penna
sono – sonno
poro – porro
Papa – pappa

Double consonants require the speaker to pause *fractionally longer* on the sounds. Notice the difference between the following:

ha fatto – affatto
palo – Rapallo
la porta – rapporto
il rame – rammarico

L'ENFASI (stress)

Italian words may be divided into *four* groups according to *where the stress falls*. As we have seen, some words are stressed on the *last syllable*. The largest group of Italian words, however, are stressed on the *penultimate* (next to last) syllable:

c**u**rva, man**i**glia, ad**a**gio, inform**a**le, gradualm**e**nte, industrializzazi**o**ne

Note the *stress points* in a typical Italian sentence:

Tr**o**vo l'itali**a**no m**o**lto interess**a**nte

A number of words have the stress falling on the *antepenultimate* (third last) syllable:

f**a**cile, pap**a**vero, mut**a**bile, p**o**polo, cat**a**logo, ca**o**tico, **a**bito, p**u**bblico, palcosc**e**nico, f**e**mmina, portac**e**nere, m**e**dico, dram-m**a**tico, gioc**a**ttolo, etc.

Listen out for these in speech and in recordings, making a note each time you hear a *new example*.
There are a number of instances where this pattern is *regularly followed*:

(a) The *absolute superlative* ending -issimo:

bell**i**ssimo, interessant**i**ssimo, difficil**i**ssimo

(b) *Verb endings* such as the *3rd person plural present tense* (indicative and subjunctive):

p**o**ssono, tr**o**vano, f**a**cciano, amm**e**ttono

(c) Some *infinitive* forms:

acc**e**ndere, trasc**o**rrere, risp**o**ndere

(d) *Verb forms* where pronouns are tagged on to the end, for example *imperatives*:

ferm**a**tevi, mand**a**telo, scriv**e**temi

and *participles*:

fin**i**tolo, ess**e**ndoci, mangi**a**ndone

A handful of words, usually *verb forms*, have the stress on the *fourth last syllable*:

part**e**cipano, ill**u**minano, si acc**o**modino

This will also occur if *two pronouns are added* to the *imperative* or *participle*:

mand**a**tegliene, d**e**ttomelo

In other words, the stress matches that of the *original form* without the addition of a pronoun.

Words having an 'unusual stress' – i.e., other than on the penultimate syllable – will be identified in the Select Vocabulary lists with the stressed syllable in bold type:

pianer**o**ttolo – landing

Many words ending in *-io* and *-ia*, etc. have the stress on the *i* of the ending (i.e., the penultimate syllable):

farmac**i**a, mormor**i**o

But there is no hard and fast rule about this. Some words ending in *-io* and *-ia* have their stress on the *preceding* syllable:

ordin**a**rio, st**o**ria

All words with these kinds of endings will have their stress marked in the Select Vocabulary lists, but you should make a note of others as they occur in the recorded material.

L'INTONAZIONE (intonation)

Italian is frequently referred to as a *musical* language. The purity of the vowel sounds and the interplay of soft and hard consonants certainly add to the beauty of the spoken language. But there is also a lyrical quality to be found in the rise and fall of the voice pitch. Not all Italians seem to sing as they speak, but the overriding impression one gains listening to people from various parts of Italy is that the range of tonality and the differences of pitch are greater than in some other languages.

As you listen to the cassette you should try to echo the way Italian mother-tongue speakers string together their ideas. Notice particularly where the voice rises and falls in the sentence. One way to help develop an ear for intonation is to draw lines above the words in a sentence, rather like a set of musical notes. Below is an example, showing how varied the pitch can be, even when the subject matter is quite mundane – an extract from 'A day in the life of . . .Roberta.'

Dunque, mi sveglio alla mattina, piuttosto presto, verso le sei e tre quarti, le sette meno dieci. Faccio colazione che non consiste di molto perché come tutti gli italiani adoro soprattutto il mio caffè. Prendo il caffè nero, naturalmente. Mio marito mi chiede spesso: 'Perché non fai come me? Perché non prendi qualcosa di più: Un uovo, un po' di pane magari? Ma io non mi sono mai abituata a mangiare all'inglese. Almeno non alla mattina. . . Prima di uscire, metto in ordine qualche cosa nella casa e poi mi avvio al lavoro verso le otto e mezzo.

ACKNOWLEDGEMENTS

I would like to register my sincere thanks to my co-author and language consultant Roberta Tozer for her linguistic expertise and astute observations during the writing of this book. We are also grateful to Laura Gallone-Scarth, Pippo Cirino, Ernesto Macaro and Sandro Marchetti for their lively contributions during the recording sessions. Thanks are also due to the series editor, Betty Parr, for her encouragement and friendly advice. Most of all, I should like to thank my wife, Margaret, for her constant support and my children Daniel, Benjamin and Rebecca for being so patient while Dad was 'busy on the book'.

The publication of this book which draws so heavily on authentic materials would not have been possible without the cooperation of several organisations and publishers who have kindly given permission for the use of copyright material. Thanks are due to the following publishers:

Arnoldo Mondadori, Einaudi, Fabbri-Bompiani, Mursia, Rizzoli.

To the directors of the following newspapers and magazines:

L'Educatore Sanitario, Epoca, L'Espresso, Il Messaggero di Sant'Antonio, Mondo Economico, Panorama, La Repubblica, La Stampa.

To Marisa and Romano Denti, Co-Directors of Radio Centrale.

To Anna Laura Lepschy and John Parr.

To Signora Darina Silone, widow of Ignazio Silone.

To ACI Automobile Club d'Italia.

To SIP Società Italiana per l'Esercizio delle Telecomunicazioni.

To TINA Teaching Italian by New Approaches.

To Edizioni Curci Srl.

To the Decca Record Company for extracts from 'Che gelida manina' from *La Bohème* by Puccini sung by Luciano Pavarotti with the Berlin Philharmonic Orchestra conducted by Herbert von Karajan. Cat. No. SXL 6649.
To Camera Press for the photographs in Chapters 1 and 8.

Every effort has been made to trace all the copyright-holders but if any have been inadvertently overlooked, the publishers will be pleased to make the necessary arrangements at the earliest opportunity.

[illegible] ILEA Teaching [illegible]

[illegible] and Sons [illegible]

To the Decca Record Company for extracts from [illegible] with the [illegible] Philharmonic Orchestra conducted by [illegible]

[illegible] for the photographs in Chapter [illegible]

Every effort has been made to trace all the copyright-holders but if any have been inadvertently overlooked, the publishers will be pleased to make the necessary arrangements at the first opportunity.

I TEACHING UNITS

CHAPTER 1

L'ITALIA PATRIA MIA

Enzo Biagi is one of the best known writers and journalists in Italy today. A traveller by inclination and trade, he has produced many books and articles over the years describing his impressions of the different countries he has visited and the impressions that they have made on him. It was not until relatively late in life, however, that he found himself motivated to turn his attention to the land of his birth and inspired to write down his thoughts. In the introduction to his book *Italia*, first published in 1975, he wrote: 'Mi accingo, con serena incoscienza, a parlare dell'Italia. Ne sono convinto: è difficile.' He is right, of course. We all have our personal impression of Italy depending on places seen, people encountered, books and newspapers read, films viewed, etc. The reality of Italy today is an elusive concept. Italians themselves seem to take delight in analysing their situation – and reaching different conclusions daily. Some commentators discover interesting new details to assist them in their analysis. And Biagi is no exception. Here he provides us with a number of fascinating facts – and a warning.

1.1 PER UNA DEFINIZIONE DELL'ITALIA (see Illus. 1.1 and 1.2)

L'Italia si può classificare in vari modi. Fisicamente parlando, in tre: Nord (continentale), Sud (peninsulare) e insulare. C'è invece chi la divide in due: quella del burro e quella dell'olio, che sono diverse civiltà. Ogni città ha un suo simbolo: Torino la Mole, Milano il Duomo, Venezia il Ponte dei Sospiri o Piazza San Marco, Verona l'Arena o la falsa tomba di Giulietta, Ravenna Sant'Apollinare o la falsa leggenda del bellissimo Guidarello, Napoli, direi, la pizza. Le differenze tra un luogo e l'altro sono enormi: ambientali, economiche, sociali, di storia, di tradizione, di costume.

illus. 1.1 *A scene in winter*

Non esiste un italiano modello, con caratteristiche costanti. C'è il tipo dinarico, il tipo padano, il tipo alpino che ha la testa larga, o il sardo che, invece, ce l'ha piccola. Stiamo però diventando tutti più alti. Negli ultimi ottant'anni la media della statura si è alzata di cinque centimetri. I più presentabili, secondo le tabelle dell'esercito, sono i giovanotti friulani: m.1.74.

L'Italia è la sola nazione del mondo che include nel proprio territorio due altri Stati: la Città del Vaticano e San Marino. Ha più colline e montagne che pianure. La religione è la cattolica, ma ci sono anche centomila protestanti e trentacinquemila ebrei. È generalmente considerata 'la terra del sole'. In realtà, Manchester ha un clima più mite che Milano; Venezia è più fredda di Londra e più calda di Casablanca; a Cervinia cade più neve di quanto se ne veda nella taiga siberiana.

L'Italia è il paese dove si ricevono in assoluto più turisti che seguono gli itinerari di Goethe, Stendhal, Montaigne, De Brosses, o i richiami degli Enti di turismo. Cercano a seconda della cultura o del sesso, la grandezza del Rinascimento, o le risorse di Casanova, gli spaghetti o le pensioni a buon mercato dell'Adriatico, le cerimonie della Chiesa o le illusioni della 'dolce vita'. Scoprono un modo di vivere 'all'italiana' che è, quasi sempre, una immagine creata dai settimanali e dal cinema – più deludente nella realtà.

Enzo Biagi: *Italia* (Rizzoli, 1975)

1.2 EXERCISES

(The key to these exercises begins on p. 277.)

Section A

Attempt these exercises before consulting the Explanations.

1.2.1 Gist Comprehension

Paragraph 1

(a) Biagi begins by establishing a geographical division. What other way of classifying Italy is suggested?

Paragraph 2

(b) What do army statistics tell us about Italians?

Paragraph 3

(c) What makes Italy unique among the nations of the world, politically speaking?
(d) Three forms of religion are mentioned. Which are they?
(e) Why is Manchester mentioned?
Paragraph 4
(f) According to Biagi, are tourists likely to be satisfied with what they find in Italy?

1.2.2 **Word Study 1**

Many Italian words resemble English words and have very similar, if not always identical, meanings. These 'cognates' reveal the common roots of the two languages in Latin and Greek. Using a pencil underline or circle the words in the text which come into this category. You should discover quite a number! For example:

classificare – insulare – divide, etc.

(See also Chapter 5 for more work on 'cognates'.)

1.2.3 **Word Study 2**

Try to work out the meaning of the following phrases from the context in which they occur in the passage.

(a) ce l'ha piccola –
(b) i più presentabili –
(c) un clima più mite –
(d) i richiami degli Enti di turismo –
(e) a seconda della cultura e del sesso –

1.3 EXPLANATIONS

1.3.1 **Select Vocabulary**

la civiltà	civilisation
ambientale	of the environment
din*a*rico	Slav
padano	of the valley of the river Po
sardo	Sardinian
la m*e*dia	average
la tabella	chart, list
friulano	of the Friuli region
la pianura	plain

scoprire	to discover
settimanale	weekly
deludente	disappointing

1.3.2 Names of Places and People

La Mole di Torino	better known as La Mole Antonelliana, this is an immense church-like edifice with a tall spire, started in 1863 and completed in 1897
Il Duomo di Milano	Milan Cathedral
Il Ponte dei Sospiri	the Bridge of Sighs
La falsa tomba di Giulietta	the false tomb of Juliet
Sant'Apollinare	a Roman basilica on the outskirts of Ravenna
Guidarello	one of Cesare Borgia's military leaders, assassinated in 1501; there is a commemorative monument in Ravenna.
San Marino	the Republic of San Marino
Cerv*i*nia	mountain resort on the Italian side of Mont Blanc (il Monte Bianco)
la t*a*iga siberiana	the Siberian coniferous forest
Goethe	German author (1749–1832)
Stendhal	French novelist (1783–1842)
Montaigne	French essayist (1533–92)
De Brosses	French author (1709–77)

1.3.3 Expressions and Idioms

c'è invece chi	there are those on the other hand who
in assoluto	in absolute terms, clearly
a buon mercato	cheap
all'italiana	in the Italian way

1.3.4 Grammar

The following are the main points of grammar which have been identified in the text and selected for special attention. You should also refer regularly to the relevant paragraphs in the **Grammar Section** at the back of the book.

(a) Revision of the present tense

The passage is written, for the most part, in the *present tense*. Note the 3rd person singular forms of regular *-ere* verbs:

C'è chi la *divide* in due.	There are those who divide it into two.
Non *esiste* un italiano tipico.	There does not exist such a thing as a typical Italian.
È la sola nazione del mondo che *include*	It is the only nation in the world which contains . . .
. . . due altri Stati.	two other states.
a Cervinia *cade* più neve . . .	More snow falls at Cervinia . . .

Note also the 3rd person plural endings of regular verbs. Remember that the stress is on the syllable *immediately before* the ending.

-are verbs end in *-ano*:

Cercano la grandezza del Rinascimento.	They seek the greatness of the Renaissance.

-ere verbs end in *-ono*:

è il paese dove si ricevono più turisti	it is the country where more tourists are received

-ire verbs also end in *-ono*:

seguono gli itinerari di Goethe	they follow the routes taken by Goethe
scoprono un modo di vivere	they discover an Italian way of life

(b) The present continuous tense

To express the idea of *continuing action*, use the verb *stare* plus the gerund form ending in *-ando* or *-endo*:

stiamo però diventando tutti più alti	we are all, however, (in the process of) becoming taller

(c) Adjectives

(i) Formation and use

The passage contains many adjectives. (See **Grammar Section G4.1.1** for details of the two groups). Note, however, the feminine plural form of adjectives ending in -co and -go:

le differenze economiche	economic differences

(ii) Position

Adjectives usually *follow the nouns they describe*, but are sometimes placed in front for special emphasis. (See also Section 2.9.3.).

. . . che sono diverse civiltà	. . . which are different (i.e., quite distinct) civilisations

(d) Comparisons

'More . . . than' is translated by *più . . . di* before a pronoun, noun or a number:

Venezia è più fredda di Londra	Venice is colder than London

But if the noun is used in a general sense without an article, 'than' is translated by *che*:

Ha più colline e montagne che pianure.	It has more hills and mountains than plains.

Note the following construction:

A Cervinia cade più neve di quanta se ne veda nella taiga siberiana.

More snow falls at Cervinia than in the Siberian coniferous forest.

'More and more' is translated by *sempre più*:

Il costo della vita diventa sempre più caro.	The cost of living is getting more and more expensive.

(e) Use of the passive *si*

Si is used extensively with an active verb in the 3rd person singular or plural to avoid the more cumbersome passive form:

L'Italia si può classificare in vari modi.	Italy may be classified in various ways
. . . si ricevono più turisti	more tourists are received

(See Chapter 5 for more uses of this versatile pronoun.)

1.4 EXERCISES

Section B

1.4.1 Making Adjectives from Nouns

Using a dictionary where necessary, make adjectives from the following list of nouns:

(a) civiltà
(b) storia
(c) società
(d) isola
(e) tradizione
(f) turismo
(g) delusione
(h) Londra
(i) costanza
(j) simbolo
(k) religione
(l) cultura
(m) settimana
(n) economia
(o) pianura

1.4.2 **più . . . che**

Rewrite the following sentences, using the comparative form *più . . .che.*

Model: In Inghilterra si mangiano spaghetti ma in Italia se ne mangiano di più.
Response: In Italia si mangiano più spaghetti che in Inghilterra.

(a) D'inverno cade molta neve in Scozia ma nelle Alpi ne cade di più.
(b) Ogni anno San Marino riceve molti turisti ma la città del Vaticano ne riceve di più.
(c) Negli Appennini ci sono molte piste di sci ma nelle Dolomiti ce ne sono di più.
(d) Le vacanze in pensione costano molto ma nei grandi alberghi costano di più.

1.4.3 **Comparing Things**

Make up sentences in which you compare the things in the left-hand column with those on the right. Adjectives are provided for you, but do not forget to make them *agree*:

(a)	la cucina a base di burro	(grasso)	la cucina a base di olio
(b)	il clima di Napoli	(mite)	il clima di Torino
(c)	i biglietti di aereo	(caro)	i biglietti di treno
(d)	le pizze mangiate in trattoria	(delizioso)	le pizze comprate nel supermercato
(e)	il turismo italiano	(sviluppato)	il turismo inglese
(f)	le città italiane	(rumoroso)	le città inglesi

1.4.4 **Demonstrative Pronouns**

Now rewrite your sentences, but this time replace the noun in the second half with the appropriate form of the demonstrative pronoun *quello*, *quella*, *quelli*, *quelle*. This must also *agree with the noun it replaces*.

Model: La cucina a base di burro è più grassa di quella a base di olio.

(a) Il clima di Napoli . . .
(b) I biglietti di aereo . . .
(c) Le pizze mangiate in trattoria . . .
(d) Il turismo italiano . . .
(e) Le città italiane . . .

1.4.5 **Mentre sto scrivendo . . .**

You are writing a letter to your Italian friend. How would you describe what is going on in the house as you are writing? Use the *present continuous tense* in each case.

(a) Everybody is doing something different.
(b) Your husband/wife is preparing the supper.

(c) Your daughter is speaking to her boyfriend on the telephone.
(d) Your son is playing the guitar in his bedroom.
(e) The twins are running round the house.
(f) The dog is barking.
(g) Someone is knocking at the door.
(h) Everybody is making too much noise.
(i) And you are becoming more and more crazy!

1.4.6 **Si and the Verb**

Rewrite the following sentences using *si* and the correct form of the verb.

Model: È possibile classificare l'Italia in vari modi.
Response: Si può classificare l'Italia in vari modi.

(a) Le differenze tra le due città sono considerate enormi.
(b) Il clima d'Italia è definito come 'variabile' dagli esperti.
(c) Gli spaghetti vengono mangiati con sugo di pomodoro oppure con sugo di carne.
(d) Nella Chiesa cattolica sono celebrate molte feste.
(e) I settimanali presentano un'immagine falsa della società italiana.
(f) Viaggiando per l'Italia, è possibile seguire gli itinerari dei grandi uomini di cultura del passato.

1.5 **INFORMIAMOCI: L'ITALIA – DATI GEOGRAFICO–POLITICI** (see Figure 1.1)

(a) **La geografia fisica del paese**

L'Italia è una PENISOLA connessa a Nord con il Continente europeo. La Sardegna e la Sicilia sono le due isole principali. La catena delle Alpi (1220km) forma una barriera naturale che si estende da Ovest ad Est separando l'Italia rispettivamente dalla Francia, Svizzera, Austria e Yugoslavia. Più ad Est c'è la catena montuosa delle Dolomiti dominata dalla Marmolada. Gli Appennini sono una catena montuosa che percorre longitudinalmente l'intera penisola partendo dalla parte estrema occidentale; questa catena riappare poi in Sicilia con cime meno elevate fatta eccezione per quella del vulcano Etna. Sia le Alpi che gli Appennini sono interrotti da numerosi passi naturali, ferrovie e trafori. Il resto della penisola, con una fascia costiera di circa 8500km, è lambito rispettivamente dal Mare Ligure,

Figure 1.1 *Italy today: main towns and regions*

Tirreno, Ionio e Adriatico. La Pianura Padana, percorsa per tutta la sua lunghezza dal fiume Po, rappresenta la più vasta pianura dell'Europa meridionale. In essa si trovano i principali laghi italiani: il lago Maggiore, il lago di Como e il lago di Garda. Data l'enorme estensione longitudinale, il clima varia da quello di tipo continentale al Nord, temperato al Centro, temperato-mediterraneo al Sud.

(b) Le regioni

Dal punto di vista geografico–politico il territorio è diviso in:

territorio della Repubblica Italiana (301.277kmq)

territorio della Città del Vaticano (0.44kmq)
territorio della Repubblica di San Marino (61kmq), lo Stato più antico d'Europa, fondato nel 301DC sul monte Titano
territorio della Sicilia (25.707kmq)
territorio della Sardegna (24.089kmq)

Dal punto di vista amministrativo la Repubblica è divisa in 20 REGIONI; ogni regione in PROVINCE (94) e ciascuna provincia in COMUNI (8053). 15 regioni sono ad autonomia ordinaria o a statuto ordinario o normale. 5 regioni, però, sono ad autonomia speciale o a statuto speciale. Sono quelle di confine o insulari.

La Regione Siciliana è l'unica che ha uno statuto anteriore a quello stabilito dalla Costituzione (1948).

La Valle D'Aosta ha una caratteristica nella prescrizione della bilinguità – francese e italiano, a tutela delle minoranze.

Il Trentino – Alto Adige ha anche caratteristiche particolari dell'ordinamento per salvaguardare l'integrità della composizione etnica – italiana, tedesca e ladina.

Il Friuli – Venezia Giulia: anch'esso gode di una prescrizione di bilinguità a tutela delle minoranze linguistiche.

La popolazione dell'Italia consiste di circa 60 000 000 di abitanti la cui composizione etnica è rappresentata per il 98.1% da italiani e'1.9% da altri.

(c) Lo Stato e i partiti politici

Il 2 giugno 1946 ebbero luogo le votazioni per il REFERENDUM che diede vita alla Repubblica. La presente struttura dello Stato italiano trova il suo fondamento nella CARTA COSTITUZIONALE REPUBBLICANA che entrò in vigore il 1 gennaio 1948. L'Articolo 1 della costituzione afferma: 'L'Italia è una Repubblica democratica fondata sul lavoro . . . La sovranità appartiene al popolo che la esercita nelle forme e nei limiti della Costituzione'. È nato così il binomio Stato – Popolo.

IL PRESIDENTE della Repubblica, in carica per un periodo di 7 anni, è il capo dello Stato e rappresenta l'unità nazionale. Il capo del GOVERNO, o Presidente del CONSIGLIO DEI MINISTRI, è capo del potere esecutivo e viene incaricato di formare il Governo dal Presidente della Repubblica.

IL PARLAMENTO è al primo posto tra gli organi costituzionali. La Repubblica italiana è di tipo parlamentare: tutto si accentra nel parlamento; esso non ha solo una funzione legislativa, ma anche svariate funzioni politiche, come l'elezione dello stesso Presidente della Repubblica, il controllo delle attività governative attraverso l'esercizio del voto di fiducia. Il Parlamento è costituito da 2 organi distinti: la CAMERA DEI DEPUTATI e il SENATO DELLA REPUBBLICA. È questo il bicameralismo.

L'Italia ha un vasto numero di partiti politici. Alcuni sono eredi dei partiti usciti nel 1943 dalla necessaria clandestinità ad essi imposta dal regime fascista. Altri sono partiti sviluppatisi in più di quarant'anni di Repubblica come rappresentazione di esigenze nuove ed aspirazioni del popolo italiano. Altri ancora, non rappresentati in parlamento (partiti o gruppi extraparlamentari) riflettono correnti estremiste di Destra o Sinistra.

Select Vocabulary

la catena	chain
perc*o*rrere	to run through
occidentale	western
la cima	peak
il traforo	tunnel
lambire	to wash; to lap
kmq = chilometri quadrati	square kilometres
ciascuno	each
il confine	frontier
anteriore	earlier, before
a tutela di	in defence of, in the interest of
il bin*o*mio	pair, pairing
in c*a*rica	in office
incaricato	given responsibility
accentrarsi	to focus on
il voto di fid*u*cia	vote of confidence
l'erede	heir
l'esigenza	demand

1.6 CONVERSAZIONE: L'ITALIA VISTA DALL'ESTERNO

Roberta has made her home in England, but she returns to her native Venice fairly regularly.

Without reading the transcript, listen to the recording of the conversation straight through, to gain a general idea of the contents. Then answer the questions below, section by section, pausing between sections to jot down your answers. Finally listen through the whole dialogue once again checking your answers before finally referring, for a double check, to the **Key to Exercises** at the back of the book. Answer the following questions in English.

(a) From the beginning as far as *nel Natale italiano*:

(i) How long has Roberta been living in England?
(ii) What brought her to England in the first place?
(iii) Why did she remain?
(iv) What have you learnt about her Italian family?
(v) When does she go back to Italy?

(b) From *E quali sono le tue impressioni* as far as *senso di libertà*:

(i) Does Roberta think that Italy's problems appear more or less serious viewed from England?
(ii) According to Roberta are the Italians aware of their problems?

(c) From *ti piacerebbe tornare* as far as the end of the passage:

Explain why Roberta finds the last question difficult to answer.

1.6.1 **Transcript**

Bob: Roberta, tu vivi, se non mi sbaglio, in Inghilterra da parecchi anni.

Roberta: Sì, sono circa vent'anni che abito in Inghilterra, e perciò mi considero abbastanza inglese anche se sempre essenzialmente italiana.

Bob: Per quali motivi sei venuta a vivere in Inghilterra?

Roberta: Eh, ero venuta in Inghilterra come studentessa per fare un po' di pratica con nessunissima intenzione di rimanere in questa terra d'Albione che mi era stata dipinta come un paese molto difficile in cui vivere. E poi, per ragioni personali: ho incontrato allora un giovane ragazzo di cui mi sono innamorata e ci siamo sposati. E questa è la ragione per cui abito in Inghilterra.

Bob: Ma hai sempre famiglia in Italia?

Roberta: Eh sì. In Italia ho la mamma e il papà che abitano a Venezia, ed un fratello che ora, per ragioni di lavoro, abita a Napoli.

Bob: Ho capito. E torni spesso in Italia per rivederli?

Roberta: Di solito d'estate per le vacanze estive ma qualche volta, per brevi periodi, naturalmente, a Pasqua, a Natale, benché la mia famiglia, che è naturalmente molto anglofila da quando io abito in Inghilterra, ami passare di più il Natale qui in Inghilterra. Il Natale inglese ha ancora una certa aria, un certo spirito di magia che forse è andato un po' perso nel Natale italiano.

Bob: E quali sono le tue impressioni dell'Italia contemporanea, cioè, vista dall'esterno?

Roberta: Ah, questa è una domanda! Sì, vista dall'esterno, ehm . . . bisognerebbe fare un discorso abbastanza particolare perché, benché io mi renda conto di verderla dall'esterno, mi sembra sempre di vederla dall'esterno con degli occhi interni. Capisci? Sembra un controsenso forse . . . cioè, mi sento più italiana quanto più leggo o m'informo di cose che riguardano l'Italia. Vista dall'esterno, dal punto di vista fisico durante i periodi dell'anno in cui abito in Inghilterra, mi sembra che l'Italia abbia molte cose ancora da offrire all'Europa e forse anche al resto del mondo. Mi sembra che alcuni dei suoi punti di scontro, di difficoltà, o forse negativi, invece, visti dall'esterno, sembrino forse più seri di quello che, di fatto, forse lo possano essere. Ehm, la mia opinione d'italiana che vive all'esterno nei confronti dell'Italia è che l'Italia ha degli enormi problemi . . . dei problemi istituzionali, dei problemi sociali, dei problemi politici enormi. Ehm, non li vedo, però, non-risolvibili. E mi sembra che, malgrado questi problemi, l'Italia abbia, e continui ad avere, all'interno di se stessa, un processo di rigenerazione che riesce sempre a farli superare. Sono forse troppo ottimista?

Bob: Mi pare di sì.

Roberta: Ma guarda, se tu passeggi per le strade delle maggiori città italiane, non puoi essere affatto consapevole che esistano problemi di nessun tipo . . .

Bob: Sì, anche questo è vero . . .

Roberta: . . . Per l'atteggiamento della gente e anche l'immagine proiettata dai negozi, dal movimento . . . dal senso di libertà . . .

Bob: Allora, ti piacerebbe tornare a vivere in Italia?

Roberta: Questa è forse la domanda più difficile, perché penso di non saperlo, intanto. Ma penso che se rispondo di sì, senza dubbio, nego una certa parte di me stessa e se rispondo di no, faccio altrettanto. Penso che mi piacerebbe ritornare a vivere in Italia per dei brevi periodi. Non penso che sarebbe facile ritornare a vivere in Italia come vivevo in Italia vent'anni fa perché, indubbiamente, questi vent'anni in Inghilterra rappresentano una parte abbastanza importante della mia esistenza.

1.7 EXPLANATIONS

1.7.1 Select Vocabulary

le vacanze estive	summer holidays
angl*o*fila	English speaking
la magia	magic
il controsenso	contradiction
riguardare	to concern
lo scontro	encounter, clash
accentuarsi	to grow worse; to grow bigger
consap*e*vole	conscious
l'atteggiamento	attitude
negare	to deny

1.7.2 Expressions and Idioms

per fare un po' di pr*a*tica	to gain some practical experience
questa terra d'Albione	this land of Albion (Albion was the ancient name for Britain)
con nessun*i*ssima intenzione	with absolutely no intention
è andato un po' perso	has got a bit lost
fare un discorso abbastanza particolare	to explain things in some detail
non li vedo, però, non risolv*i*-bili	However, I don't see them as being beyond a solution
faccio altrettanto	I do more or less the same thing

1.7.3 Pronunciation Practice

Listen several times to the following sentences on the cassette. Then practise saying each one out loud. Notice the way the voice pitch rises and falls at various points in the sentence. You may find it helpful to mark the intonation in pencil following the technique shown in the example on p. xxvii. We suggest you do this for each of the **Pronunciation Exercises** in the book.

Example: In Italia ho un fratello che ora, per ragioni di lavoro, abita a **Na**poli.

(a) In Inghilterra ho una sorella che ora, per ragioni di st*u*dio, *a*bita a Londra.

(b) Sono circa cinque anni, se non mi sb*a*glio, che imparo l'italiano.

(c) Di s*o*lito, durante l'estate, vado in Italia per fare un po' di pr*a*tica.
(d) Se ho capito bene, tu non hai nessun*i*ssima intenzione di rimanere in Inghilterra.
(e) Mi sembra che l'Italia, attualmente, *a*bbia molte cose da offrire all'Europa.
(f) Mi piacerebbe, indubbiamente, ritornare a trovare i miei amici italiani.

1.7.4 Communication Skills: Saying how long you have been doing something

Use the *present tense*:

Sono circa vent'anni che abito in Inghilterra.

I have been living in England for about twenty years.

La mia famiglia è molto anglofila da quando abito in Inghilterra.

My family is very anglophile since I have been living in England.

1.8 EXERCISES

1.8.1 Keeping the Conversation Flowing

Everyone's speech contains certain *idiomatic expressions* which, while not always adding much to the meaning of the sentences, keep the conversation flowing along smoothly. They are not always 'translatable', so it is important to learn to recognise the sorts of situations in which they are likely to occur.

Below is a collection of words and phrases that crop up in the conversation. Listen again to the recording and try to group them under one of three headings – words and phrases:

(a) Expressing agreement
(b) Linking ideas
(c) Stressing a point

se non mi sbaglio
perciò
e poi
allora
senz'altro
ho capito
naturalmente
cioè

mi sembra
invece
forse
però
mi pare di sì
guarda
affatto
questo è vero
intanto
senza dubbio
penso che
indubbiamente
abbastanza

1.8.2 **Word Study**

Nouns ending in *-ione* are usually *feminine*. There are several of them in the interview. Rewrite the passage filling in each gap with one of the words in the list provided below. You may need to provide the appropriate *form of the article*, and there is one *plural form*. Read the passage through a couple of times to gain an idea of the central meaning before completing the gaps:

Quando si gira per le strade delle maggiori città italiane, si ha spesso . . . che tutti i problemi del passato siano stati risolti . . . . per questo nuovo ottimismo è, indubbiamente, . . . soprattutto da parte degli industriali e dei giornalisti di un'Italia stabile. Però, secondo me, la stabilità politica e sociale è solo . . .. La mia . . ., basata su esperienze concrete, è la seguente: L'Italia è in fase di . . ., sì, ma bisognerebbe aspettare ancora qualche anno per una verifica sicura della . . . completa delle . . . del paese. Dicendo questo, non ho . . . di negare il fatto che l'Italia sia, senz'altro, cambiata molto negli anni recenti. È solo che mi sembra importante prendere . . . di presentare . . . della . . . da un punto di vista forse più obiettivo, cioè, vista dall'esterno.

la definizione
la proiezione
l'impressione
l'occasione
la rinnovazione
la situazione
l'intenzione
la ragione

l'opinione
l'illusione
la rigenerazione
l'istituzione

1.9 IL PAESE PIÙ PREPARATO PER ENTRARE NEL TERZO MILLENNIO?

This was how one French economist recently defined Italy. According to Carlo Rossella, writing in *Panorama* in 1985, many foreign commentators were then viewing Italy in a new, more positive, light. In the article below he outlines the reasons for this change in perspective. It could be argued, in retrospect, that the confidence they all seemed to display in the stability of the nation, especially from a political point of view, was misplaced, since the governo più solido della storia repubblicana collapsed during 1987 and it took some months before a new government came into office.

UN PAESE CON

La stabilita è bianca. L'imprenditorialità è verde. La creatività è rossa. Il mondo ha scoperto il tricolore e le qualità dell'Italia. La lunga estate calda del 1985 è piena di elogi per uno stivale che sembre progettato da Gucci. Gli stranieri, un poco invidiosi per tanto successo, guardano stupefatti la moda e il 'design', il coraggio degli industriali e la maestria dei cuochi, la qualità della vita e la creatività della cultura, l'opulenza dei ricchi e la fenomenale capacità di sopravvivenza dei poveri. Gli ambasciatori mandano da Roma rapporti ottimisti sul 'governo più solido della storia repubblicana'. Gli esperti economici analizzano meticolosamente la vivacità della Borsa valori e del mercato. I giornalisti curiosi scrivono reportage pieni di elogi e di scoperte. Le televisioni riprendono una realtà al limite della fantasia.

Gli italiani, stesi al sole, non lo sanno ma sono sulla bocca di tutti. Per i viaggiatori venuti da New York o da Londra, da Parigi o da Francoforte, la 'fabbrica italiana si trasforma', l'economia è flessibile', 'la provincia è alla riscossa', 'il doppio lavoro rende liberi', 'il terziario avanzato scatena i profitti', 'gli elettori pensano ai loro interessi e snobbano le ideologie', 'il comunismo è alle corde', 'lo Stato è forte e può sconfiggere mafia e terrorismo', 'la libera iniziativa trionfa', 'l'ottimismo è l'indispensabile analettico del sistema'. Anche i russi ci vogliono bene, 'l'aumento della autorità internazionale dell'Italia' è stato riconosciuto anche dall'agenzia *Novosti* e dalla *Pravda*. Il 1985 è un anno fortunato per l'immagine di un paese sempre maltrattato dai mass media internazionali, spesso influenzati dai pregiudizi e dai luoghi comuni. Autore di una meticolosa inchiesta sull'Italia Wilton Wynn, capo della redazione romana di *Time*, dice: 'Continuo a essere ottimista perché l'Italia ha una incredibile capacità di sopravvivere a ogni difficoltà. È come la torre di Pisa che pende ma non viene mai giù'. Robert Harvey, recensore di fatti e misfatti italiani per l'*Economist* sostiene: 'L'immagine dell'Italia registra un netto miglioramento. Il prodotto nazionale lordo è ormai vicino a quello inglese. L'economia negli ultimi anni si è andata espandendo a ritmi regolari. Le crisi politiche sono meno frequenti. Rimangono altri problemi come il grosso disavanzo del bilancio statale, ma dal punto di vista politico l'Italia è uno dei paesi più stabili d'Europa.'

Carlo Rossella
Panorama, 25 agosto 1985

Figure 1.2 *A comment on the Italian economy*

MI PREDICA IL FUTURO DELL'ECONOMIA ITALIANA.
LA CONSULTAZIONE SI PAGA ANTICIPATA: IN DOLLARI, YEN O MARCHI.

ALTAN

1.10 EXERCISES

Section A

Attempt this exercise before looking at the Explanations or referring to the Select Vocabulary.

Comprehension

(a) Which single sentence, in your judgement, best sums up the central theme of the article?

(b) In the first paragraph what are the *four* examples given of the way optimistic information about Italy can be transmitted?

(c) In the second paragraph there are several idiomatic expressions and technical words. Match up those listed on the left with their English equivalents on the right:

alla riscossa	a way of restoring health
alle corde	look down one's nose at
sulla bocca di tutti	has gone on growing
anal*e*ttico	service industry
il d*o*ppio lavoro	a marked improvement
terzi*a*rio	be the talk of the town
snobbare	moonlighting
un netto miglioramento	launching a counter attack
è andata espandendo	restrained

(d) From your reading of the final paragraph, state briefly how:

- **(i)** Wilton Wynn justifies his optimism.
- **(ii)** Robert Harvey proves his assertion that Italy's image is improving.

(e) The title of the passage *Un paese con* means, almost literally, a 'with it' country. Provide an alternative title. Also make up sub-headings for each of the paragraphs.

1.11 EXPLANATIONS

1.11.1 Select Vocabulary

l'imprenditorialità	entrepreneurial activity
l'el*o*gio	praise
invidioso	envious
la maestria	skill
la Borsa valori	the Stock Exchange

steso	stretched out
la f*a*bbrica	factory
scatenare	to unchain; to unleash
sconf*i*ggere	to defeat
il luogo comune	cliche
l'inchiesta	investigation
la redazione	editorial board
il recensore	reviewer
il misfatto	misdeed, error
ormai	by now
il disavanzo	deficit
il bil*a*ncio statale	balance of payments (national)

1.11.2 **Expressions and Idioms**

il tricolore	the Italian flag – hence the reference to 'white', 'green' and 'red' in the first lines
uno stivale che sembra progettato da Gucci	a boot which seems to have been designed by Gucci ('boot-shaped' Italy, identified now with luxury leather goods)
il prodotto nazionale lordo	the gross national product

1.12 EXERCISES

Section B

1.12.1 **Word Study**

Nouns ending in -ty in English usually have equivalents in Italian with the ending *-tà*. They are feminine:

unity – *l'unità*, identity – *l'identità*, quality – *la qualità*, etc.

Change the syntax of the following sentences by beginning with a noun formed from the adjective underlined.

Model: È ben conosciuto che gli italiani sono molto *creativi*.
Response: La creatività degli italiani è ben conosciuta.

(a) È accettato ormai che il governo è stabile.
(b) È ben noto che i giornalisti sono curiosi.

(c) È innegabile che gli ambasciatori sono capaci di mandare rapporti pessimisti.
(d) È stato riconosciuto in tutti i paesi europei che i napoletani sono vivaci.
(e) Non si nega che i problemi sono reali.
(f) L'autore ha progettato che gli esercizi di grammatica *si*ano difficili.

1.12.2 **Retranslation**

Translate the following passage into Italian. Many of the phrases are based on expressions to be found in *Un paese con*.

According to the most recent reports from our ambassador in Russia, Italy is considered by the authorities in Moscow to be one of the most creative and lively countries in the world. It is now recognised by Russian experts that the skill of the fashion industry and the quality of cultural life in general represent a positive influence on the image of Italy in that country. Economic experts have carried out meticulous investigations into the balance of payments and many commentators consider that there has been a marked improvement in the economy in recent years. In 1985, international journalists are full of praise and optimism when they write about Italy. The word optimism is now also seen in reports published by *Pravda*.

1.13 CONVERSAZIONE: NOSTALGIA PER IL MIO PAESE

After listening through the recording of the conversation, try to complete the following sentences. Then listen through again and check your answers.

(a) L'Italia è nota come . . .
(b) Si tende a . . .
(c) Ora invece diventa . . .
(d) Penso che non ci si ab*i*tui mai . . .
(e) Penso che la nostalgia sia . . .
(f) Qual'è il profumo che . . .
(g) È una cosa importantissima perché . . .
(h) E se tu potessi . . .
(i) L'Inghilterra è un paese dove si può . . .
(j) Al clima di questo tipo . . .

1.13.1 Transcript

Roberta: Pippo, dopo un anno che sei qui in Inghilterra, che visione . . . che idea hai dell'Italia dall'esterno?

Pippo: Io penso che, poiché l'Italia è nota come il 'bel paese', la nostalgia per un italiano è . . . è la più grande malattia quando vive all'estero e lavora all'estero e si tende a mitizzare l'Italia e questo è quello che attualmente . . . provo . . . una forma di forte nostalgia per il mio . . . per la mia città, per il mio paese. paese.

Roberta: Senti, hai detto mitizzare, ma sei consa . . . consapevole di questo . . . processo di mitizzazione?

Pippo: Certo, io sono consapevole che mitizzo, che amplifico tutto quello che per me era abituale e che ora, invece, diventa qualcosa di importante, quasi di vitale che a volte utilizzo per . . . tirare avanti e continuare a fare quello che sto facendo qui.

Roberta: Senti un po' Pippo e . . . la nostalgia . . . che, detto per inciso, condivido anch'io anche dopo moltissimi anni . . . penso che non ci si abitui mai alla lontananza dal 'bel paese', ma la nostalgia è per che cosa, per un'idea generale o qualche cosa di specifico forse?

Pippo: La nostalgia . . . penso la nostalgia sia un insieme . . . la nostalgia viene dai profumi, dai sapori, dagli odori; la nostalgia viene un po' da tutto quello che ti accorgi giorno per giorno che ti manca . . . ti manca, che ne so, il profumo amico di un tipo di cucinare o, o ti manca il sorriso della persona che conosci o il fatto di poter parlare ed esprimerti nel tuo linguaggio.

Roberta: Sì, verissimo, senti il profumo del cucinare . . . e qual'è il profumo che ti manca di più?

Pippo: Ah, il profumo della . . . del ragù: per me che sono di Napoli – il ragù definitivamente!

Roberta: E per quanto riguarda il clima, non ti manca forse?

Pippo: Beh, certo, certo il clima sì, perché per uno che è del Sud, il clima è una cosa importantissima perché il clima da noi nel Sud è molto mite . . . non per niente siamo famosi per dire che noi non facciamo niente perché proprio la mitezza del clima che induce alla 'siesta'.

Roberta: E se tu potessi, verresti a fare una vacanza qui in Inghilterra?

Pippo: Tutto sommato, sì, verrei a fare una vacanza in Inghilterra . . . forse l'Inghilterra è un paese dove si può venire per una vacanza per vedere quello che gli inglesi chiamano il glorioso 'countryside', – del verde. Però, penso sia difficile d'apprezzare in quanto . . . per, in quanto è difficile insomma apprezzare qualcosa quando piove o non c'è il sole o quando non si è mai sicuro del tempo che troverai. Penso che questo influenzi molto un posto, un paese per essere un paese inteso come attrazione turistica . . .

Roberta: Sì, condivido, e posso riaffermare che . . . al clima di questo tipo non ci si abituerà mai.

1.13.2 **Select Vocabulary**

mitizzare	to make a myth out of
attualmente	at the present time
amplificare	to exaggerate
tirare avanti	to struggle on
per inciso	incidentally
la lontananza	distance
l'insieme	whole, amalgam
il profumo	perfume, smell
il sapore	aroma, flavour
il sorriso	smile
il ragù	pasta sauce
la mitezza	mildness
inteso come	understood as; in the sense of

1.14 **UNA CANZONE: L'ITALIANO**

Toto Cutugno had great success with this song in the 1983 San Remo Festival, an annual song competition which attracts many of Italy's most popular singers and songwriters.

Lasciatemi cantare con la chitarra in mano
Lasciatemi cantare sono un italiano
Buongiorno Italia gli spaghetti al dente
E un partigiano come presidente
Con l'autoradio sempre nella mano destra
E un canarino sopra la finestra
Buongiorno Italia con i tuoi artisti
Con troppa America sui manifesti
Con le canzoni, con amore, con il cuore,
Con più donne, sempre meno suore

Buongiorno Italia, buongiorno Maria
Con gli occhi pieni di malinconia
Buongiorno Dio – lo sai che ci sono anch'io
Lasciatemi cantare con la chitarra in mano
Lasciatemi cantare una canzone piano piano
Lasciatemi cantare perché ne sono fiero
Sono un italiano – un italiano vero

Buongiorno Italia che non si spaventa
Con la crema da barba alla menta
Con un vestito gessato sul blu
E la Moviola la domenica in TV
Buongiorno Italia col caffé ristretto
Le calze nuove nel primo cassetto
Con la bandiera in tintoria
E una 600 giù di carrozzeria
Buongiorno Italia, Buongiorno Maria
Con gli occhi pieni di malinconia
Buongiorno Dio – lo sai che ci sono anch'io
Lasciatemi cantare con la chitarra in mano
Lasciatemi cantare una canzone piano piano
Lasciatemi cantare perché ne sono fiero
Sono un italiano – un italiano vero . . .

Notes

un partigiano come Presidente	Former President Giuseppe Pertini was one of the leaders of the Italian Resistance movement
l'autor*a*dio, etc.	Italians tend to carry their car radios around with them for fear of having them stolen
gli spaghetti al dente	spaghetti cooked not too hard and not too soft
i manifesti	advertising bill-boards
la suora	nun
un vestito gessato sul blu	a blue pin-striped suit
la moviola in TV	the Sunday afternoon film on TV

caffé ristretto	very strong coffee
il primo cassetto	the top drawer
la bandiera in tintoria	the flag at the dry-cleaners (possibly a sign of constantly changing political allegiance)
giù di carrozzeria	with its bodywork the worse for wear

CHAPTER 2

L'ITALIA FELICE

In Chapter 1 the focus of our attention was Italy, the country, the nation. In this second chapter, however, we attempt to get a little closer to the Italians themselves. As well as a conversation, there are included a couple of reports on two light-hearted opinion polls. One investigated the views of Italians on religion; the other tried to discover the degree to which they considered themselves to be happy. Firstly, in part of a pull-out supplement published in *La Stampa* on 14 February 1986, Dada Rosso summarises for her readers the results of 'research' which attempted to gauge the state of happiness of the nation. Everybody questioned seemed to agree that Italy's increased economic prosperity must have played some part in forming people's opinions. The nation does appear to be remarkably contented. However reliable or suspect the outcomes of this particular piece of sociological inquiry, it is certainly the kind of happy news which seems tailor-made for what the journalist describes as 'la rosea e ottimistica ricorrenza di San Valentino'.

2.1 LEI CI CREDE CHE GLI ITALIANI SONO FELICI?

La notizia sembra fatta apposta per la rosea e ottimistica riccorrenza di San Valentino: un recente sondaggio della Doxa afferma che gli italiani sono felici. Alla domanda 'Lei in questo momento è felice?' ha risposto senza esitare 'sì' il 58 per cento degli intervistati.

Non basta. La Doxa sostiene:
che siamo molto più felici oggi che nel 1947 (allora lo era solo il 34% degli italiani).
che è più felice chi vive nel triangolo industriale
che sono più felici i benestanti (70,2%) – ma questo tutti lo

sospettavano; i giovani (67,3%); gli uomini (61 per cento contro il 54,8 per cento delle donne); gli abitanti di cittadine al di sotto dei centomila abitanti (63,2%).

A tutte queste variabili che influiscono sulla nostra contentezza si aggiunge anche quella della scelta politica: mentre non ci sono grandi differenze tra comunisti e democristiani, sembra che i più contenti siano i repubblicani (73,6%) e i più insoddisfatti i radicali, dichiaratisi 'abbastanza felici' soltanto al 25 per cento.

Il sondaggio della Doxa, però, non dice nulla sul motivo di questa esplosione di gioia tra gli italiani. Abbiamo allora cercato di capirlo ascoltando i commenti di personaggi che per la loro professione e il loro ruolo hanno sotto mano, in modi diversi, il polso di questa nostra 'felicissima' società.

Tutti d'accordo nell'ammettere che una maggiore prosperità economica può avere influito sulle risposte, anche se, come ha obiettato Luciano De Crescenzo, bisognerebbe trovare una definizione univoca della felicità. Per lo scrittore napoletano, la felicità è 'assenza di dolore'. 'Io chiederei: sei ammalato? Hai qualche preoccupazione? I tuoi cari stanno bene? Da queste risposte capirei quanta felicità è in circolazione'.

Convinta dell'esattezza dell'indagine è Elena Marinucci, senatore socialista e presidente della commissione di parità per i diritti della donna, che attribuisce il risultato del sondaggio alla trasformazione dell'Italia in senso laico. 'Per fortuna sta scomparendo la cultura del sacrificio diffusa in passato soprattutto tra le donne cattoliche', dice. 'Nessuna più pensa che il diritto alla felicità sia qualche cosa di indecente. Anche noi, con un certo ritardo, stiamo diventando più illuministi. Per le donne la strada verso la felicità resta purtroppo più lunga, come dimostrano i dati dell'inchiesta'.

La sessuologa Gianna Scheletto non nasconde invece qualche perplessità. 'A giudicare dalla gente infelice che ricorre al mio aiuto di terapeuta direi che la Doxa ha sbagliato. I motivi di preoccupazione sono tanti e mi sembra che non guardino in faccia nessuno. Mi pare piuttosto che la gente sia più determinata oggi che un tempo a raggiungere la felicità. E questo è comunque un dato positivo'.

Per Alberto Sordi i risultati dell'indagine sono invece sacrosanti. 'Il popolo italiano è abilissimo nell'inventarsi e costruirsi la felicità. Non è un mistero che gli stranieri sbalordiscono davanti alla nostra situazione: l'Italia è un paese ingovernabile, eppure sopravvive proprio perché la facciamo in barba a tutte le leggi, a tutte le previsioni pessimistiche. Senza bisogno di ricorrere alla Doxa l'ho sempre sostenuto e affermato nei miei film, semplicemente perché vivo tra la gente, so come si comporta, che cosa fa, come agisce'.

Secondo Federica Olivares, presidente di 'Donne in Carriera', gli italiani sono invece felici non solo perché hanno un reddito superiore che in passato, ma perché dispongono di maggiori opportunità: 'La soddisfazione è direttamente proporzionale alla possibilità che ciascuno ha di realizzare il proprio progetto di vita', sostiene.

Che tutta questa felicità non sia anche un po' una moda? È l'astrologa Grazia Mirti che insinua il dubbio. 'Mi pare che la gente dica di essere felice per dimostrare a sé e agli altri di esserlo'.

All'inchiesta, invece, proprio non ci crede Silvio Ceccato, professore di cibernetica, che sulla felicità la sa lunga e sull'argomento ha scritto un libro. 'Tutte storie. Sono inchieste cervellotiche e assurde. Le risposte possono cambiare da un momento all'al-

Figure 2.1 *'Il Jolly', the Italian joker in the pack of cards*

Source: TINA

tro: una telefonata con una buona notizia è felicità, una sosta imprevista del treno è infelicità. In realtà la felicità è una questione di rapporti tra le persone ed è una sciocchezza riferirla a tempi o luoghi particolari. E poi, un bicchiere d'acqua per un assetato è la felicità altro che lo champagne'.

Dada Rosso

La Stampa,
14 febbraio 1986

2.2 EXERCISES

Section A
Attempt these exercises before studying the Select Vocabulary. The first set of questions is intended to make you scan the passage several times. The answers may be found anywhere in the text; they do not necessarily occur in sequence.

2.2.1 Scanning for Specific Information

(a) When asked whether they were happy at that particular moment, what proportion of Italians said that they were?

Everybody? More than half? Less than half? Nobody?

(b) Who thinks Italy is ungovernable?
(c) Women are generally happier than men. True or false?
(d) Who thinks that this kind of opinion poll is absurd?
(e) The article includes reactions from people representing seven different walks of life: a film director, a feminist, a sex counsellor, a member of parliament, a professor . . . What are the other two professions?
(f) Are those who vote for the Radical party most or least satified with their lot?
(g) What reactions are obtained from people living in the smaller cities?

2.2.2 Comprehension of Ideas

Next to the names of the people who feature in this report are comments which summarise the main ideas. However, there is clearly a mismatch between them in the way they are presented. Read through the text again carefully, and link the ideas to the people from whom they originate.

(a)	Luciano de Crescenzo	**(i)**	La felicità dipende soprattutto dai rapporti tra le persone.
(b)	Elena Marinucci	**(ii)**	C'è chi dice di essere felice per provare a sé e agli altri di esserlo.
(c)	Gianna Scheletto	**(iii)**	Gli italiani hanno la capacità di inventare la propria felicità.
(d)	Alberto Sordi	**(iv)**	Oggi siamo più felici perché abbiamo più occasioni di fare ciò che vogliamo.
(e)	Federica Olivares	**(v)**	Si può guidicare quanto una persona è felice se si fanno domande sulla sua salute o sul suo stato d'animo.
(f)	Grazia Mirti	**(vi)**	Finalmente la donna ha maggiori possibilità di trovare la felicità.
(g)	Silvio Ceccato	**(vii)**	Quelli che hanno fatto questo sondaggio hanno sbagliato.

2.2.3 **Word Study**

Find the original Italian expressions in the article for which the following might be appropriate translations:

(a) and that's not all
(b) at their finger tips
(c) albeit belatedly
(d) very skilful
(e) it is crazy

2.3 EXPLANATIONS

2.3.1 Select Vocabulary

apposta	on purpose
roseo	rosy, pink
la ricorrenza	recurrence, anniversary

sostenere	to maintain
benestante	well off, well to do
nulla	nothing
il polso	pulse
influire	to influence
il dolore	pain, sorrow
un'ind*a*gine	investigation
l*a*ico	lay, secular
scomparire	to disappear
diffuso	widespread
illuminista	person who is enlightened, rational
purtroppo	unfortunately
l'inchiesta	inquiry
ric*o*rrere	to resort to, to use
sbalordire	to astonish
comportarsi	to behave
il r*e*ddito	income
disporre (di)	to have at one's disposal
la moda	fashion, trend
cervell*o*tico	fanciful, bizarre, illogical
la sosta	stop, halt
imprevisto	unexpected
la sciocchezza	madness, stupidity, nonsense
un assetato	thirsty person

2.3.2 **Expressions and Idioms**

hai qualche preoccupazione?	are you worried at all?
la facciamo in barba a tutte le leggi	we manage in spite of all the laws (or, more colloquially, 'who cares about the law, etc. we get by anyway')
sulla felicità la sa lunga	he knows all there is to know about happiness
tutte storie!	a pack of lies!
La Doxa	the name of an agency carrying out public opinion polls
chi vive nel triangolo industriale	those living within the industrial triangle: imagine lines drawn on a map linking the three industrial cities of Turin, Milan

	and Genoa; the area contained within these lines has come to be known by this geometrical title
La commissione di parità per i diritti della donna	the Italian equivalent of the British Equal Opportunities Commission

2.3.3 **Communication Skills**

(a) **altro che**

A versatile little phrase but with no direct equivalent in English, so difficult to translate. Standing on its own, it is used when one wants to *agree strongly with what has just been said*:

è costato molto quel vestito?	was that dress expensive?
Altro che!	Absolutely! (Or, more colloquially, 'You bet!')

Within a sentence it is more likely to have the sense of 'anything but', 'not at all', 'to say nothing of' or 'rather than':

Un bicchiere d'acqua per un assetato è la felicità altro che lo champagne.

For someone dying of thirst, a glass of water represents happiness, rather than champagne.

(b) **Reporting what other people are saying or have said**

Familiarise yourself with the following verbs, which can be used to introduce *reported speech*:

affermare	to affirm or assert
amm*e*ttere	to admit
considerare	to consider
dichiarare	to declare
dire	to say
*e*ssere convinto	to be convinced
*e*ssere d'accordo	to agree
obiettare	to object
risp*o*ndere	to reply
sospettare	to suspect
sostenere	to maintain
spiegare	to explain

2.3.4 Grammar

(a) **Uses of the subjunctive: expressing opinions**
The subjunctive must be used with verbs expressing *opinions*, *impressions* or *possibilities*.
Examples in the text:

sembra che i più contenti **siano** i repubblicani

it seems that the Republicans are happiest

nessuna più pensa che il diritto alla felicità **sia** qualcosa di indecente

no woman thinks any more that having a right to happiness is something indecent

mi pare piuttosto che la gente **sia** più determinata oggi

it seems to me rather that nowadays people are more determined

mi pare che la gente **dica** di essere felice

it seems to me that people say that they are happy

(b) **The absolute superlative**
The -issimo ending can be tagged on to most adjectives to add the idea of 'very' or 'most'. Like all adjectives it must *agree with the noun it qualifies*. (See **Grammar Section G4** for more information on adjectives.)

Gli italiani sono abilissimi	Italians are most adept
questa nostra felicissima società	this most happy society of ours

(c) **Using the infinitive as a noun**
Infinitives can be used as nouns in Italian. They are always treated as *masculine words*, so any preposition preceding must be adapted accordingly:

Tutti d'accordo nell' ammettere	Everyone is in agreement in admitting

Il popolo italiano è abilissimo nell'inventarsi e costruirsi la felicità.

The Italian nation is very clever at inventing and building for itself its own happiness.

2.4 EXERCISES

Section B

2.4.1 Using the Subjunctive

Change these sentences beginning them with the words in brackets. You will need the *subjunctive form* for the second verb in each case.

Model: I più felici sono i ricchi.(Mi sembra)
Response: Mi sembra che i più felici siano i ricchi.

(a) L'Italia è ingovernabile. (Mi pare)
(b) Gli italiani hanno la possibilità di realizzare i propri progetti di vita. (Federica Olivares pensa)
(c) Non ci sono grandi differenze tra repubblicani e radicali. (Mi sembra)
(d) Gli uomini dicono di essere felici senza esitare. (Al giornalista sembra)
(e) La Doxa ha sbagliato. (Il professore crede)
(f) C'è una definizione univoca della prosperità. (Nessuno pensa veramente)
(g) Le donne devono aspettare ancora un po' prima di trovarsi alla pari degli uomini. (C'è chi crede)
(h) Le risposte possono cambiare da un momento all'altro. (Credo)

2.4.2 Appropriate Verb Forms

Without referring back to the original article from *La Stampa*, complete the following newspaper report on a similar theme. Fill the gaps by selecting appropriate forms of the verbs listed in the Communication Skills section above.

Un recente sondaggio . . . che la nostra società è felicissima. Più del cinquanta per cento degli intervistati . . . affermativamente ad una domanda sulla propria felicità. C'è chi . . . che questi risultati provino che la politica del governo è giusta. Ma non tutti sono . . . In particolare, i socialisti . . . dicendo che l'inchiesta è stata organizzata male. Loro . . . che solo i cittadini delle maggiori città industrializzate facciano parte del campione. Intanto, l'agenzia responsabile per la ricerca non . . . nulla su questo aspetto dell'inchiesta. Il direttore dell'organizzazione, comunque, . . . che c'erano nel campione di duemila persone più settentrionali che meridionali. Ciò nonostante, . . . che i risultati ottenuti sono rappresentativi della popolazione intera. Cosa ne . . . i nostri lettori? Siete . . . della validità del sondaggio oppure . . . che sia una inchiesta cervellotica e assurda? Fateci sapere le vostre opinioni.

2.5 LISTENING PRACTICE – L'OROSCOPO DEL GIORNO

Listen to the recording of the horoscope provided by a local radio station. Without worrying too much about the meaning, listen to the intonation of the speaker, the way the language *flows*. Then try reading the transcript along with the recording, matching as far as possible the speed and lilt of the original. The music may help!

2.5.1 Transcript: Sotto il segno delle stelle – lunedì 19 gennaio

ARIETE
Non lasciatevi disorientare dai contrattempi che potranno verificarsi all'improvviso. Avrete comunque la possibilità di mantenere il controllo della situazione grazie alla vostra esperienza.
TORO
Vi troverete oggi un po' di serenità ed un certo equilibrio grazie anche alle buone possibilità che vi si prospetteranno. Concedete il vostro perdono ad un amico che, in buona fede, ha sbagliato.
GEMELLI
Una soddisfazione personale vi permetterà di affrontare con intraprendenza e buona volontà gli impegni della giornata odierna. Accettate un invito per la sera . . . sarà molto piacevole e stimolante.
CANCRO
Momenti di insoddisfazione si alterneranno ad altri più piacevoli. Fate di tutto per evitare una discussione che potrebbe facilmente degenerare . . . adattabilità nel rapporto sentimentale.
LEONE
Avrete molto successo personale, fascino e soddisfazioni. Fate però attenzione a non montarvi la testa e a non lasciarvi coinvolgere in progetti di cui non siete più che convinti. Generosità in amore.
VERGINE
Cercate di organizzare la giornata nel miglior modo possibile. Così per avere anche un po' di tempo libero per voi stessi e per

la persona amata. Rinviate eventualmente gli impegni meno importanti.

BILANCIA

Dovrete affrontare una giornata abbastanza confusa e complessa; armatevi quindi di pazienza e di buona volontà perché avrete bisogno di più tempo del previsto. Abbiate più fiducia nel rapporto sentimentale.

SCORPIONE

Gli avvenimenti si succederanno con un ritmo superiore alle previsioni. Non lasciatevi cogliere impreparati ma reagite con prontezza agli avvenimenti. Maggiore comprensione in famiglia.

SAGITTARIO

Pessimismo e svogliatezza devono essere allontanati al più presto; il momento infatti è troppo favorevole per essere scioccamente sprecato. Maggiore ordine anche nella vita privata.

CAPRICORNO

Vi sentirete in gran forma e ricchi di iniziativa; riuscirete così ad ingranare rapidamente il ritmo degli impegni previsti per oggi. È il momento di osare in una faccenda di carattere sentimentale.

ACQUARIO

Mattinata intensa e ricca di soddisfazioni, fate però attenzione a moderare le vostre reazioni e a mascherare i vostri sentimenti. Qualcuno potrebbe approfittarne. Momenti piacevoli in serata.

PESCI

Dovrete agire con impegno ed attenzione perché la situazione si complicherà con il passare delle ore. Non perdete di vista gli obbiettivi che vi interessaraggiungere ed abbiate idee chiare in amore.

2.5.2 Select Vocabulary

il contrattempo	hitch, setback
l'intraprendenza	initiative
l'impegno	responsibility, commitment
odierno	today's
la discussione	argument
rinviare	to postpone
eventualmente	if need be
cogliere	to catch
la svogliatezza	listlessness, laziness
sprecare	to waste
ingranare	to get (put) into gear

2.6 CONVERSAZIONE: MA TU CI CREDI AGLI OROSCOPI?

Roberta and Laura are chatting about horoscopes and whether they consider themselves to be basically optimistic or pessimistic. Listen to the conversation, and study the points arising.

2.6.1 Transcript

Laura: Tu, Roberta, di che segno sei?
Roberta: Io sono del segno dei Pesci, e tu, Laura?
Laura: Io sono del Leone. Ma tu ci credi agli oroscopi?
Roberta: Beh! . . . ci credo e non ci credo. E tu?
Laura: Io li leggo di solito alla fine della settimana altrimenti mi preoccupo troppo.
Roberta: Ma allora ci credi!
Laura: Mah, non lo so . . . Comunque, tu ti credi un'ottimista o una pessimista?
Roberta: Ah! Sono nuovamente un po' ambivalente in questa risposta. Io penso di essere essenzialmente pessimista ma con un pizzico di ottimismo.
Laura: Uuh! Cioè un pessimismo di quelli . . . di quelli che non desiderano delusioni.
Roberta: Esatto!
Laura: Come mettere le mani avanti.
Roberta: Esatto! E tu, Laura, condividi? Sì?
Laura: Anch'io, anch'io condivido, sì.
Roberta: Senti Laura, tu pensi che gli italiani siano un popolo felice?
Laura: Io direi di si! Sono decisamente ottimisti e hanno un gusto della vita tutto particolare.
Roberta: Perciò, il loro ottimismo è la loro felicità, forse, è uno strumento con cui imparano a godere la vita.
Laura: Sì, direi di sì, per esempio, un italiano quando guadagna dei soldi non li guadagna per risparmiare, ma li guadagna per spendere e per divertirsi . . . non credi?
Roberta: Sì, sono d'accordissimo e . . . soprattutto per andare in vacanza.
Laura: Certo!

2.6.2 Select Vocabulary

altrimenti	otherwise
preoccuparsi	to get worried
nuovamente	once again

un p*i*zzico	pinch, touch, small amount
godere	to enjoy
risparmiare	to save

2.6.3 **Communication Skills: Expressing agreement**

Notice the following ways that are used by the two women to show that they *agree with one another*:

Strong agreement	**Formal language**	**Weak agreement**
Esatto!	Anch'io condivido	Direi di sì
Certo!		Anch'io
Sono d'accordissimo		

2.6.4 **Pronunciation Practice**

This exercise focusses on the Italian sounds *gl*, *gn* and double *z*. Listen to the sentences a few times before practising them yourself:

(a) Io sono del segno dei Pesci; tu, di che segno sei?
(b) Gli italiani, quando guadagnano dei soldi, non li guadagnano per risparmiare, ma li guadagnano per spendere.
(c) Bisogna prendere la vita con un pizzico di allegria.
(d) Un pezzo di pizza con un pizzico di aglio – sei pazzo?

2.7 LA RELIGIOSITÀ DEGLI ITALIANI

The *Messaggero di Sant'Antonio*, published in Padua, is a church magazine distributed world-wide in several languages. Here, taken from the 'edizione italiana per l'estero' is the report of another Doxa survey. This time it focussed on religion, politics and the contemporary image of the parish priest (see Illus. 2.1). Although the enquiry took place a decade or so ago, we suspect that attitudes would be similar among the population today.

Un interessante spaccato della religiosità degli italiani — pur con i limiti che ogni statistica comporta – è quello che viene fuori da una recentissima inchiesta della Doxa. Questa 'indagine su alcuni problemi della religione cattolica', su un campione di 1052 adulti italiani di 15 anni e oltre, di ambo i sessi e di tutte le categorie economico–sociali, rivela dati significativi.

illus. 2.1 *The parish priest*

Si può essere buoni socialisti e buoni cattolici? Il 70% degli intervistati risponde affermativamente; il 20% il contrario. (Nel 1953 quelli che ammettevano la piena compatibilità tra la posizione del cattolico e quella del socialista erano 37%; nel 1963 diventavano 58%.)

Si può essere buoni comunisti e buoni cattolici? Sono 45% che rispondono affermativamente e altrettanti quelli che pensano il contrario.
(La compatibilità fra posizione cattolica e posizione comunista nel 1953 era 21%; nel 1963, 28%.)

Che cos'è la Chiesa Cattolica e com'è oggi rispetto al passato? Il 52% hanno scelto, tra le quattro definizioni di chiesa proposte dall'inchiesta 'un'associazione di persone con la stessa fede religiosa.' Vengono rifiutate sia le facili approssimazioni polemiche ('un'organizzazione politica', scelta da 8% di praticanti e 20% non praticanti), sia le affermazioni dogmatiche, 'un'istituzione infallibile' (scelta dal 10% dei non praticanti e dal 19% dei praticanti).
Nel confronto col passato, in grande maggioranza i praticanti dicono 'la chiesa oggi è più vicina agli uomini' (61% contro 38%), mentre i non praticanti dicono più spesso 'è più lontana dagli uomini' (53% contro 23%).

Sono state proposte agli intervistati quattro definizioni del Papa. Il 60% ha scelto quella che così si esprimeva: 'il custode di una grande eredità spirituale'; 31% hanno scelto una delle tre definizioni politiche (un capo di stato 16%; un uomo politico 11%; un re 4%) e 9% quella didattica ('un grande maestro').

L'indagine cerca anche di conoscere che cosa pensano gli italiani della figura del prete. Le risposte rivelano che 44% degli intervistati nutrono antipatia o avversione verso il prete; 22.7% rifiutano i sacrifici che il figlio prete dovrebbe affrontare, 19.7% non sopportano l'immagine del prete ritenuta superata e non moderna. Il 26% sarebbe contento se il figlio si facesse prete, il 33% sarebbe scontento, il 32% né contento né scontento.

Soprattutto il prete deve essere: un 'alleato dei poveri' (89%); un 'esempio di onestà e di rettitudine' (88%); un 'pastore di anime' (89%); un 'amico, un compagno' (86%); un 'buon maestro' (83%); un 'uomo al passo coi tempi' (83%).

A parte, dicevamo, i limiti di tale tipo di sondaggio, è interessante l'immagine composita e pluralista che il mondo cattolico dà di sé in questa ricerca.

Il Messaggero di Sant'Antonio
maggio 1977

2.8 EXERCISES

Section A

2.8.1 Comprehension

Answer the following questions *before* looking up vocabulary or reading any of the explanations.

- **(a)** The survey reported upon in this article is described as 'quest' indagine su alcuni problemi della religione cattolica' If you were a leader of the Catholic church in Italy, what would you consider to be the gravest problem facing the church?
- **(b)** In the second paragraph, some points of comparison are made between this survey and similar ones conducted in 1953 and 1963. What are the main differences? What does the trend suggest to you?
- **(c)** Do many people consider the church to be a political organisation?
- **(d)** Which, according to those questioned, is the most acceptable definition of the Pope?

2.8.2 Word Study

Find the words in the text for which the following are dictionary definitions:

- **(a)** disegno che rappresenta la sezione verticale di un edificio
- **(b)** porzione di merce a cui si fa riferimento in una negoziazione, sia per fissare la qualità della merce, sia per accertarne la corrispondenza con quella consegnata
- **(c)** credenza ferma fondata su una personale convinzione
- **(d)** si dice di una persona che osserva le pratiche religiose
- **(e)** conservare e coltivare un sentimento

2.9 EXPLANATIONS

2.9.1 Select Vocabulary

la religiosità	devoutness
lo spaccato	cross-section
il campione	sample
oltre	beyond
altrettanti	as many
il custode	guardian

il maestro	teacher
nutrire	to nourish, harbour
l'antipatia	dislike
farsi	to become
l'alleato	ally
né . . . né	neither . . . nor
al passo con	in step with

2.9.2 **Communication Skills**

(a) Making comparisons

nel confronto col passato

This phrase means really 'as they compare it (the church) with what it was in the past'.

You will also come across *a confronto di* and *in confronto a*, which would be the more usual ways of expressing 'by comparison with' or 'compared with'.

Note also in the text *rispetto al passato* – compared with how it was in the past.

(b) Saying 'both'

ambo i sessi	both sexes

Other ways of expressing 'both' are *ambedue* and *entrambi(e)*. *Ambo* and *ambedue* are invariable, and a good deal less common than the most popular form:

tutti e due (masculine)	and tutte e due (feminine)
tutti e due i figli	both sons
tutte e due le figlie	both daughters
ci siamo andati tutti e due	we both went there

(c) Saying 'both' . . . 'and'

vengono rifiutate sia le facili approssimazioni . . . sia le affermazioni dogmatiche

both facile approximations and dogmatic assertions are rejected

Sometimes the second 'sia' is replaced by 'che':

sia socialisti che comunisti possono essere buoni cattolici

both Socialists and Communists can be good Catholics

2.9.3 Style

(a) The position of adjectives

Some adjectives usually are placed *before* the noun they describe. Other adjectives change their meaning completely according to whether they *precede* or *follow* the noun:

le facili approssimazioni	facile approximations
i calcoli facili	easy calculations
diverse cose	various things
cose diverse	different things

Many adjectives, however, can come either *before or after* the noun with only a subtle change in emphasis or sense resulting. Generally speaking, if an adjective is placed before the noun it has *less force* than after. If placed after, it tends to stress that particular characteristic in the noun it describes:

un interessante spaccato	an interesting (but by no means unexpected) cross-section
uno spaccato interessante	an interesting (particularly worthy of note) cross-section
una recentissima inchiesta	a very recent enquiry
un'inchiesta recentissima	a *very* recent enquiry (as opposed to one completed some time ago)

Note that adjectives denoting *nationality* and *religious* or *political persuasion* MUST follow the noun:

1052 adulti italiani	1052 Italian adults
la chiesa cattolica	the Catholic Church
la posizione comunista	the Communist viewpoint

(b) Abstract nouns

Italians tend to use an abstract noun where the English preference would be to use an adjective or verb form to express the same idea:

Quelli che ammettevano la piena compatibilità tra la posizione del cattolico e quella del socialista those who admitted that the Catholic and the Communist viewpoints were entirely compatible

or

those who admitted that they could accommodate both Catholic and Communist viewpoints

2.10 EXERCISES

Section B

2.10.1 Filling the Gaps

Without referring back to the text, write out the following extract filling the gaps:

Un . . . . spaccato della . . . . degli italiani – pur con i . . . . che . . . . statistica comporta – è quello che viene fuori da una . . . . inchiesta della Doxa.
Questa indagine su . . . . problemi della religione . . . . ., su un . . . . di 1052 adulti . . . . di 15 anni e oltre, di . . . . i sessi e di tutte le . . . . economico–sociali, rivela data . . . .
Si può essere . . . . socialisti e . . . . cattolici? Il 70% degli . . . . risponde affermativamente, il 20% il contrario. (Nel 1953 quelli che ammettevano la piena . . . . tra la . . . . del cattolico e quella del socialista erano 37%.)

2.10.2 Translation into Italian

Translate these sentences into Italian, but be sure to use the nouns in brackets in your Italian version.

Model: The Catholic church is responsible for preparing the enquiry. (la preparazione).

Response: La chiesa cattolica è responsabile per la preparazione dell'indagine.

(a) My brother is convinced that the responses are exact. (l'esattezza)

(b) Most people are determined today to demonstrate that they are happy. (la felicità)

(c) Everybody attributes Italy's success to the way the country has changed dramatically. (la trasformazione)
(d) Being poor, however, is something that many people experience every day. (la povertà . . . un'esperienza quotidiana)
(e) There are many elements that can contribute to how happy we are. (la contentezza)
(f) Are you worried at all? (la preoccupazione)

CHAPTER 3

L'ITALIA IN VACANZA

Every year Italy is host to millions of foreign visitors. They come to the islands and the peninsula itself for a variety of reasons – and they have come to the right place, for Italy is a land rich in the diversity of its attractions. There are those in search of historical and cultural enlightenment who come to study the ruins of her ancient past, to admire the architecture of her medieval cities or to gaze in awe at her art treasures and monuments. There are the athletic types who set themselves challenges on the ski slopes or mountain sides, who ramble in the hills and valleys or swim in the blue waters of her seas. Others, probably the majority, are more intent on relaxation. Most tourists like to soak up the sun on one of the rocky or sandy beaches, enjoy a *siesta* like the locals and, in the late afternoon, stroll casually around the towns or villages, or just sit on the edge of the *piazza* under a cafe *ombrellone* sipping *un amaro*, watching the world go by (see Illus. 3.1).

Yes, Italy offers everything the tourist brochures claim she has. To match this range of possibilities, we have assembled – for what we hope will be your edification and pleasure – a rich variety of texts.

To get you into holiday mood, you are invited to try a short personality test. As well as picking up some useful phrases, you may discover something about yourself in the process!

3.1 CHE TIPO DI VACANZIERO SEI?

Per sapere che tipo di atteggiamento avete nei confronti delle vacanze e quali sono i risultati che ne ricaverete, provate a rispondere alle sei domande di questo veloce gioco-test, segnando il comportamento che assumete abitualmente nelle situazioni indicate.

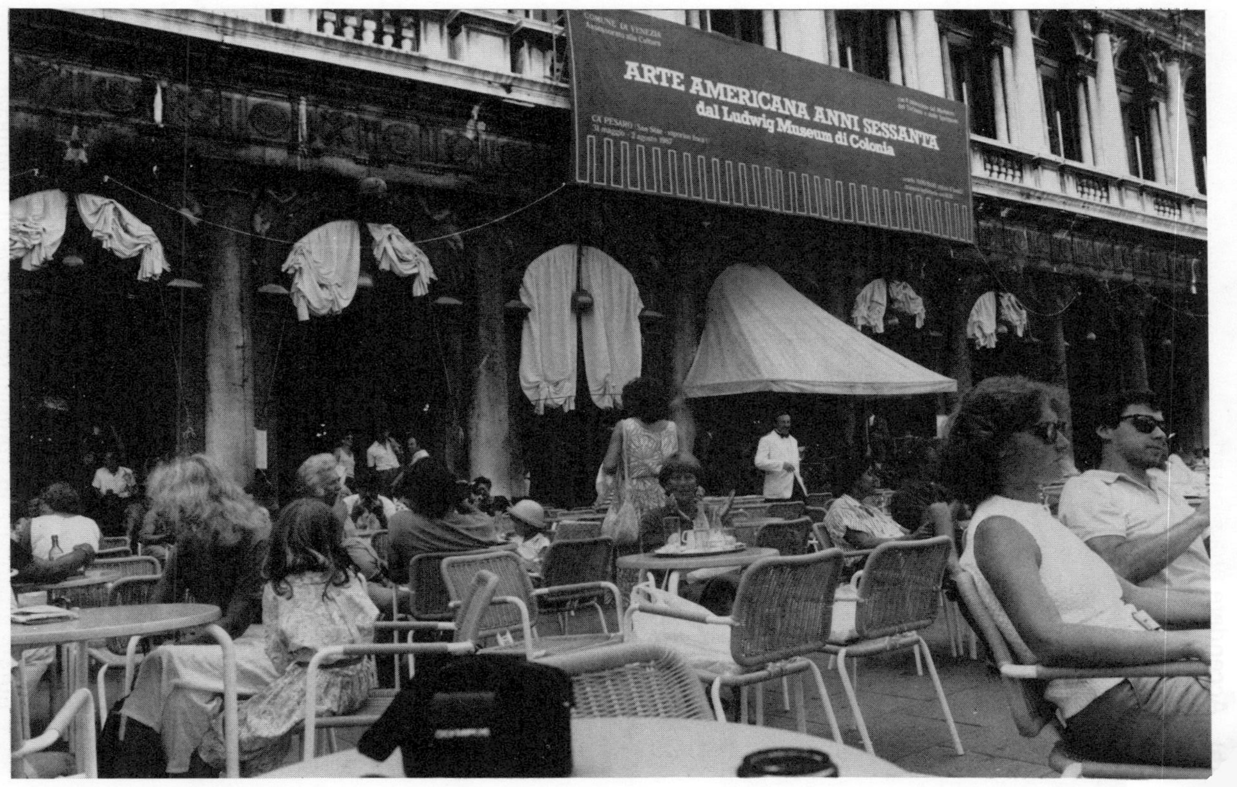

illus. 3.1 *Holidays in Italy*

...trada è lunga

...lacson 3
...una sigaretta 2
...umeri della targa davanti:
...na è pari tutto va bene,
...ri forse va male,
se finisce per zero chissà 1

Dimenticate qualcosa in città

(a) Vi convincete che era una cosa inutile 1
(b) Accusate vostra moglie (vostro marito, vostro figlio) di essere il colpevole 3
(c) Ne comprate un'altra 2

Il conto al ristorante è salato

(a) Pagate tranquillamente, dicendo tra voi: 'Qui non ci metto più piede' 1
(b) Urlate al cameriere: 'Mi chiami il direttore' 3
(c) Controllate il menu, perché certamente ci deve essere un errore 2

I vicini sono chiassosi

(a) Lasciate perdere. In fondo anche loro devono godersi le vacanze 2
(b) Aprite con loro un vivace dibattito sul 'diritto alla quiete nell'età post-moderna' 3
(c) Provate a farli smettere, facendo però protestare gli altri vicini 1

Il vostro partner ha il broncio

(a) Gli dite: 'Il prossimo anno vacanze separate' 3
(b) Aspettate in silenzio che passi 2
(c) Vi rifugiate nella fantasia immaginando di avere al fianco il vostro divo favorito (la vostra diva) del cinema .... 1 (il divo (la diva) del cinema che segretamente desiderate)?

La barca da affittare è occupata

(a) Dite: 'Il prossimo anno in montagna' 1
(b) Spiegate al barcaiolo che 'in Tunisia queste cose non succedono' e se lui risponde invitandovi un po' bruscamente ad andare in Tunisia, minacciate di denunciarlo 3
(c) Provate a ripassare l'indomani 2

Adesso sommate i punti di ogni singola risposta e verificate il profilo corrispondente.

★ *Da 6 a 9 punti*: Avete un notevole autocontrollo, ma è solo apparente. In realtà covate tensioni e conflitti interni che rischiano di esasperarsi durante le vacanze, periodo in cui le occasioni di ipertensione sono più frequenti. Per evitare lo stress cercate di lasciarvi vivere senza dare importanza ai piccoli contrattempi da vacanza.

★ *Da 10 a 14 punti*: Siete fondamentalmente equilibrati. Sapete come godervi il periodo di riposo.

★ *Da 15 a 18 punti*: Attenzione! Appartenete al gruppo degli aggressivi, fastidiosi (spesso insopportabili) per chi sta vicino e pericolosi anche per voi stessi. Almeno in vacanza, cercate di essere meno egocentrici ed egoisti. Sforzatevi di capire gli altri. È un esercizio che si rivelerà prezioso anche al rientro.

Jvan Miceli
Panorama, 25 agosto 1985

3.2 EXPLANATIONS

3.2.1 Select Vocabulary

l'atteggiamento	attitude
il comportamento	behaviour
il clacson	horn
la targa	number plate
pari/d*i*spari	even/odd (numbers)
colp*e*vole	guilty
chiassoso	rowdy
godersi	to enjoy
sm*e*ttere (di)	to stop, give up
avere il br*o*ncio	to sulk
il barcaiolo	boatman
minacciare	to threaten
l'indomani	the following day
sommare	to add up, total up
il contrattempo	set-back, mishap
fastidioso	annoying

3.2.2 Word Study

(a) ricavare

This useful verb can mean several things; often it means to get something out of somebody – usually secrets or money!

Non ricaverà nulla da me.	He'll get nothing out of me.

It can also have the sense of 'bringing' or 'deriving':

Quali sono i risultati che ne ricaverete?	What will that bring by way of results?

(b) chissà

Written as one word, this means literally 'who knows', which really carries the idea of 'Heaven knows'. It is used more as a reaction than a question – especially when you want to avoid giving a direct reply:

se finisce per zero chissà	if it finishes with a zero – heaven knows (what will happen)

Chissà at the beginning of a sentence means something like 'I wonder if . . .', 'I wonder when . . .':

Chissà quando arriverà quel treno.	I wonder when that train is going to arrive.

(c) salato

From il sale – salt, therefore meaning usually 'salty'. But in the context of shopping or eating out it describes an unpleasantly expensive bill.

Il conto al ristorante è salato.	The restaurant bill is very expensive.

Hence the expression 'pagarla salata' – to pay through the nose.

(d) controllare

As well as meaning 'to control', this word conveys the sense of 'to check':

Controllate il menu.	Check the menu.
Controllo passaporti.	Passport check.

(d) **lasciare perdere**
To take no action; to ignore something, to let something go on without intervening:

I vicini sono chiassosi ma lasciate perdere.	Your neighbours are rowdy but you let them carry on without getting involved.

Lasciare can also be used with 'andare' and 'stare' in much the same way:

Ho lasciato andare i miei studi.	I've not kept up with my studies .
Lasciamo stare!	Let's just forget about it!

3.2.3 Grammar

(a) **Use of *ne***
This little word carries a multitude of different meanings. Depending on the context it can mean 'of it', 'of him/her', 'of them', 'from it', 'from there', etc.
It is sometimes used in Italian when the meaning is understood, but not expressed, in English:

i risultati che ne ricaverete	results that you will obtain (*from it*)
ne comprate un'altra	you buy another one (*of them*)

(b) **Use of *ci***
Used in a similar way to 'ne' above, but having the meaning 'there', 'to there', 'in there', etc.:

Ci vado subito.	I am going (there) straightaway.
Qui non ci metto più piede.	I am not setting foot in *this* place again.

As is the case with this example, you will often hear 'ci' used where, strictly speaking, it is not really necessary. When 'ci' comes *immediately before another pronoun*, it changes to 'ce':

Dov'è la chiave? Ce l'hai tu?	Where's the key? Have you got it?
No, non ce l'ho.	No, I haven't got it.

Learn also the following expressions:

Non ci credo.	I don't believe a word of it.
Non ce la faccio da solo.	I can't manage it on my own.
Ci penso io.	Leave it to me.
Non ci capisco niente.	I don't understand a thing about it.
Ci sono ancora posti liberi?	Are there still some places free?
No, mi dispiace, non ce ne sono.	No, I'm sorry, there aren't (any).

(c) Uses of *da*

This is used with a verb in the infinitive to imply *availability*, *intention* or *purpose*:

La barca da affittare è occupata.	The hire-boat is in use. (i.e. the boat that is there for the purposes of hire)

Note the following:

Vuoi qualcosa da mangiare?	Do you want something to eat?
una tazzina da caffè	a coffee cup
una tazzina di caffè	a cup of coffee
un francobollo da cinquecento	a 500 lire stamp

3.2.4 Communication Skills

(a) Getting someone to do something (See also **Grammar Section G16.**)

Use *fare* followed immediately by the action in the *infinitive* form of the verb:

Provate a farli smettere.	Try to get them to stop.
Non farmi ridere!	Don't make me laugh!

(b) Saying that you are trying to do something

There are several verbs meaning 'to try':
provare is followed by 'a' with another verb in the infinitive form:

Provate a rispondere alle sei domande.	Try to answer the six questions.
Provate a ripassare l'indomani.	You try calling back the following day.

'provare' can also mean 'to try on' clothes, etc.

cercare is followed by 'di' with another verb:

cercate di lasciarvi vivere . . .	try to allow yourself to live . . .
cercate di essere meno egoisti	try to be less egotistical

Another verb expressing the notion of 'trying very hard', 'making an effort', 'forcing oneself' is *'sforzarsi (di)'*:

Sforzatevi di capire gli altri.	Make an effort to understand others.

3.3 EXERCISES

3.3.1. L'Oroscopo

Here is an extract from the horoscope for this week. Read it through carefully. Then fill in the gaps with an appropriate form of the imperative. A list of verbs is provided for you. Horoscopes are usually written in the *voi* form:

Persona e lavoro: settimana difficile! . . . di reagire tranquillamente a tutto quello che vi succederà. Soprattutto . . . le discussioni finanziarie se possibile. Martedi, . . . attentament alcune offerte di un nuovo impiego. Non . . . che gli altri vi potrebbero giudicare male; allora . . . chiaramente le vostre intenzioni.
Affetti: Se la persona che amate ha il broncio, non . . . il buonumore. . . . in silenzio

che passi il malumore suo. . . . a passare un po' più tempo insieme a lui (a lei).
Salute: Vi occorre perdere alcuni chili, . . . una dieta subito e . . . di fumare.
Consigli generali: Non . . . nella fantasia. . . . la realtà. . . . gli occhi aperti.

i verbi

affrontare – aspettare – cercare – dimenticare – esaminare – evitare – perdere – provare – rifugiarsi – seguire – spiegare – smettere – tenere

3.3.2 **Heaven Knows!**
Alla stazione
Model: Il treno delle cinque non è ancora arrivato . . .
Response: Chissà quando arriverà!

(a) *All'aeroporto*
I bagagli non sono ancora arrivati . . .
(b) *Al ristorante*
Il cameriere non ha ancora portato l'antipasto . . .
(c) *All'albergo*
I vicini non hanno ancora smesso di fare del chiasso . . .
(d) *Alla dogana*
Il doganiere non ha ancora controllato i passaporti . . .
(e) *Al lago*
La barca non è ancora libera. . .
(f) *Al telefono*
Il centralino non ha ancora risposto . . .

3.3.3 **Getting Things Done for Yourself**
The hotel receptionist phones you in your room . . . and you are feeling rather lazy.

Model: La prima colazione, la prende in camera o al ristorante?
Response: Me la faccia portare in camera, per piacere.
(a) C'è una lettera per Lei.
(b) Le chiavi della macchina a noleggio (hire-car) sono qui in ufficio.
(c) Qualcuno ha lasciato dei fiori per Lei.
(d) C'è un telegramma, Signorina.
(e) Ha ordinato dei panini?
(f) Ha lasciato il suo ombrello in salotto?

3.3.4 **Trying to Do Things**
Example situation: It's a bad telephone line.Tell the operator that you are trying to understand, but it's rather difficult.
What you say: Scusi, cerco di capire ma è piuttosto difficile.

(a) You are on your hands and knees under the table. Explain to the puzzled waiter that you are trying to find your keys.
(b) Your fellow passengers are making rather a lot of noise. Explain that you and your partner are trying to sleep.
(c) Your Italian friend is looking rather tense. Tell her to try to allow herself a bit more free time.
(d) You are puzzled by some police activity in the piazza. Ask a passer-by what they are trying to do.
(e) You are planning the day's activities with your Italian friends in Milan. Say: 'Why don't we try to get (prendere) tickets for La Scala this evening?'

3.3.5 **You are in a Generous Mood!**
You are enjoying a wonderful evening at your hotel with your Italian friend. She/He offers to pay for things. But you insist on charging everything to your account: wine, supper, chocolates, liqueurs, pastries . . . even the champagne!

Model: L'aperitivo, te lo offro io.
Response: No, per carità, lo farò addebitare al mio conto.

(a) Il vino, te lo offro io.
(b) La cena, te la offro io.
(c) I cioccolatini te li offro io.
(d) I digestivi, te li offro io.
(e) Le pastine, te le offro io.
(f) Lo champagne, te lo offro io.

3.3.6 **Come si dice?**
Fill in the gaps in the dialogue, taking your cues from the phrases in the brackets.
You and your Italian friend have just finished your meal in a rather 'chic' restaurant. The waiter brings the bill . . .

Cameriere: Ecco, Signori, il conto.
Lei: (You take one look at the total, gasp, turn to your friend and whisper the Italian equivalent of 'The bill is ridiculously high.')
Cameriere: Scusi, ha detto qualcosa?
Lei: (Say: excuse me, but there must be some mistake.)
Cameriere: Non credo che ci sia un errore. Vediamo un attimo.

Lei: (Get him to bring the menu. Say you want to check the prices.)

Cameriere: Se proprio vuole guardare il menu, eccolo. La assicuro, però, che ho sommato tutto bene.

Lei: (Say, but here, for example, the lasagne costs double the price written on the menu.)

Cameriere: Sì. Ma quel prezzo lì si riferisce ad una mezza porzione. Lei non ha chiesto una mezza porzione. Deve pagare quella intera.

Lei: (Say: I wonder how many other people have made that 'mistake'. Tell him to get the manager.)

Cameriere: Subito.

The manager arrives . . .

Direttore: Sono il direttore del ristorante. Va tutto bene?

Lei: (Tell him that, on the contrary, everything is going very badly!)

Direttore: Mi dispiace. Cercate di capire che lui è un cameriere nuovo e sta ancora imparando il mestiere. Le lasagne ve le offre la casa. Per quanto riguarda il cameriere, ci penso io . . .

Lei: (Say: Let's forget about it. These things happen in England too, you know.)

Direttore: Certo, ma forse le lasagne sono migliori qui in Italia?

Lei: (You pay your bill. On your way out you turn to your friend and say: We'll not set foot in this place again!)

illus. 3.2 *Positano in the spring; the Amalfi coast is a popular holiday destination*

3.4 AGENZIE DI VIAGGI

Questo è uno dei servizi relativamente nuovi ai quali gli italiani si stanno gradualmente abituando, anche se non hanno veramente una buona idea di tutto ciò che possono chiedere e ottenere (un po' come fanno quando acquistano un computer potente e misterioso). Prima di tutto ignorano di solito che l'agenzia è soltanto un intermediario, che vende esclusivamente una mediazione corredata dalla conoscenza dei luoghi e dei servizi offerti. Il cliente-utente in genere varca la porta dell'agenzia suggestionato e informato dalla tradizione orale: 'amici di ritorno da', i quali 'hanno detto che'. L'agenzia in genere sa soltanto sfornare depliant e tariffe, emette biglietti e provvede alle prenotazioni, alcune delle quali sono a rischio.

Nel caso dell'agenzia di viaggi bisogna però distinguere fra cliente e utente: il cliente è colui che (compagnia aerea o alberghiera) usa i servizi di mediazione dell'agenzia; mentre l'utente è il signore col sacco a pelo, gli occhi sognanti e la macchina parcheggiata fuori in doppia fila. Il cliente dell'agenzia vende servizi all'utente dell'agenzia. Il cliente dell'agenzia (compagnia aerea, catena alberghiera eccetera) in genere affolla il mercato con una quantità di tariffe diverse fra loro per acquistare lo stesso prodotto. Questo è il motivo per cui la gente viene regolarmente a scoprire di avere acquistato un biglietto più caro di quello comperato da un amico da un'altra parte. Ed è questo il motivo per cui l'utente dovrebbe usare l'agenzia di viaggi non soltanto come una biglietteria, ma come un consulente professionale al quale chiedere di scovare il prezzo migliore per acquistare i servizi di cui vuole fare uso.

Alberto Denzler and Paolo Guzzanti: *Come usare l'Italia*
(Arnoldo Mondadori Editore, 1985)

3.5 EXERCISES

Section A

Attempt the exercises in this section *before* reading the Explanations and *without* checking through the Select Vocabulary.

3.5.1 Italian Phrases

Find Italian equivalents in the text for the following English phrases:

(a) influenced by
(b) double-parked
(c) to come up with the best price
(d) people end up discovering
(e) dreamy-eyed
(f) to flood the market

3.5.2 Summary of ideas

Write a couple of sentences in English, based on your understanding of the text, to explain the authors' idea: 'L'agenzia è soltanto un intermediario'.

3.6 EXPLANATIONS

3.6.1 Select Vocabulary

corredare	to equip; to furnish; to accompany
l'utente (masc. or fem.)	consumer
varcare	to step through or over
suggestionato	influenced
sfornare	to dish out (literally to take out of the oven – il forno)
il depliant (a French word, pronounced 'day – plea – aunt')	brochure
emettere	to issue
provvedere	to provide; to see to
la prenotazione	booking, reservation
colui che	the one who; he who
il sacco a pelo	sleeping bag
sognante	dreamy
affollare	to crowd; to flood
comperare= comprare	to buy
la biglietteria	ticket office
scovare	to unearth

3.6.2 Grammar

(a) **The formation and use of adverbs** (See also **Grammar Section G5**.) Adverbs tell us more about *how things are done*. They usually follow the verb, but can be placed at the beginning of a sentence for emphasis:

l'agenzia . . . vende esclusivamente una mediazione

the agency . . . sells exclusively a mediation service

la gente viene regolarmente a scoprire

people regularly end up discovering

si stanno gradualmente abituando

they are gradually getting used to

An adverb can also be used to *modify an adjective* in some way:

è uno dei servizi relativamente nuovi

it is one of the relatively new services

Regular adverbs are formed from the adjective in the following way. Adjectives ending in -o: use the feminine singular form and add -mente:

relativ-a-mente   esclusiv-a-mente

adjectives which end in -le or -re drop the final e:

gradual-mente   regolar-mente

Note also the following adverbs:

di solito	usually
in genere	generally
soltanto	only

(b) **Relative pronouns** (See also **Grammar Section G3.7.**)
The most common relative pronoun is *che*. This takes the place of a noun when, in the second part of a sentence, to repeat that same noun would seem superfluous:

L'agenzia è soltanto un intermediario **che** vende esclusivamente una mediazione (*che* replaces *l'agenzia*).

Sometimes, however, especially when there is a need to avoid ambiguity, it is better to use one of the more precise forms:

il quale – la quale – i quali – le quali

These forms agree with the noun *to which they refer*. They *must* be used when prepositions are involved:

Questo è uno dei servizi . . . **ai quali** gli italiani si stanno abituando.

This is one of the services to which Italians are getting accustomed.

L'agenzia . . . emette biglietti e provvede alle prenotazioni, alcune **delle quali** sono a rischio.

The agency issues tickets and sees to the bookings, some of which are at risk.

(It is clear from the gender of *alcune delle quali* that it is the bookings – not the tickets – that are risky!)

cui
This is another form of relative pronoun used with prepositions. It is invariable:

Questo è il motivo **per cui**	This is the reason for which

. . . per acquistare i servizi di cui vuole far uso

. . . in order to purchase the services of which he wants to make use

(c) **Demonstrative pronouns** (See also **Grammar Section G4.4.2.**)
colui
This is a demonstrative pronoun meaning 'the person who', 'the one who', 'he who'. The feminine form is *colei*:

Il cliente è **colui che** usa i servizi dell'agenzia.

The client is the one who uses the agency's services.

These forms are much less common than the alternatives *quello che* and *quella che*.

ciò che
This means 'that which', or 'what'. It is often preceded by tutto:

Non hanno veramente una buona idea di **tutto ciò che** possono chiedere.
They haven't really got a good idea about what they can ask for.

3.7 EXERCISES

Section B

3.7.1 Sentence Building 1

Make up sentences from the skeleton frameworks provided below. Then insert the adverb in brackets in an appropriate position.

Model: italiani – abituarsi – servizi – agenzia di viaggi (gradualmente)
Response: Gli italiani si stanno gradualmente abituando ai servizi dell'agenzia di viaggi.

(a) clienti – varcare – porta – mal informati (generalmente)
(b) quando – qualcuno – acquistare – computer – ignorare – tutto ciò che – potere – fare (di solito)
(c) la mia macchina – essere – parcheggiata – in doppia fila (in genere)
(d) compagnie aeree – affollare – mercato – biglietti – prezzi diversi (regolarmente)
(e) viaggiatori – pagare – senza dire niente (tranquillamente)
(f) vacanza – albergo – Inghilterra – essere – costosa (relativamente)

3.7.2 Sentence Building 2

Taking one element from each column in the following table, make up eight sensible (and grammatically accurate!) sentences.
The results may not be identical to sentences in the original passage but most will bear at least some resemblance.

l'agenzia provvede alle prenotazioni	al quale	gli italiani si stanno abituando
il cliente è	tutto ciò che	sono a rischio
non hanno una buona idea di	che	possono ottenere
ignorano	alcune delle quali	usa i servizi di mediazione dell' agenzia
l'utente acquista i servizi	per cui	possiamo chiedere servizi professionali
questo è il motivo	di cui	vuole fare uso
è uno dei servizi nuovi	colui che	l'agenzia è soltanto un intermediario
cerchiamo tutti un consulente	ai quali	l'utente dovrebbe cercare i prezzi migliori

3.8 INFORMIAMOCI – VIAGGIANDO IN ITALIA

There are bound to be occasions when the traveller to Italy comes face to face with the bureaucratic procedures of the State. On these occasions – for example, registering with the local police, coping with a car breakdown, sickness, etc. – you will need to be able to decipher a more *formal* register of language. The following short passages provide some not too difficult examples. The first details what should be done in case of car breakdown and how to avail yourself of the services to which you may be entitled. The second also serves perhaps as a reminder that Italy is part of the Common Market and that travellers from within the European Economic Community (in Italian, *CEE* stands for *Comunità Economica Europea*) are entitled to the same arrangements for health care and treatment as Italians, provided that they are in possession of the form Elll.

AUTOMOBILE CLUB D'ITALIA

3.8.1 **Informazioni sul soccorso stradale**

Se rimanete in panne con l'auto

Potete rivolgervi all'AUTOMOBILE CLUB D'ITALIA che dispone di oltre novecento Centri operanti ventiquattr'ore su ventiquattro su tutto il territorio nazionale.

Che cosa vi garantisce

Un intervento di primo soccorso consistente o nella riparazione dell'auto, se è possibile, o il suo traino nel più vicino Centro di assistenza ACI o altra officina.

Come si chiede il soccorso

(a) Se siete in autostrada, premendo il pulsante e usando il telefono installato sulle colonnine SOS (una ogni 2km) sui diversi percorsi.

(b) Potete anche avvertire al passaggio una pattuglia della Polizia Stradale in città e sulle altre strade telefonando e indicando all'operatore telefonico il luogo di fermo, il tipo e la targa del vostro veicolo.

Quanto costa

Se il turista è socio dell'Automobile Club d'Italia, il traino della vettura guasta fino alla più vicina officina è gratuito, fatta eccezione per il solo diritto di chiamata che costa lire 5000. Da questa spesa sono esentati i turisti stranieri, ma solo se in possesso di carta carburante. Per il traino fino ad una diversa località, ai soci ACI viene richiesta una tariffa di lire 6000 per ogni tratto di dieci chilometri.
L'ACI ricorda che sulla rete stradale ordinaria il soccorso risponde al numero telefonico centosedici mentre sulle autostrade, in assenza di colonnine SOS occorre avvertire il più vicino casello.

3.8.2 **Comprehension Exercise**

Complete the following table to provide a résumé of the essential information given in the passage above. Refer to the Select Vocabulary only when *absolutely necessary*.

(a) Number of ACI centres	
(b) Location of the centres	
(c) Hours of opening	
(d) Assistance provided in case of breakdown	
(e) Location of emergency telephones on motorway	
(f) Means of gaining assistance on main roads	
(g) Cost of breakdown service to ACI members	
(h) Conditions of free service to foreign travellers	
(i) Emergency telephone number on main roads	
(j) Other means of gaining assistance on motorways	

3.8.3 **Informazione sull'assistenze per i turisti stranieri**

In caso di malattia ricordarsi che:

Gli stranieri provenienti da paesi CEE godono in Italia della stessa assistenza sanitaria prevista per i cittadini italiani (visite mediche gratuite presso i medici iscritti, pagamento parziale dei medicinali, eccetera . . .). Per questo occorre che siano muniti di un documento (modello E-III) che attesti la loro iscrizione presso il servizio sanitario del loro paese.
Il documento dovrà essere presentato (anche al momento dell'uso) presso l'USL (voce elenco telefonico 'Regione X/USL') dove il turista è domiciliato, che rilascerà gratuitamente un documento di iscrizione al Servizio Sanitario Nazionale valido per sei mesi. Se il turista è sprovvisto del modello E-III potrà, in caso di necessità, farne richiesta di invio dal paese di origine attraverso l'USSL oppure personalmente. Ciò comporta disguidi e possibili richieste di pagamento per le prestazioni nel frattempo fornite ed è pertanto importante che tutti i cittadini CEE si rechino all'estero forniti della dichiarazione di iscrizione al Servizio Sanitario Nazionale (E-III).

3.8.4 **Less formal Language**

The words and phrases below represent simple alternatives to some of the formal bureaucratic language of the text. Find those sections of the text where these alternatives could be placed without really changing the meaning of the sentence in which they occur:

(a) che vengono
(b) che abbiano
(c) che provi
(d) sotto il nome di
(e) abita
(f) darà
(g) non ha il
(h) i servizi
(i) allora
(j) vadano
(k) con la

3.9 EXPLANATIONS

3.9.1 **Select Vocabulary** (for Section 3.8.1)

rimanere in panna (e)	to have a breakdown (mechanical)
riv*o*lgersi	to turn to; to ask
disporre (di)	to have at one's disposal
il tr*a*ino	tow
l'officina	garage; workshop
pr*e*mere	to press
il pulsante	push button
il colonnino	post
il percorso	route, journey
la patt*u*glia	patrol
*e*ssere s*o*cio di	to be a member of
la vettura	car, vehicle
il guasto	breakdown, fault
esentato	exempted
la carta carburante	petrol coupon card (entitling foreign visitors to a limited amount of cheap petrol)
il tratto	stretch of road, or sea
il casello (di autostrada)	toll; motorway exit point

(for Section 3.8.3)

proveniente	coming from
godere	to enjoy
iscritto	registered; enrolled
occorrere	to be necessary
munire	to supply; to provide
attestare	to certify
domiciliato	residing
sprovvisto	lacking; without
il disguido	hitch; problem (especially with mail)
le prestazioni	services
nel frattempo	in the meantime
recarsi	to go
l'USL	L'Unità Sanitaria Locale (this is the equivalent of the Local Health Authority Office)

3.9.2 **Grammar**

(a) **Further uses of the subjunctive** (See also **Grammar Section G8.7.**)
After impersonal verbs and expressions: such as *occorre* and *è importante che*
When the subject of the second verb is identified, the verb must be in the *subjunctive mood*.

Occorre che siano muniti di un documento . . .

It is necessary for them to be in possession of a document . . .

('them' obviously refers to gli stranieri, mentioned in the previous sentence)

(b) If, on the other hand, the sentence has a general meaning, the second verb will be in the *infinitive form*:

Occorre munirsi di un documento.

It is necessary to be in possession of a document.

Note also:

È importante che tutti i cittadini CEE **si rechino** all'estero . . .

It is important that all EEC citizens go abroad . . .

But:

È importante recarsi all'estero.

It is important to go abroad.

3.10 EXERCISE

Convert these general statements into *more specific ones*, taking your cues from the subjects provided in the brackets.

Model: È importante avere un sano appetito. (i ragazzi)
Response: È importante che i ragazzi abbiano un sano appetito.

(a) È importantissimo dormire almeno otto ore su ventiquattro. (io)
(b) Bisogna rimanere su di morale. (tutti)
(c) Occorre rivolgersi all'ufficio informazioni. (voi)
(d) È necessario fare una prenotazione? (noi)
(e) Occorre avvertire il più vicino casello. (lei)
(f) È meglio andare subito dal medico. (tu)
(g) L'esercizio non è difficile. Basta leggerlo attentamente. (tu)

3.11 CONVERSAZIONE: UNA VACANZA AVVENTUROSA?

Roberta and Laura are chatting about their holiday plans and what they look for especially in a holiday. *Without looking* at the transcript, try answering these questions.

(a) Give four reasons for Laura's wishing to return to the Cinque Terre.
(b) What, for Laura, is the main factor in her definition of an adventurous holiday?
(c) Why do foreigners come camping in Italy, according to Laura?
(d) What is the 'terrifying experience' that is mentioned?
(e) Why is Laura particularly afraid of this event?

3.11.1 Transcript

Roberta: Laura, hai già fatto dei programmi per le tue vacanze?
Laura: Sì, quest'anno andiamo in Liguria.
Roberta: E come mai in Liguria?

Laura: Siamo già stati alle Cinque Terre una volta ed è una zona che mi è piaciuta moltissimo.

Roberta: Per quali ragioni, Laura, ti è piaciuta?

Laura: Il mare è pulito e ci sono rocce, scogliere, e la vegetazione è molto bella e c'è molta pace.

Roberta: Perciò, che cosa cerchi tu nella vacanza?

Laura: Cerco il riposo . . . e anche un minimo di avventura.

Roberta: Ah! Ti piace la vacanza avventurosa! E come la interpreti l'avventura nella vacanza?

Laura: Soprattutto come mancanza di comodità di tutti i giorni. Infatti quest'anno abbiamo deciso di andare in tenda.

Roberta: In tenda? In un campeggio?

Laura: Certo!

Roberta: Ed è facile trovare campeggi in Italia?

Laura: Sì, ce ne sono moltissimi, soprattutto sulla costa e non è difficile trovare posto soprattutto fuori stagione . . . Naturalmente il periodo più affollato è in agosto quando tutti prendono le ferie.

Roberta: Naturalmente! e . . . di solito trovi molti . . . altri italiani o tendi a trovare più stranieri in questi campeggi?

Laura: Ci sono moltissimi stranieri . . . penso che vengono in Italia in tenda per risparmiare e magari trascorrere più tempo in vacanza e . . . invece quelli che vanno in albergo . . . spendono di più e quindi devono tornare prima.

Roberta: Naturalmente. Secondo te, Laura, l'avventura di vivere in una tenda per . . . quindici giorni, ti rende forse più vicina alla natura e più rilassata?

Laura: Sì, a patto che tutto vada bene . . . Se . . . se capitano degli imprevisti è chiaro che . . . poi viene la nostalgia delle comodità di sempre.

Roberta: Naturalmente! Ma, per esempio, il tempo in Italia è abbastanza garantito e di conseguenza l'imprevisto dell'acquazzone, forse o . . . della folata di vento che faccia volar via la tenda è abbastanza raro!

Laura: No, però a me è capitato spesso di essere in tenda di notte quando c'era un temporale ed è una . . . un'esperienza terrificante.

Roberta: Per quale ragione?

Laura: Ho sempre paura che qualche fulmine colpisca il palo della tenda.

Roberta: Ma! Tu devi essere un po' pessimista oggi.

Laura: Non lo so!

13.11.2 Select Vocabulary

pulito	clean
la scogliera	cliff
un m*i*nimo di	a touch of
la comodità	comfort, convenience
la tenda	tent
affollato	crowded
le f*e*rie	holidays
trasc*o*rrere	to spend (time)
a patto che	provided that
l'imprevisto	the unforeseen (hence: accidents)
la folata	gust
il f*u*lmine	lightning
il palo	pole

3.11.3 Communication Skills

(a) Saying that you liked or enjoyed something

Use the verb *piacere* in the *passato prossimo*. The past participle must agree with the *thing(s) enjoyed*:

È una zona che mi è piaciuta moltissimo	It is an area that I liked very much.
Mi è piaciuto il concerto.	I enjoyed the concert.
Ti sono piaciute le tue vacanze in Italia?	Did you enjoy your Italian holiday?

(b) Saying what happened to you

Use the verb *capitare* in the *passato prossimo*:

A me è capitato spesso di essere . . .	It has often happened to me to be . . .

3.12 EXERCISES

3.12.1 Pronunciation Practice

These sentences concentrate on the sounds *ci*, *ce* and the r sound.

(a) Nelle Cinque Terre cinguettano (twitter) gli uccelli.

(b) Le Cinque Terre mi piacciono tanto, perciò ci vado spesso.

(c) Cerco un po' di pace vicino al mare tra le rocce.
(d) Trovo interessante andarci fuori stagione – in marzo o aprile – oppure in settembre o ottobre
(e) Ho sempre paura degli imprevisti – un temporale, ad esempio, è un'esperienza terrificante.

3.12.2 **It's often happened to me**

Situation: You have often lost your tickets.
Model response: Mi è spesso capitato di perdere i biglietti.

(a) You have often paid too much in a restaurant.
(b) You have often met a friend on holiday.
(c) You have often had noisy neighbours.
(d) You have often forgotten your keys.
(e) You have often broken down on the motorway.

3.12.3 **How did you find . . . ?**

Model: Come hai trovato l'Italia?
Response: Mi è piaciuta molto.

(a) Come hai trovato il film?
(b) Come hai trovato la pasta?
(c) Come hai trovato gli italiani?
(d) Come hai trovato le escursioni organizzate?
(e) Come hai trovato Roma?

3.13 INFORMIAMOCI: VIVERE BENE IN VACANZA

The following pages are all about health and hygiene on outdoor holidays in Italy. These Guidelines, published originally in *L'Educatore Sanitario* (a monthly magazine available free from the local chemist's shop), give plenty of sensible advice to those contemplating a camping or walking holiday. The topics covered range from washing fruit and vegetables to washing up; from what to eat before you set out to what you should put in your first-aid kit. There is also a section on holiday mishaps. It may not tell you how to cope with a tent blowing away, but it *does* cover things such as a 'jippy tummy', burns and insect bites. We hope you won't have the misfortune to be bitten by a viper – but it's as well to know what to do and what *not* to do, just in case.

3.13.1 **Comprehension Exercise**
Try to read through 'I consigli del farmacista' (Figure 3.1) without referring to the Select Vocabulary. Then, after checking the meaning of unfamiliar words, attempt the questions below. They are presented under the section headings of the original article.

BUONA LETTURA E BUONE VACANZE!

(a) **Come lavare frutta e verdura**
Fruit and vegetables should obviously be washed thoroughly, but what extra precaution should be taken to lessen the risk of germs?

(b) **L'acqua da bere**
If you are not sure about the purity of the water, how should you proceed?

(c) **L'igiene delle stoviglie**
What are we told about rinsing?

(d) **L'igiene degli indumenti**
Which item of clothing is singled out for special attention?

(e) **I disturbi intestinali**
How long does a bout of gastroenteritis usually last?

(f) **Le piccole ustioni**
What is the first course of action recommended in these cases?

(g) **Le piccole ferite**
How often should the gauze be changed?

(h) **Le punture di insetti**
What can be applied to lessen the temptation to scratch?

(i) **Il raffreddore estivo**
Which weather conditions should be avoided?

(j) **La tosse in vacanza**
Where, it is suggested, can this condition be particularly annoying?

(k) **L'essenziale per il pronto soccorso**
Which of the following items are *not* included in the list?

(i) scissors, (ii) cotton wool, (iii) tweezers,
(iv) sticking-plasters, (v) bandages, (vi) safety pins

(l) **Siero antivipera, lacci emostatici**
In the unlikely event of a snake bite, what should you *not* do?

(m) **La colazione del mattino**
What is the general gist of the advice in this section?

(n) **Attenzione alle bibite e ai gelati**
When should ice-creams be avoided?

(o) **La partenza**
What does the menu suggested for the day of departure consist of?

Figure 3.1 *Guida pratica all'igiene della vita all'aria aperta*

Source: L'Educatore Sanitario

Vivere bene in vacanza

Guida pratica all'igiene della vita all'aria aperta

In questa piccola guida sono stati raccolti - senza la pretesa di esaurire il vasto argomento, - alcuni consigli per affrontare meglio la vita all'aria aperta.

Si tratta di indicazioni molto semplici, in genere già largamente adottate ma che è bene avere sempre presenti per trascorrere una vacanza serena, davvero rilassante e senza rischi per la salute.

La materia è stata divisa in capitoli per facilitarne la consultazione: il primo è dedicato all'igiene, il secondo aiuta a intervenire nei piccoli disturbi e nelle più semplici operazioni di pronto soccorso, il terzo elenca tutto ciò che non deve assolutamente mancare nella piccola farmacia delle vacanze, il quarto, infine, dà alcuni consigli generali.

Buona lettura.

l'igiene

Perchè l'igiene è importante

Oggi, chi va in ferie in Italia può usufruire di strutture che aiutano a garantire la massima sicurezza igienica. Non bisogna però dimenticare che ci sono situazioni in cui l'igiene e la tutela della salute dipendono in primo luogo dalle nostre scelte. Se poi viaggiamo con dei bambini, questo discorso è ancora più attuale. È quindi buona regola utilizzare in modo civile e scrupoloso le attrezzature del luogo di villeggiatura, avendo però cura di intervenire con soluzioni personali in tutte quelle circostanze in cui un'attenta igiene è la condizione preliminare per il buon proseguimento della vacanza.

Ecco alcuni esempi.

Come lavare frutta e verdura

Il clima estivo è purtroppo il più favorevole alla diffusione e riproduzione di germi. Bisogna tenerlo presente perchè questo discorso riguarda da vicino la frutta e la verdura, che in estate è consumata in abbondanza ed il più delle volte cruda.

Bisognerà quindi lavare frutta e verdura con estrema attenzione specialmente se proviene da campi fertilizzati con concime organico, cioè con le feci umane o animali.

Per essere sicuri è bene prendere qualche precauzione in più, ad esempio lasciare frutta e verdura, già accuratamente lavate, mezz'ora a bagno in una soluzione a base di ipoclorito di sodio purificato.

In questo modo si elimina la presenza dei germi e si facilita la conservazione di questi alimenti.

L'acqua da bere

In alcune occasioni particolari, l'acqua può essere veicolo di germi: ad esempio quando la si preleva da un pozzo o da una fonte o da un torrente senza sapere se l'acqua a monte è esente da inquinamenti da germi.

Quando non si è sicuri del grado di purezza dell'acqua è buona norma sterilizzarla con il metodo della bollitura.

Efficace e sicuro è anche il metodo di sterilizzazione a freddo, che consiste nell'aggiunta di piccole concentrazioni di un agente sterilizzante che rende l'acqua batteriologicamente pura e senza sapori estranei.

L'acqua della roulotte

Quando viaggiamo in roulotte disponiamo di un serbatoio d'acqua che solitamente utilizziamo per il lavaggio delle stoviglie e dei piani d'appoggio.

Tenuto conto che quest'acqua viene spesso usata anche per risciacquare, caraffe, bicchieri e altre stoviglie, si raccomanda di renderla periodicamente potabile aggiungendo, ogni qualvolta la si rinnova, una piccola quantità di agente sterilizzante.

L'igiene delle stoviglie

Come abbiamo visto, l'igiene delle stoviglie può dipendere anche dall'igiene dell'acqua della roulotte. È comunque fondamentale, per un'igiene sicura, l'impiego di detersivo che, oltre a rimuovere lo sporco e l'unto, riduce anche la presenza dei germi. Il lavaggio deve quindi essere accurato e seguito da un adeguato risciacquo effettuato con acqua potabile.

Se ci sono anche i "piccoli di casa", che ancora usano il biberon e le stoviglie personali, bisogna dedicare la stessa attenzione che si aveva a casa. Per questi oggetti è raccomandato il metodo, adottato da molti centri di maternità, di sterilizzazione a freddo con una soluzione a base di ipoclorito di sodio purificato.

L'igiene degli indumenti

Anche l'igiene degli indumenti, oltre a quella personale, svolge un ruolo importante per una sana vacanza. Si dovrà quindi lavare regolarmente i propri abiti avendo particolare riguardo per i costumi da bagno, che sono i più esposti all'ambiente esterno.

Spesso infatti, nei luoghi di villeggiatura al mare, si nota una diffusione di malattie della pelle, causate da funghi, che si manifestano con macchie scure o chiare: le micosi.

Questi funghi si sviluppano facilmente nei luoghi umidi come le docce, le piscine, le cabine, o sugli indumenti, come cuffie, asciugamani, calze, ecc.

Quindi non bisogna scambiarsi questi indumenti e, in caso di contagio, si consiglia di trattare le zone colpite con prodotti specifici (antimicotici) suggeriti dal medico e di lavare a parte gli indumenti con acqua bollente.

i problemi più frequenti

I disturbi intestinali

I disturbi più tipici a carico dell'intestino sono le scariche isolate di diarrea e la gastroenterite.

Mentre la prima può essere causata da un semplice colpo di freddo o da un intenso stress emotivo, e non comporta alcuna conseguenza, la gastroenterite è invece una vera e propria infezione batterica dell'intestino che causa diarrea a volte accompagnata da febbre e, in alcuni casi, da vomito.

La gastroenterite, pur guarendo in genere entro una settimana, può essere particolarmante critica per i bambini e per le persone anziane. La cura di questa affezione consiste soprattutto in una dieta leggera e nella reidratazione, intesa a reintegrare i liquidi e sali inorganici persi con la diarrea.

A questo scopo la scienza moderna ha formulato alimenti molto ricchi, detti "dietoterapeutici", che si trovano in farmacia.

Comunque, nei casi di diarrea persistente, è bene consultare il medico.

Le piccole ustioni

In campeggio è facile, trafficando tra i fornelli, procurarsi qualche ustione di lieve entità. Ma non per questo bisogna trascurarla. Anche se lieve, un'ustione, seguita da una probabile lacerazione della pelle, costituisce una via d'accesso ai germi in una zona indebolita dal trauma della scottatura. Il primo provvedimento utile è quello degli sciacqui o spugnature con acqua molto fredda per alcuni minuti, poi la disinfezione.

È consigliabile usare un prodotto che, oltre a disinfettare, decongestioni la parte scottata ed eviti che la zona ustionata si secchi per effetto della perdita di liquido che segue a una scottatura.

Impiegando un disinfettante del tipo soluzione non alcoolica si protegge dalle infezioni la zona ustionata e nel contempo si contiene la perdita di liquidi evitando così la formazione di vesciche.

Non bisogna applicare olio o unguenti. La parte scottata può essere poi protetta con garze intrise con una soluzione fisiologica acquistabile in Farmacia o con creme adatte consigliate dal medico.

Le piccole ferite

Anche le piccole ferite sono una delle vie preferite dai germi per aggredire l'organismo. In questo caso bisognerà agire con la massima sollecitudine: si laverà allora la ferita cercando nel contempo di stimola-

re la fuoriuscita di sangue. Se la ferita o l'abrasione sono sporche di terriccio, o hanno pietruzze conficcate, queste vanno delicatamente asportate con garze sterili intrise nell'ipoclorito di sodio in diluizione opportuna, che ha il vantaggio di non bruciare.

Quindi si disinfetterà la ferita con la stessa soluzione di ipoclorito e si avrà cura di coprirla con una garza che va rinnovata ogni giorno fino a cicatrizzazione avvenuta. A questo punto la cicatrice potrà essere tenuta all'aria aperta e lavata delicatamente.

Le punture di insetti

Nella vita all'aria aperta può capitare spesso di essere punti da insetti. Queste punture sono sempre fastidiose e a volte anche dolorose. Il prurito che provocano induce a grattare la zona colpita col rischio di lacerare la pelle circostante e provocare suppurazioni. Si consiglia di applicare ghiaccio, di usare una soluzione disinfettante a base di ipoclorito di sodio ad idonea concentrazione per disinfettare energicamente la zona ed impedire che insorgano localmente infezioni.

Il raffreddore estivo

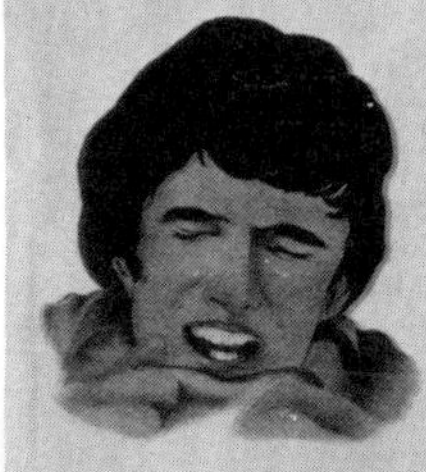

Il raffreddore, in estate, è nella maggior parte dei casi l'effetto di improvvisi sbalzi di temperatura e umidità. Già durante il viaggio, in auto o in treno, si è esposti a colpi di sole e di calore che creano le condizioni per il raffreddore estivo. Si tratta comunque di un malanno leggero, destinato a risolversi da solo. Uniche precauzioni da seguire: stare molto all'aria aperta avendo cura di evitare il vento e il sole troppo violento e ricorrere eventualmente a qualche spray nasale suggerito dal medico.

La tosse in vacanza

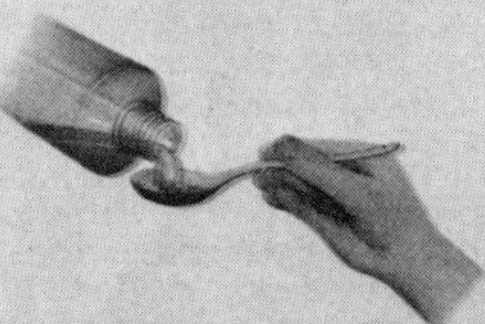

La tosse, anche insistente, di cui alcuni sono vittime in estate, può avere cause molto diverse: un colpo di freddo, una irritazione dovuta all'acqua di mare, un'allergia specifica a qualche tipo di polline.

In genere non si tratta di una malattia grave, ma, nella vita in campeggio, pone un problema di convivenza con i vicini di tenda. In questo caso è bene rivolgersi al farmacista, che consiglierà il prodotto più adatto.

Questo però non significa rimandare la visita del medico nei casi in cui la tosse è insistente o è accompagnata da un rialzo della temperatura.

la piccola farmacia

Abbiamo ideato questa piccola farmacia per il soggiorno estivo senza la pretesa di esaurire tutte le possibili necessità, ma avendo comunque cura di segnalare tutto ciò che, se non proprio a portata di mano, è bene avere in roulotte.

L'essenziale per il pronto soccorso

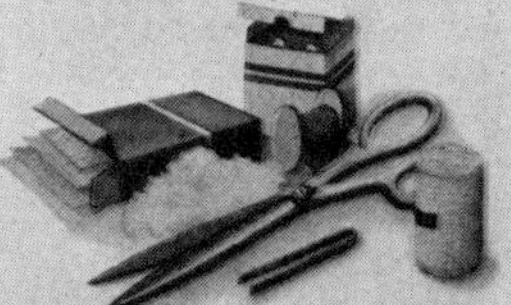

Per i più semplici interventi di pronto soccorso non devono mancare questi oggetti:

- cotone idrofilo per disinfettare e tamponare le ferite,
- garze: per ricoprire tagli o abrasioni,
- garze medicate (fitostimoline)
- cerotto adesivo: si consiglia quello con la garza incorporata, per permettere alla ferita di respirare;
- strisce di sutura dermoadesiva;
- bende: qualora si debbano effettuare fasciature, ad esempio in caso di slogature,
- forbici: per tagliare bende, garze, ecc.
- soluzione sterilizzante a freddo (milton)

- qualche pastiglia di acido acetilsalicilico (aspirina),
- pinzetta per estrarre spine o altri corpi estranei,
- termometro col proprio astuccio.

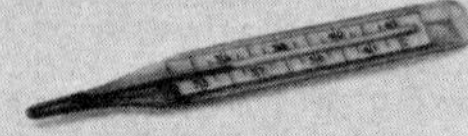

I prodotti antizanzare

Anche questi prodotti è bene averli con sè alla partenza dato che possono servire fin dal giorno d'arrivo. Sono da preferire gli insettifughi agli insetticidi, che vanno comunque impiegati qualche ora prima di coricarsi.

Siero antivipera, lacci emostatici

È logico, ma in verità poco pratico, il portarsi con sè almeno una dose di siero antivipera.

La vipera è un rettile abbastanza diffuso in Italia ed esce allo scoperto soltanto nella stagione calda.

Il siero, che va comunque usato su precise indicazioni mediche non essendo esente da rischi, ha una durata di sei mesi e va conservato a bassa temperatura (5° C).

Il laccio emostatico è utile per rallentare la circolazione del sangue in prossimità del morso, rallentando così la diffusione del veleno.

Accanto all'azione del siero, è consigliabile intervenire anche in modo meccanico incidendo con un taglio a croce la zona del morso onde facilitare la fuoriuscita del sangue (non succhiare!).

La borsa per l'acqua calda e la borsa per il ghiaccio

La borsa per l'acqua calda è indicata solo per l'applicazione lombare nelle coliche renali: non ha funzione curativa, ma allevia efficacemente i dolori calmando gli spasmi muscolari.

La borsa del ghiaccio serve invece a calmare il mal di testa che può venire quando si è preso troppo sole. Bisogna però stare molto attenti, perchè quando si tratta di una vera e propria insolazione questo rimedio non basta, e bisogna immediatamente chiamare un medico.

Supposte di glicerina

Spesso per il cambiamento di clima e abitudini alimentari si verificano forme di stitichezza che possono essere risolte con questo semplicissimo rimedio. La scelta di un lassativo è invece affidata alle abitudini e alle preferenze di ciascuno.

alcuni consigli pratici

Quando si arriva in un posto nuovo, specie dopo essersi lasciati alle spalle la città, è indispensabile trascorrere un breve periodo di adattamento. Questo vale per tutte le attività che possono impegnare, anche in misura apparentemente modesta, l'organismo. Si dovrà quindi fare attenzione ai primi bagni se si è al mare o al lago, o alle prime escursioni se si è scelta la montagna.

Conoscere il luogo di villeggiatura

Conoscere tutte le risorse del proprio luogo di villeggiatura può essere molto importante. Si incontrano modi di pensare e di fare differenti, e spesso, adottando le usanze locali, abbiamo tutto da guadagnare.

Nuove abitudini alimentari, ad esempio, ci portano a conoscere meglio l'ambiente, e a volte possono darci nuove idee per variare in meglio la nostra dieta una volta tornati a casa.

La colazione del mattino

La colazione del mattino, così spesso trascurata dai bambini e quasi evitata dagli adulti, è un elemento essenziale per una corretta alimentazione sul luogo di villeggiatura.

In vacanza l'organismo compie notevoli sforzi, e, di conseguenza, richiede un adeguato apporto di principi nutritivi. Per questo la prima colazione del mattino deve essere veramente completa e sufficientemente variata. Sono in questo caso da preferire il latte, il pane e il burro. Può essere questa una buona occasione per riservare alla prima colazione tutta l'attenzione che merita una volta ripresa la vita a casa.

Questo vale naturalmente sia per i bambini che per gli adulti.

Gli orari

Essere in vacanza non vuol dire venire meno agli impegni che abbiamo verso noi stessi. Gli orari sono un fattore essenziale per vivere bene: e una vacanza ci dà la possibilità di migliorarli. Possiamo, ad esempio, anticipare l'ora del pranzo che solitamente, a causa degli impegni scolastici o lavorativi, è spostata troppo in avanti.

Attenzione alle bibite e ai gelati

Gli eccessi non sono mai consigliabili. Quindi, anche per quanto riguarda le bibite, bisogna fare attenzione a quante se ne prendono e a come si prendono.

Troppe bibite vogliono dire una quantità eccessiva ed inutile di liquidi e di zuccheri ingeriti. Quando vengono prese ghiacciate, possono causare congestioni anche violente allo stomaco, per cui è sempre consigliato di berle a piccoli sorsi.

Evitare anche i gelati subito dopo i pasti, specie se molto abbondanti.

La partenza

Il giorno della partenza è il più importante di tutto il periodo festivo perchè richiede, soprattutto da parte di chi dovrà guidare, una perfetta padronanza psicofisica.

Bisognerà quindi evitare tre cose che possono rendere rischioso il viaggio:
- l'alcool, che per quanto poco è sempre troppo per chi deve affrontare lunghe ore di guida al caldo;
- l'assunzione di farmaci, come tranquillanti, analgesici, antistaminici, antiallergici, che possono causare reazioni negative sull'attenzione e la prontezza di riflessi;
- lo stress: è infatti provato che una delle cause degli errori nella guida risiede nell'ansia di arrivare e nella reazione emotiva eccessiva in caso di ingorghi o di altri contrattempi.

Per quanto riguarda il pranzo prima della partenza è consigliabile scegliere piatti ad alto contenuto calorico, ma di facile digestione. Un primo a base di riso è più digeribile. La carne ai ferri, o il roast bef, accompagnata da un'insalata di contorno e caffè sono ad esempio una valida indicazione.

La regola è comunque di non partire a digiuno nè dopo un "abbuffata". Infine sarà bene tenere in auto una scorta d'acqua da bere o di spremute di agrumi come rimedio alla disidratazione da caldo.

3.13.2 **Select Vocabulary**

L'introduzione

esaurire	to exhaust
tras*co*rrere	to spend (time)
elencare	to list

L'igiene

usufruire	to use, to take advantage of
la tutela	protection
l'attrezzatura	equipment
la villeggiatura	holiday
il concime	manure
il pozzo	well
esente	exempt, free
l'inquinamento	pollution
la roulotte	caravan
il serbat*o*io	tank, container
risciacquare	to rinse
le stov*i*glie	pots and pans
l'unto	grease
il biberon	baby's bottle
gli indumenti	clothes
la c*u*ffia	bathing-cap

I problemi più frequenti

guarire	to heal, get better
un'ustione	serious burn
trafficare	to busy yourself
lieve	light
trascurare	to neglect
indebolito	weakened
la scottatura	scald, sunburn
la vescica	blister
la garza	gauze
la ferita	wound
aggredire	to attack
la sollecit*u*dine	speed, promptness, care
la cicatrice	scar
capitare	to happen
fastidioso	annoying
il prurito	itching
grattare	scratch

idoneo	suitable
lo sbalzo	jump, sudden change
il malanno	mishap
la tosse	cough
la tenda	tent
il rialzo	rise

La piccola farmacia

il pronto soccorso	first-aid
il cotone idrofilo	cotton wool
il cerotto	plaster
la benda	bandage
la slogatura	sprain
le forbici	scissors
la pinzetta	tweezers
l'astuccio	case (for glasses, thermometer, etc.)
la zanzara	mosquito
coricarsi	to go to bed, lie down
il laccio emostatico	tourniquet
il taglio	cut, incision
il morso	bite
succhiare	suck
l'insolazione	sunstroke
la stitichezza	constipation
affidato	entrusted

Alcuni consigli pratici

impegnare	to engage, involve
compiere	to perform, carry out
la padronanza	command, mastery
l'ingorgo	traffic jam
il contrattempo	hitch, set back
a digiuno	on an empty stomach
l'abbuffata	copious meal

CHAPTER 4

L'ITALIA A TAVOLA

The vast majority of Italians still begin their main meal of the day with a dish of 'pasta' – or, to give it its full title, 'pasta asciutta'. It is clear that as long ago as the fourteenth century one of the prerequisites of paradise was an abundance of pasta, in some shape or form. That master story-teller Boccaccio, wishing to conjure up a fantastic, utopian land he named Bengodi in his *Decameron*, written between the years 1348 and 1353, described it in the following way:

eravi una montagna tutta di formaggio parmigiano grattugiato, sopra la quale stavan genti che niuna altra cosa facevan, che fare maccheroni e ravioli, e cuocergli in brodo di capponi.

(There was a mountain made completely of grated Parmesan cheese on which were people whose only occupation was making maccheroni and ravioli, and cooking them in a broth of capons.)

The thousands of Italian restaurants across the world have ensured that people of other nations have not been denied the delights of eating pasta, but the English language has tended to ignore the subtle variations and the range of forms that this most versatile of foods can take. The names of the two commonest varieties 'spaghetti' and 'maccheroni' have tended to be adopted as catch-all terms representing all shapes and sizes. In fact, there are as many different names as there are designs. The following list and their literal meanings and descriptions might help you decipher the menus and enable you to know what treat is in store before the waiter brings the dish to the table!

Anellini	little rings
Cannelloni	sausage-shaped rolls, filled with a cheesy mixture, covered with sauce or bechamel (white sauce) and baked.
Capelli	literally, hair – a fine, long spaghetti-type **pasta**.
Capellini	even finer hair than the above!
Cappelletti	literally, little hats – stuffed with meat or cheese, sometimes served in a thin soup (**in brodo**).
Conchiglie	shells.
Farfalle	butterflies.
Fettuccine	literally, thin slices – flat and long, resembling a ribbon.
Fusilli	literally, little spindles – just like a cork-screw.
Lasagne	wide, flat layers of **pasta** alternating with meat and **mozzarella** cheese, the green version is soaked in spinach; usually baked (**al forno**).
Ravioli	square with crimpled edges, stuffed with meat.
Rigatoni	**una riga** means, among other thing, a stripe. This is a fat, tubular **pasta** with ridged exterior, usually cut into 5cm lengths.
Ruote	literally, wheels – a good description.

Tagliatelle tagliare means to cut; these are thin, flat pasta, cut into long strips.

Tortellini shaped into tiny rings and stuffed – torto means twisted.

Vermicelli thinner version of spaghetti, the word means, literally, little worms!

In the first reading passage in this chapter, however, we really are talking about 'maccheroni' – or rather, a number of prominent Italians are. As you will discover, somewhat surprisingly, 'maccheroni' comes in for a good deal of criticism in this light-hearted look at one of Italy's traditional dishes.

4.1 **L'ELOGIO DEI MACCHERONI?**

Antonello Trombadori, deputato comunista:

I maccheroni sono indispensabili e squisiti. Sono stati inventati dai cinesi, ma sono stati gli italiani a inserire l'essenziale: il buco.

Wanda Osiris, soubrette:

Di maccheroni fatti bene mi piace mangiarne due o tre, non di più. Altrimenti ingrasso.

Giorgio Forattini, disegnatore:

I maccheroni non li mangio. Gli italiani si dividono in 'pastari', e sono il 98 per cento, e 'non pastari', e sono la rimanenza. Non li mangio anche perché mio padre mi imponeva il consumo della pasta che concepiva come un orgoglio nazionale.

Bettino Craxi, segretario del PSI:

Ai maccheroni preferisco gli spaghetti. Per ragioni storiche. Mi sembrano più solenni e hanno una storia più antica. E sono più plastici. Lo spaghetto mi ricorda mia mamma che non lo sapeva cuocere e io, fino all'età di diciotto anni, quando venni per la prima volta a Roma, non sapevo cosa fosse lo spaghetto cotto al dente perche lei li faceva alla lombarda, e cioè scotti. Tutte le volte che mangio gli spaghetti al dente mi viene in mente la mia povera mamma che me li faceva scotti come poltiglia.

Primo Conti, pittore:

Quando Marinetti dichiarò guerra alla pastasciutta veniva a mangiarla di nascosto a casa mia perché mia madre, meridionale, sapeva come si doveva fare una vera pastasciutta. Era veramente un'opera d'arte.

Gaetano Azzolina, cardiochirurgo:

Viviamo in un paese oramai divorato dai divoratori di maccheroni, che si allenano con i maccheroni per poi divorare, orribilmente, ogni altra cosa: dalla scuola all'industria, al commercio, alle istituzioni. In fondo, i maccheroni sono complici della nostra disfatta nazionale. Se lo spaghetto è fanteria, il maccherone è la cavalleria. Il maccherone è il ditirambo della pasta. Deve essere di un certo calibro, lungo giusto, difficile da catturare con la forchetta. Bisogna saperlo mangiare, specialmente quando uno ha la cravatta in tinta unita. Non ricordo di avere mai mangiato maccheroni senza che, da bambino, mi macchiassi la camicia e da adulto, le cravatte in tinta unita, specie se grigio delicato, in alto, verso il nodo.

Sergio Zavoli, presidente della RAI:

Il rapporto tra un romagnolo e la pastasciutta si svolge fondamentalmente con la tagliatella non con il tortellino. La vera tagliatella deve essere ruvida, rimanere sulle labbra, non deve scivolare. Ora però hanno sofisticato anche le tagliatelle. Una volta erano fatte con il sugo: cominciava a cuocere la mattina alle otto e si fermava a mezzogiorno; era fatto di carne, di olio, di cipolla, di carote. Adesso il vezzo turistico di assecondare tutti i gusti e di proporre tutte le sere un piatto nuovo ha mistificato anche questo piatto e siamo arrivati a fare le tagliatelle con le vongole. Una profanazione totale, miserevole e, direi, drammatica.

Bruno Brancher, scrittore:

Quando ero al riformatorio di Bosco Marengo un tizio si è impiccato e, come orazione funebre, un poliziotto disse: 'Peccato, proprio oggi che c'erano i maccheroni'.

Alessandro Blasetti, regista:

Li possino ammazzà! I maccheroni sono la vita e quando posso li mangio ancora.

Marco Vannini
Panorama, 15 dicembre 1980

4.2 EXERCISES

Section A
Attempt these exercises *before* looking at the Explanations or the Select Vocabulary.

4.2.1 Comprehension

Which of the following sentences best sum up the opinions and information provided by the personalities in the text? Match up the ideas opposite the names listed below.

(a) My mother really knew how to make pasta.
(b) Traditional ways of cooking pasta have been superseded by modern dishes, with some awful consequences.
(c) I can only eat a tiny portion for fear of putting on weight.
(d) My father had some funny ideas about pasta so I don't eat it myself nowadays.
(e) My mother did not know how to cook pasta properly.
(f) I eat maccheroni whenever I can.
(g) Italians improved upon the original design.
(h) In prison reform school maccheroni seems to be a dish to look forward to.
(i) It is difficult to eat without dripping some of it over your tie or shirt.

Antonello Trombadori ....

Wanda Osiris ....

Giorgio Forattini ....

Bettino Craxi ....

Primo Conti ....

Gaetano Azzolina ....

Sergio Zavoli ....

Bruno Brancher ....

Alessandro Blasetti ....

4.2.2 Correct Word Order

Put the following words into the correct order to form complete sentences:

(a) maccheroni – spaghetti – ai – gli – preferisco
(b) maccheroni – mangiarne – di – non – fatti – più – piace – bene – di – tre – mi – o – due
(c) maccheroni – oggi – c'erano – i – peccato – che – proprio
(d) maccheroni – la – mangio – e – quando – vita – posso – i – li – sono – ancora
(e) maccheroni – fondo – della – nazionale – in – complici – i – disfatta – sono – nostra

4.2 EXPLANATIONS

4.3.1 Select Vocabulary

il deputato	member of parliament
l'elogio	praise
squisito	exquisite

il buco	hole
la soubrette	female variety star; show business personality
altrimenti	otherwise
ingrassare	to grow fat, put on weight
la rimanenza	remainder
concepire	to conceive
l'org*o*glio	pride
scotto	overdone
la polt*i*glia	mush
di nascosto	secretly
allenarsi	to train
il c*o*mplice	accessory, accomplice
la disfatta	downfall, undoing
la fanteria	infantry
la tinta	colour, dye
macchiare	to stain
sv*o*lgersi	to develop
r*u*vido	rough
scivolare	to slide, slip
sofisticare	to adulterate
assecondare	to pander to
la v*o*ngola	cockle
il t*i*zio	fellow, guy
impiccarsi	to hang oneself
un regista	film director

4.3.2 **Expressions and Idioms**

pastari	an invented word meaning 'pasta-eaters'
il PSI	The Italian Socialist Party
cotto al dente	cooked tender but firm when you bite it (a quality spoken almost uniquely of pasta)
il ditirambo	a dithyramb was a Greek song or poem written in pompous style – a more modern, though less colourful, rendering of this idea would be: 'a superior kind of pasta'
La RAI	The Italian State Radio and Television company

li possino ammazzà	an expletive from the Rome area meaning, more or less: 'Curse them!' Here it is used ironically because, as the rest of his short speech suggests, he can't live without them.
Marinetti	Italian poet (1876–1944). One of the main protagonists of Futurism, an anti-traditionalist movement in art and literature that flourished in the early part of this century

4.4 **INFORMIAMOCI: DECIPHERING THE MENU**

alla lombarda	in the Lombardy style – that is, usually cooked to the point of being very well-done, if not slightly overcooked

illus. 4.1 *In una pizzeria rustica*

Similarly 'alla napoletana', 'alla genovese', etc. 'alla' precedes the town or regional adjective because the original form of this expression was, in full: 'alla moda' or 'alla maniera' lombarda. Now the word 'moda' or 'maniera' is understood.

Here are a few clarifications on the cooking styles which these phrases represent. It should, however, be borne in mind that, just as the expressions themselves are rather vague, so might the ingredients or the method of preparation not match exactly what *we* consider the main elements to be in each of them. You have been warned!

alla carbonara	with bacon and egg
alla casalinga	home-made
alla di*a*vola	marinated and grilled
alla genovese	with basil
alla marinara	with fish or shell-fish sauce
alla matriciana	with onion, peppers, tomato and 'pecorino' (sheep's milk cheese)
alla napoletana	with tomato and garlic
alla paesana	country-style cooking, usually with mushrooms and oregano
alla pizzaiola	with tomatoes, garlic, oregano and sometimes bay leaves
alla veneziana	with onions

4.5 EXERCISES

Section B

Come si dice?

A mealtime conversation often begins, naturally enough, with references to the menu. Take part in this dialogue, taking your cues from the English phrases in brackets. Giovanni addresses you informally, so you use the 'tu' form also in your replies and questions.

Giovanni: Prendi un antipasto?
Tu: (Say: yes, you are quite hungry)
Giovanni: Qui, la pasta asciutta è squisita, fatta proprio come la fa mia madre.
Tu: (Say: so she knows how real pasta has to be made then?)
Giovanni: Certo, un'opera d'arte garantita ogni volta!

Tu: (Ask what her speciality is)

Giovanni: Gli spaghetti alla genovese, cioè – al pesto.

Tu: (Say: that you ate some once but you didn't really like it very much)

Giovanni: Davvero? È possibile che non fossero ben preparati. Perché non provare un'altra volta, proprio oggi?

Tu: (Say: no thanks and anyway you prefer tagliatelle)

Giovanni: Allora, devi assaggiare le tagliatelle alle vongole. Sai che attualmente sono molto di moda?

Tu: (Say: okay, perhaps you are right. But there are people who say that eating tagliatelle with cockles is an utter profanity.)

4.6 CONVERSAZIONE: LA CUCINA ITALIANA IN INGHILTERRA

Listen carefully to the conversation between Bob and Roberta. Then assess which of the following statements is *true* and which is *false*, *without* referring to the transcript or reading the Select Vocabulary:

(a) Roberta tends to alternate between English and Italian cooking.
(b) At the weekend it is always English cooking that is preferred.
(c) She never has any difficulty in finding the right ingredients (see Illus. 4.2).
(d) She considers that 'Saltimbocca alla romana' is quite a complicated dish.
(e) The greatest amount of preparation time is taken up with cutting and rolling the meat.
(f) It takes only five mintues to cook in the oven.

4.6.1 Transcript

Bob: Roberta, qui in Inghilterra, prepari da mangiare all'inglese o all'italiana?

Roberta: Beh, preparo un miscuglio, vale a dire, un giorno cucina inglese, un giorno cucina italiana; questo per tutta la settimana. Il finesettimana – cucina italiana.

Bob: Ho capito. Ma normalmente la famiglia segue un orario inglese?

Roberta: Beh, no veramente. Può seguire un orario inglese durante la settimana per ragioni di lavoro e di studio, ma il finesettimana – orario e cucina italiani.

illus. 4.2 *Shopping for Italian ingredients*

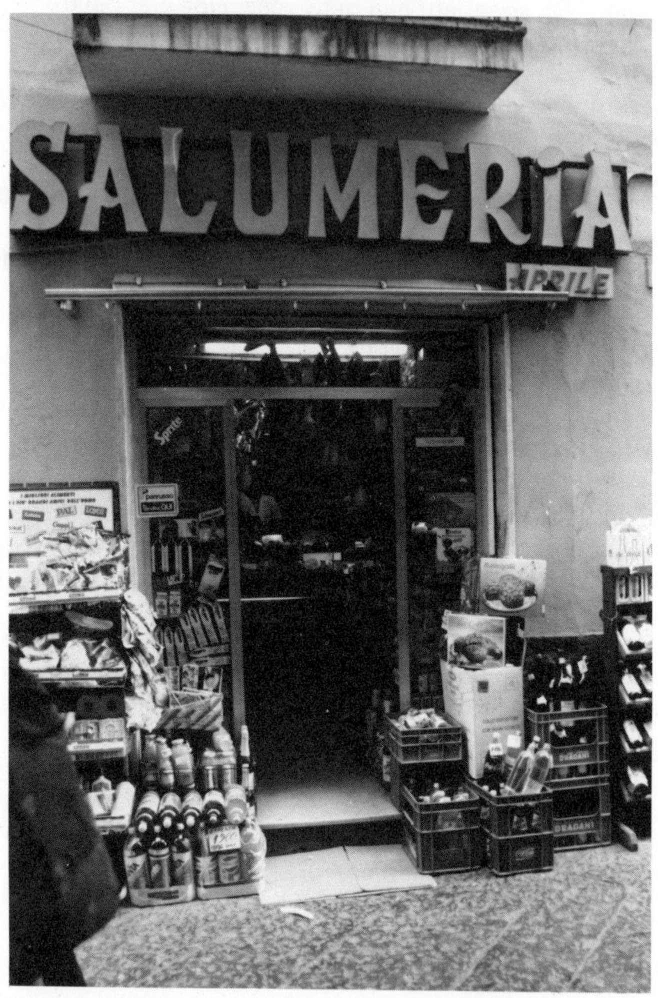

Bob: E se volessi preparare una ricetta tipicamente italiana, magari veneziana, troveresti facilmente gli ingredienti necessari?

Roberta: Per la cucina italiana generalmente sì. Per la cucina veneziana forse potrei imbattermi in qualche difficoltà.

Bob: Hai una ricetta preferita?

Roberta: Sì. Una ricetta preferita italiana, dato che abitando in questa città dove ci sono parecchi italiani, trovo più facilmente gli ingredienti. La ricetta è quella dei 'Saltimbocca alla romana'.

Bob: E come va preparato quel piatto lì?

Roberta: È un piatto relativamente semplice. Si preparano delle fettine di vitello; si avvolgono con quello che in inglese si chiama 'bacon' e noi chiamiamo pancetta; si inserisce nel centro una foglia di salvia con del burro e poi si rosolano un po' prima di metterli in forno.

Bob: Ci vuole molto tempo per preparare la ricetta?

Roberta: Ci vuole tempo per quanto riguarda la preparazione della carne che deve essere completamente magra e poi ci vuole un po' di tempo nell'arrotolare la carne e fissarla con uno stuzzicadenti.

Bob: Poi, per la cottura?

Roberta: Per la cottura, ci vogliono circa cinque minuti per rosolarla e poi ci vuole un'oretta in forno.

4.6.2 **Select Vocabulary**

il misc*u*glio	mixture
un or*a*rio	time-table
imb*a*ttersi (in)	to come up against
la fettina	thin slice
avv*o*lgere	to wrap around
la s*a*lvia	sage
rosolare	to brown
magro	lean
arrotolare	to roll up
lo stuzzicadenti	toothpick

4.6.3 **Expressions and Idioms**

vale a dire	'that is to say'; this is just another of those filler phrases which help ideas flow smoothly together
per quanto riguarda	as regards
il finesettimana	'the weekend': it is interesting to note that when two fem. words 'la fine' and 'la settimana' join together the result is a masc. word; you will, however, find (la) fine settimana – written as two words – and many Italians use the English word 'il weekend'

la cottura – la cucina	both these words can be translated into English as 'cooking', but the former refers to the process and the latter refers to the art
la cucina italiana	Italian 'cuisine'
la cottura in forno	baking (cooking in the oven)

4.6.4 **Communication Skills**

(a) Asking how something is done

Use the verb *andare* and the past participle:

Come va preparato quel piatto lì?

How is that particular dish prepared?

Come va fatto?	How is it made?

(b) Asking and saying how much time it takes to do something

Use *ci* followed by the verb volere in the 3rd person singular or plural:

Quanto tempo ci vuole?	How much time does it take?
Ci vuole molto tempo?	Does it take a long time?
Ci vuole un'oretta in forno.	It takes about an hour in the oven.
Ci vogliono cinque minuti.	It takes five minutes.

4.6.5 **Pronunciation Practice**

Listen to the following sentences on the cassette. Practise saying them aloud. As well as the *ci* sound, concentrate on trying to make *pure vowel sounds*:

(a) Preferisco la cucina italiana alla cucina inglese.
(b) Qual'è la specialità della regione?
(c) Prepariamo una ricetta tipicamente veneziana.
(d) Ci vuole molto tempo per preparare la ricetta?
(e) Certo, ci vogliono circa cinquanta minuti.
(f) Trovo facilmente tutti gli ingredienti.

4.7 MANGIARE NATURA

Until a few years ago, it appeared that Italians had rejected the growing world-wide trend of eating in 'fast-food' restaurants. But that resistance seems now to have crumbled and modern, American-style self-service cafes, specialising in hamburgers and chips, washed down with coca-cola, are springing up all over the country. In Milan, one of the international chains responsible for this way of eating has even managed to penetrate the inner sanctum, the most famous shopping arcade of them all – *La Galleria Vittorio Emanuele II*, designed in the grand style by the architect Mengoni just over 100 years ago. Among the expensive jewellers, elegant bookshops and luxurious restaurants can now be seen a 'fast-food outlet', indistinguishable from any you may find in New York, London or Tokyo. And it is not just for the benefit of the tourists. Italians, too, flock to the Piazza Duomo and the Galleria to meet their friends, window shop . . . and munch hamburgers (see Figure 4.1)! There is also, however, according to the journalist Rita Tripodi, a significant number of people – 'una maggioranza silenziosa', she calls them – who have chosen a more healthy approach to eating and drinking. However, we can't help feeling that, after examining what is intended by 'mangiare natura', she remains something of a sceptic. Read on and see if you agree with our judgement.

Figure 4.1 *Advert for the 'Bar Ristorante Commercio'*

BAR RISTORANTE COMMERCIO

PIAZZA DUOMO

BAR (Caffè Lavazza)
Coffee and Tea Room

RISTORANTE SELF-SERVICE
menù turistico a prezzo fisso

TAKE AWAY!
Pizza al trancio
Sandwich Club
Hot Dogs
Hamburgers

E PER LA VOSTRA SERATA
L'ESCLUSIVO DINING ROOM
CHARLY MAX
APERTO DALLE ORE 21 ALLE ORE 2
VIA MARCONI 2 - TEL. 871416

Pasticceria
Dessert assortiti
Gelati - Granite
Frullati frutta fresca

Milano - Piazza Duomo n. 8 / Portici Meridionali / Telefono 800.129

Giorno di riposo: mercoledì

Saranno certo potenti le multinazionali del 'fast food', il cibo veloce. Avrà forse successo il primo ristorante italiano 'drive in' aperto il 7 agosto a Castelletto Ticino, nei pressi del lago Maggiore, dove si mangia restando nella propria automobile. Ma contro questo ingozzare alla svelta hamburger, patate fritte e Coca-Cola, incalza una maggioranza silenziosa (ma non reazionaria), che rivendica riso integrale e pollo ruspante, frutta e verdura senza tracce di pesticidi e di fertilizzanti chimici. Sono gli ecologisti del cibo, gli appassionati del mangiar sano, quelli che fanno dell'alimentazione naturale una scelta di vita.

Ma cosa significa, nei particolari, mangiare sano e naturale? Come si possono apprendere le regole di una dieta equilibrata? 'Ogni adulto può cambiare il proprio regime', spiega il professor Luciano Pecchiai, primario patologo all'ospedale infantile Vittore Buzzi di Milano, 'ma i principi dell'alimentazione naturale devono essere appresi nell'infanzia'.

Come vanno nutriti i bambini? 'Prima di tutto devono essere allattati dalla madre', risponde Pecchiai, 'e lo svezzamento sarà sempre naturale. Dopo si passerà a una alimentazione il più possibile ricca di latte e cibi sani e non raffinati. Quindi, niente pappe pronte né omogeneizzati. L'uovo sarà introdotto all'ottavo mese, il pesce dopo il primo anno. La carne, solo quando il bambino sarà in grado di masticarla, cioè quando avrà tutti i denti'.

'Per evitare le malattie degenerative', sostiene il dottor Franco Gircelli, dietologo a Roma e a Milano, 'dobbiamo anche ricuperare le nostre tradizioni'. Non a caso il primo libro italiano su 'Cucina vegetariana e naturismo crudo' risale al 1600 ed è stato scritto da un agronomo siciliano, Ernesto Alliata di Salaparuta.

Cosa dicono dunque le nostre tradizioni? Niente megapasti composti da primo, contorno, antipasto, dessert, ma un piatto unico. Per molti è addirittura impensabile, ma per nutrirsi bene, secondi i naturisti, bisognerebbe dimenticare il pasto con tante portate, tipico della dieta americana degli anni Cinquanta, e che gli americani stessi cominciano adesso a rifiutare. Per la precisione, un piatto unico 'costruito' sulle proteine (animali o vegetali) soprattutto a pranzo e, per cena, un piatto unico a base di cereali (riso, patate, pizza) con legumi. All'inizio del pranzo ci sarà sempre un'insalata di verdura cruda, perche toglie la sete, dà un primo senso di sazietà e non ha bisogno dei succhi gastrici per essere digerita. Come contorno, verdura cotta. La frutta, che favorisce le fermentazioni intestinali, non va mai consumata a fine pasto (unica eccezione la mela). Dolci, proibiti. Consigliato un buon bicchiere di vino, solo con la carne e il pesce.

È possibile che mangiare sano comporti tante privazioni? Suona peggio di una prescrizione medica!

Rita Tripodi
L'Espresso, 1 settembre 1985

Figure 4.2 *One of the problems of insisting on a 'pollo ruspante'*

— Se proprio volete il pollo arrosto dovrete aspettare ancora un momento.

4.8 EXERCISES

Section A

Attempt these two exercises *before* looking at the Select Vocabulary or studying the Explanations.

4.8.1 I principi dell'alimentazione naturale

In the passage, several items of food are mentioned in connection with the principles of eating 'naturally'. In the table below, you have to fill in the 'advice' column. By writing a sentence opposite each of the sorts of food and drink, show that you understand the right and wrong way of eating – according, that is, to the 'ecologisti del cibo'. The first bit of detective work is done for you:

alimento	consiglio
il latte	fin dalla nascita la dieta del bambino deve essere ricca di latte
le uova	
il pesce	
la carne	
l'insalata di verdura cruda	
la verdura cotta	
la frutta	
i dolci	
il vino	

4.8.2 **Adjectives**

Find in the text the Italian equivalents of the following adjectives. Make a note of them, together with the nouns which they describe.

Model: powerful – potente – le multinazionali potenti

(a) fried
(b) silent
(c) free range
(d) chemical
(e) balanced
(f) healthy
(g) single
(h) uncooked
(i) cooked
(j) medical

4.9 EXPLANATIONS

4.9.1 Select Vocabulary

potente	powerful
nei pressi di	in the vicinity of
ingozzare	gobble up
alla svelta	hurriedly
incalzare	to pursue
rivendicare	to claim
ruspante	free range
prim*a*rio	principal
allattare	to breast-feed
lo svezzamento	weaning
la pappa	babyfood
*e*ssere in grado di	to be capable of
risalire	to date from
un 'megapasto'	a 'blowout', big meal
addirittura	really
una portata	course (of meal)
t*o*gliere	to take away
il succo	juice

4.9.2 Grammar

(a) The passive voice (See **Grammar Section G11.**)
In the passages in this chapter, there are quite a few sentences containing passive forms. There are three main ways in Italian to express passive ideas.

1. Using *essere* in the appropriate tense and the past participle of the verb which will agree with the subject.

Examples:

sono stati inventati dai cinesi	they were invented by the Chinese
erano fatte con il sugo	they were made with the sauce
era fatta di carne	it was made with meat
l'uovo sarà introdotto	the egg (eggs) will be introduced

i principi devono essere appresi nell'infanzia

the principles must be learnt in childhood

devono essere allattati dalla madre

they must be breast-fed by their mothers

2. Using *andare* instead of *essere*.

Examples:

come vanno nutriti i bambini?	how are children to be fed?

la frutta non va mai consumata a fine pasto

fruit is never to be eaten at the end of meals

3. Using *si* as an indefinite pronoun or with an active verb form.

Examples:

gli italiani si dividono in 'pastari' e 'non pastari'

Italians can be divided into those who eat pasta and those who don't

sapeva come si doveva fare una vera pasta asciutta

she knew how real pasta had to be made

come si possono apprendere le regole?

how can the rules be learned?

(For further explanation of the use of *si* see Chapter 5.)

(b) Moods of the verb: The subjunctive *(Il congiuntivo)*
The several different uses of the subjunctive are identified as they occur throughout the chapters of this book. In previous chapters, the subjunctive has been identified as having the following uses:

Expressing opinions:

mi pare che sia necessario	it seems to me to be necessary

Polite commands:

mi faccia vedere il listino prezzi	let me see the price list

After impersonal verbs and expressions:

bisogna che io trovi presto un albergo	I need to find a hotel soon

Four more key uses are now highlighted, with examples taken from the passages of this chapter. (See also **Grammar Section G8** for a fuller explanation of the formation and uses of this mood.)

The subjunctive is usually to be found:

1. After expressions implying *doubt* or *possibility*:

È possibile che mangiare sano **comporti** tante privazioni?

Is it possible that eating healthily implies so many sacrifices?

2. In *indirect questions*, especially following a negative verb which suggests doubt:

Non sapeva cosa **fosse** lo spaghetto cotto al dente.

She did not know what cooking spaghetti 'al dente' was.

When *no* doubt exists, however, it is more common to use the indicative:

Sapeva come si doveva fare.

She knew how it had to be done.

3. After certain conjunctions, including *senza che*:

Non ricordo di avere mai mangiato maccheroni senza che mi **macchiassi** la camicia.

I can't recall ever having eaten maccaroni without staining my shirt.

4. In some types of *conditional sentences* after *se* (if):

Se **volessi** preparare una ricetta tipicamente italiana . . .

If you wanted to prepare a typically Italian dish . . .

(See also Chapter 9 for more examples of conditional sentences.)

(c) Use of the future tense after the conjunctions *quando, se, finché* (See **Grammar Section G6.3.6.**)

The future tense is generally used *after* these conjunctions, whereas in English it is more usual to find the present tense:

La carne sarà introdotta solo quando il bambino **avrà** tutti i denti.

Meat will be introduced only when the child has all his or her teeth.

4.9.3 Style

The normal *word order* of an Italian sentence generally follows that of an English sentence — i.e., subject + verb + object.
When, however, special emphasis is placed on the subject (that is, the person or persons carrying out the action of the verb) the word order may change to *draw attention* to this:

Gli italiani hanno inserito l'essenziale: il buco.

Italians inserted the essential item: the hole.

Antonello Trombadori preferred to say, however:

Sono stati gli italiani a inserire l'essenziale: il buco.

It was the *Italians* (as opposed to the Chinese) who inserted . . . , etc.

4.9.4. Communication Skills

(a) Expressing the ideas 'the majority'; 'most'; 'a large proportion of'; 'the remainder'; percentages

'The majority' can be rendered in several ways.
By its direct equivalent – *la maggioranza*:

una maggioranza silenziosa	a silent majority

la maggioranza della gente la pensa così

the majority (or most) people think so

An alternative (and probably more popular) way is *la maggior parte*:

la maggior parte del tempo	most of the time

La maggior parte degli italiani mangia (or mangiano) gli spaghetti.

Most Italians eat spaghetti.

The minority is *la minoranza*; the remainder is *la rimanenza*:

e i 'non-pastari' sono la rimanenza

and 'non-pasta-eaters' make up the remainder

Note the use of the *definite article* when using percentages:

il 98 per cento

(b) Talking about when things occur

The *definite article* must be used with dates and years:

il 7 agosto	on the 7th of August
attorno al 1860	around 1860
gli anni Cinquanta	the 1950s
il Seicento	the seventeenth century

Other *expressions of time*:

fino all'età di diciotto anni	until the age of eighteen
prima dell'Ottocento	before the nineteenth century
la mattina alle otto	at 8 o'clock in the morning
dopo il primo anno	after the first year
all'inizio del pranzo	at the beginning of the meal
a fine pasto	at the end of meals (i.e., in a general sense)
alla fine del pasto	at the end of the meal (i.e., a specific meal)
di tanto in tanto	from time to time

4.10 EXERCISES

Section B

4.10.1 Responsibility for Actions

Rewrite these sentences, changing the emphasis to stress *who is responsible* for the action.

Model: I cinesi hanno inventato i maccheroni.
Response: Sono stati i cinesi a inventare i maccheroni.

(a) Gli italiani decisero di inserirci un buco.
(b) Mia madre insisteva che io mangiassi la pasta.
(c) A casa nostra mio padre ha sempre preparato le tagliatelle.
(d) I turisti hanno, in qualche modo, creato quell'abitudine di mangiare le tagliatelle alle vongole.
(e) In famiglia ho rifiutato di mangiare gli spaghetti.
(f) Luigi ha proposto una bottiglia di Chianti con le lasagne?

4.10.2 Using *si* and the Verb

Rewrite these sentences, already in the passive, using *'si'* and an appropriate form of the verb.

Model: La pizza va mangiata con un buon bicchiere di vino rosso.
Response: Si mangia la pizza con un buon bicchiere di vino rosso.

(a) Le patate fritte vengono spesso servite in scatole di cartone.
(b) Il vino non va mai consumato all'inizio del pasto.
(c) Nei migliori ristoranti gli spaghetti sono sempre preparati 'al dente'.
(d) Anni fa, il sugo era fatto di carne e di pomodoro fresco.
(e) Le parole 'fast-food', 'hamburger' e 'drive-in' sono pronunciate all'italiana.
(f) La polenta deve essere preparata in modo molto semplice.

4.10.3 Filling the gaps

From the list of verbs below, choose one to fill each of the gaps in the sentences. Be careful, thare are more verbs than spaces!

siano – ha – fosse – abbia – fossi – sia – è – abbiano – dà – erano – era – hanno – fossero – abbia – dia – sia

(a) Non sapevo che tu . . . capace di mangiare tanta pasta asciutta!
(b) Non ci siamo ancora resi conto che il governo . . . a sua disposizione i mezzi necessari per risolvere il problema della fame.
(c) Per quanto . . . difficile trovare il tempo, gli italiani passano molte ore a tavola.
(d) Benché ci . . . molti consigli da parte dei medici, gran parte della gente continua a mangiare in modo poco sano.
(e) Potrò trovare io il suo appartamento senza che lei . . . bisogno di venire a prendermi.
(f) Le multinazionali del 'fast-food' fanno sì che gli italiani . . . le stesse abitudini nell'alimentazione di tutti gli altri popoli d'Europa.
(g) Non sapevamo quanto grandi . . . le contraddizioni in quella politica.
(h) Il giornalista sa, infatti, che l'inchiesta ci . . . una visione poco rappresentativa dell'Italia moderna.
(i) Un dietologo a Roma ha detto che . . . necessario ricuperare le nostre tradizioni di cucina pura e naturale.
(j) È possibile che Giovanna . . . diventata vegetariana?
(k) Io non avrei mai creduto che . . . possibile.

4.10.4 Future Tense

Convert the infinitive in brackets in these sentences into the appropriate form of the future tense.

(a) Quando (avere) tutti i denti, i bambini (essere) in grado di mangiare la carne.
(b) Quando (essere) aperto il nuovo ristorante 'drive-in' si (sapere) quanto è popolare questa nuova maniera di mangiare.
(c) Se non (avere) successo quest'idea, le multinazionali del 'fast-food' senz'altro (passare) ad altre cose.
(d) Tu, quando (venire) a Parma, (avere) la possibilità di assaggiare le cappellette fatte alla casalinga.
(e) Se il costo dei trasporti (aumentare) ancora, la frutta (venire) venduta a un prezzo non remunerativo.
(f) Io non (smettere) di criticare il governo finché non (dare) maggiore aiuto agli affamati nel mondo.
(g) Se il popolo italiano (continuare) a mangiare troppo, molti uomini e donne (morire) d'infarto.

4.10.5 Translation into Italian

Here is a brief, tongue-in-cheek report on the state of Italy in the 1980s – as seen from the year 2880 A.D. Translate it into Italian.

We know very little about the diet of the typical Italian family before the twentieth century. It seems, however, that during the 1960s and 1970s of that century most people were well nourished. Only a minority was considered too poor to eat meat and fruit at every meal. Something that was called 'maccheroni' was also consumed from time to time.

At the beginning of that century the situation was very different for the majority of the population. Simple dishes based on rice, potatoes or uncooked vegetables were eaten usually. But in 1986, evidently, everything changed. It is clear that, from then on, Italians began to follow our modern way of eating – quickly gobbling down hamburgers and chips, cooked in the American way, for breakfast, at their midday meal and for supper!

4.11 CONVERSAZIONE: OTTIMI CUOCHI IN FAMIGLIA

Roberta and Laura are chatting about cooking. Listen first to their conversation and then tackle the questions below without referring to the Explanations section.
Answer 'yes' or 'no', and give a brief word of explanation.

(a) Does Laura consider herself to be a good cook?
(b) Does she follow the recipes she finds in books?
(c) Does Roberta own any recipe books?
(d) Did Roberta learn cookery from her mother?
(e) Does Laura's mother prepare the meals on Sundays?
(f) Does Laura consider Neapolitan cooking healthy?

Transcript

Roberta: Noi italiani abbiamo la fama di essere tutti ottimi cuochi. A te piace cucinare, Laura?

Laura: Beh! In cucina me la cavo. Non sono . . . non sono bravissima però mi piace pasticciare qualcosa. E a te piace cucinare?

Roberta: Direi, in linea generale, che di tutti i lavori domestici forse è quello che mi piace di più. Lo trovo creativo e poi mi fa allegria. Tu hai detto 'pasticciare'. Cosa vuoi dire con la parola pasticciare, Laura?

Laura: Voglio dire che io non seguo mai ricette. Mi piace improvvisare e con gli ingredienti che ho in casa creare delle ricette nuove. Invece, conosco persone che, se non hanno la ricetta precisa, non . . . non . . . non cominciano neanche a far da mangiare. Tu segui questo esempio?

Roberta: Io sono un po' come te. Anch'io direi che deliberatamente amo allontanarmi dal libro di ricette, anche se ne ho di famosi e ben quotati. Amo farlo perché mi piace aggiungere qualche cosa di personale a quello che faccio. E poi ho imparato da mio fratello il quale è un ottimo cuoco, direi molto più bravo di me.

Laura: Eh! Anche nella mia famiglia mio padre è molto più di mia madre. Mia madre deve fare da mangiare tutti i giorni quindi penso che si annoi un poco. Invece mio padre fa da mangiare alla domenica e ha tutti gli ingredienti selezionati, speciali e fa da mangiare, diciamo, per la festa e quindi è molto . . . più apprezzato di mia madre.

Roberta: Mio padre e molto più pigro, invece, ma ha il pregio di saper fare una cosa che nessun altro sa fare a casa . . . Ha, così si dice, una ricetta 'segreta' della maionese.

Laura: Accipicchia! Mio padre, invece, soprattutto fa da mangiare alla napoletana, perché lui è di Napoli e, in casa mia, c'è . . . c'è . . . c'è questo conflitto tra la cucina emiliana e quella del sud: la cucina emiliana – ricca, con molto burro, con molta panna, molto formaggio e, invece, la cucina napoletana . . . povera, semplice e sana: pomodoro, origano, basilico. Tutto . . . tutto gusto e . . . e poche calorie!

4.12 EXPLANATIONS

4.12.1 Select Vocabulary

il cuoco	cook
pasticciare	to concoct
non . . . neanche	not even
allontanarsi	to distance oneself
ben quotato	well thought of
aggi*u*ngere	to add
annoiarsi	to get bored
pigro	lazy
la panna	cream
il gusto	taste

4.12.2 Expressions and Idioms

me la cavo	I can just about manage
far da mangiare	to prepare food
anche se ne ho di famosi	even if I have some famous ones
ha il pregio di saper fare . . .	he is highly valued because he knows how to . . .
Accip*i*cchia!	Good Heavens!

4.13 Communication Skills: asking questions

You want to find out more about your Italian friend's domestic affairs. Make up questions, using the informal 'tu' form of the verb, to elicit the following information:

(a) Whether he/she likes housework.
(b) Whether he/she likes cooking.
(c) Whether he/she follows recipes or prefers to improvise.
(d) Whether he/she prefers Neapolitan or Venetian cuisine.
(e) Whether he/she finds all the necessary ingredients easily.
(f) Who taught him/her to cook.
(g) Whether he/she prepares a substantial meal every day of the week or only on Sundays.
(h) Whether his/her cooking is appreciated by the family.

CHAPTER 5

L'ITALIA IN FAMIGLIA

Italy has traditionally been a country in which the family, as an institution, has had a high profile in the affairs of the nation. In the past, families have tended to be large by Western European standards although in recent years the trend is definitely towards smaller family units. One recent survey indicated that as many as 39 per cent of couples have only one child. Nevertheless, whatever the situation, family ties seem to remain stronger and more durable in Italian society than in many other countries, despite the phenomenon of emigration in the earlier part of this century and the continuing drift away, by young people, from the largely agricultural South to the industrial North.

In this chapter, various impressions of family life emerge. Later, an eminent sociologist, interviewed about his theories of social change and its influence on family life, offers a rather bleak picture of what goes on *'tra le pareti domestiche'*. Firstly, however, some fond memories from Roberta and Laura . . .

5.1 CONVERSAZIONE: LA DOMENICA IN FAMIGLIA

5.1.1

Listen to the conversation *once only*. Then put a T against those of the following statements that are true. Put an F against those that are false. For those that are false, suggest how they are wrong.

illus. 5.1 *La domenica sportiva*

T/F

(a) La famiglia di Laura si ritrova insieme solo alla domenica.

(b) Roberta è indubbiamente più giovane di Laura.

(c) Si comincia la mattina presto a preparare il pranzo del mezzogiorno.

(d) I figli sono i primi ad alzarsi la domenica.

(e) Tutti vanno alla messa alla stessa ora.

(f) Qualche volta la famiglia compra una torta preconfezionata per completare il pranzo.

(g) Subito dopo pranzo tutta la famiglia va dalla nonna.

(h) La sera, tutti i ragazzi vanno al cinema o in discoteca. ☐

(i) Roberta, invece doveva rimanere a casa la domenica sera. ☐

5.1.2 Expressions and Idioms

Listen through a second time and try to pick out how the following ideas were expressed in Italian. Try this exercise without referring to the transcript.

(a) a day to be spent with the family
(b) they go back several years now
(c) preparations get under way almost immediately
(d) the important thing was to go there
(e) better than other days
(f) you are making me feel enormously nostalgic
(g) this is the mirror image

5.1.3 Transcript

Roberta: La domenica, in Inghilterra, è una giornata da trascorrere in famiglia, e in Italia?

Laura: Sì, direi di sì. È l'unico giorno in cui tutta la famiglia si ritrova insieme, in casa, e praticamente ci si raccontano le storie della settimana.

Roberta: Sì. Cioè, ci si ricapitola, in un certo senso . . .

Laura: Certo.

Roberta: . . . tutto quello che si è fatto. Io ho dei ricordi abbastanza vividi delle mie domeniche in famiglia. Però, si rifanno a parecchi anni fa ormai, o, perlomeno, le domeniche . . . regolari in famiglia. E i tuoi ricordi, invece, Laura, che indubbiamente sono molto più freschi dei miei?

Laura: Beh! A casa mia, un ricor . . . una sensazione tipica della domenica mattina era quella di svegliarsi e sentire insieme sia odore di caffè che di ragù. Infatti, alla domenica i preparativi per il pranzo sono . . . sono avviati quasi immediatamente dopo . . . subito dopo il risveglio. I genitori si svegliano per primi. Poi ci svegliamo . . . ci svegliavamo noi figli . . . a scaglioni, direi, e sempre seguendo questo ordine cronologico, ci preparavamo per andare . . . per andare a messa.

Roberta: Ah! Così non andavate a messa tutti insieme?

Laura: No. Non era importante andare insieme. Era solo importante l'atto di andare in chiesa. Non . . . non c'erano regole precise per . . . per la partecipazione. L'importante era andarci, insomma.

Roberta: E poi hai altri ricordi legati alla domenica? Qualche altro ricordo 'visivo' forse?

Laura: Certo, ci si preparava, ci si vestiva bene. Meglio degli altri giorni. E poi, dopo la messa, in genere si andavano a trovare o la nonna, o la zia, oppure si andava in pasticceria a comprare qualche dolce da mangiare dopo pranzo, oppure a comprare dei fiori, sempra da portare alla mamma, così per fare la giornata un po' . . . un po' speciale.

Roberta: Un po' festiva!

Laura: Certo!

Roberta: E, dopo pranzo?

Laura: Dopo pranzo, per qualche ora si ozia, si riposa. Il papà di solito si andava a sdraiare, per qualche ora, e invece io e la mamma stavamo a chiacchierare. Si guardava la televisione, si ascoltavano i risultati delle partite. Qualche volta, se il tempo era bello, si poteva andare a fare visita ad una città vicina e questi . . . questi ricordi sono sempre molto belli per me perché . . . li collego ad un momento, a momenti molto sereni e . . . molto affettuosi.

Roberta: Sì, e molto tranquilli. Mi fai . . . mi stai facendo venire un'enorme nostalgia delle mie domeniche in Italia. Senti un po', e la sera poi cosa si faceva?

Laura: Beh! I figli grandi, cioè, in questo caso io che ero la maggiore . . . potevano uscire. E io, di solito, andavo al cinema con le amiche oppure, qualche volta, in discoteca. Invece i fratelli più piccoli dovevano accontentarsi di guardare la televisione, magari guardare la 'Domenica Sportiva' ch'era il . . . il punto focale della . . . delle trasmissioni serali alla domenica. E il papà di solito stracciava le schedine del totocalcio perché non aveva mai fatto tredici.

Roberta: Questa è veramente l'immagine a specchio della mia famiglia con una piccola differenza – io ero la figlia più giovane ed ero io che dovevo rimanere a casa a vedere la 'Domenica Sportiva'!

Laura: Poverina!

Figure 5.1 *'La schedina del totocalcio': the Italian football pools coupon*

CONCORSO 10

COMITATO OLIMPICO NAZIONALE ITALIANO

Totocalcio "AL SERVIZIO DELLO SPORT"

	PARTITE DEL 25/10/87	
	squadra 1ª	squadra 2ª
1	Avellino	Cesena
2	Como	Ascoli
3	Empoli	Pisa
4	Inter	Juventus
5	Pescara	Sampdoria
6	Roma	Napoli
7	Torino	Fiorentina
8	Verona	Milan
9	Genoa	Bari
10	Messina	Cremonese
11	Triestina	Udinese
12	Pavia	L.R. Vicenza
13	Carrarese	Lodigiani

coni

Stirella MICROMAX Stirella

5.2 EXPLANATIONS

5.2.1 Select Vocabulary

rifarsi	to go back; to start from
perlomeno	at least
il ragù	sauce (for pasta)
avviare	to set in motion; to get under way
il risv*e*glio	waking up
a scaglioni	one after the other
legato	linked
andare a trovare	to call upon; to visit
la pasticceria	cake shop
oziare	to laze about; to idle
sdraiarsi	to stretch out; to lie down
collegare	to link; to relate
stracciare	to tear up
la schedina del totoc*a*lcio	football pools coupon

5.2.2 Grammar: further uses of *si*

This pronoun serves a number of purposes. It is not always easy to distinguish its precise function in a sentence since, on occasions, the uses appear to overlap. The following examples from the text may, however, help to clarify some of the more frequent uses.

(a) Reflexive pronoun: 3rd person singular and plural:

la famiglia si ritrova	the family gets together again
i genitori si svegliano per primi	the parents get up first
si rifanno a parecchi anni fa	they go back several years

si is tagged on to the end of the infinitive:

una sensazione era quella di svegliarsi	one sensation was that of waking up

If the reflexive infinitive is *dependent on another verb*, the pronoun may be placed either with the infinitive:

il papà andava a sdraiarsi	father went to lie down

or before the main verb:

il papà si andava a sdraiare

(b) Indefinite pronoun: with the verb in the 3rd person singular, meaning 'one', 'people in general', 'we', etc:

dopo pranzo si ozia, si riposa	after lunch we laze about, we rest
si andava in pasticceria	we used to go to a cake shop

Note that when a reflexive verb is used in an indefinite way, we would expect to find *si si* + the verb. But to avoid unpleasant repetition, the first indefinite *si* becomes *ci*:

ci si preparava, ci si vestiva bene	we got ready and dressed up smartly

In the *passato prossimo* the auxiliary verb used is *essere*:

tutto quello che si è fatto	everything that we have done

(c) **Reciprocal use:** used to express the idea 'each other', 'to one another':

Roberta e Laura si scambiano ricordi	Roberta and Laura recount their memories to each other

Here, too, when there is need for two functions of the pronoun *si*, the first becomes *ci*:

ci si raccontano le storie della settimana	people tell one another the events of the week

When *ci* is used as an adverb, meaning 'there', 'at that place', it too will precede the indefinite pronoun *si*:

ci si andava ogni domenica	we used to go there every Sunday

5.3 EXERCISES

5.3.1 Pronunciation Practice

Listen to the cassette and then practise saying these sentences. They concentrate, among other things, on *ci* and *ch* sounds:

(a) C'è una pasticceria dove si può comprare qualche dolce eccezionale. Sai come andarci?
(b) Sono andata in discoteca per cercare di parlare agli amici, cioè per chiacchierare. Ma c'era troppo chiasso.
(c) Quando il papà sapeva di non aver avuto successo con il totocalcio, stracciava le schedine.
(d) Parecchi anni fa, di domenica, ci si alzava a scaglioni per andare in chiesa.

5.3.2 How you Spend Sunday

Your Italian friend is enquiring about how people in your family spend Sundays. Following the example, compose your responses taking your cue from the phrases in brackets.

Question: Come vi vestite la domenica? (vestirsi bene)
Response: Ci si veste bene.

(a) A che ora vi alzate? (alzarsi presto)
(b) Cosa fate la mattina? (incontrarsi con gli amici)

(c) Cosa fate con gli amici? (raccontarsi le storie della settimana)
(d) E dopo il pranzo del mezzogiorno? (divertirsi a fare una gita)
(e) E la sera rimanete a casa? (uscire e andare in discoteca)
(f) A che ora andate a letto? (verso mezzanotte)

5.3.3 Things to Do

Below is a list of interesting Italian locations with, beside them, a suggestion about the kind of activities that you can enjoy there. Follow the pattern of the model.

Model: La piscina. (You can spend the whole day there)
Response: Ci si può passare tutta la giornata.

(a) In discoteca. (You can dance the whole night there)
(b) In campeggio. (You can meet so many interesting people there)
(c) Al museo. (You can find magnificent paintings there)
(d) Nella gelateria Cioffi. (You can buy the best ice-cream there)
(e) Al mercato. (You can find the cheapest prices there)
(f) In montagna. (You can easily get lost there)

5.4 IL PADRE ITALIANO

Luca Goldoni, a popular journalist and humorous social commentator, is quoted on the cover of the paperback edition of his best-seller *Cioè* as having said: 'Mi piace parlare con la gente, conoscere sempre meglio cose e situazioni che già conosco e poi raccontarle alla mia maniera prendendo in giro gli altri e me stesso'. His particular 'manner' of writing is social satire at its best. In his books and articles he exposes some of the vanities and foibles of contemporary Italian society. This passage fits neatly into the theme of the chapter. Taken from a section entitled 'Figli maschi', it mocks, with gentle irony, that traditional adulatory stance of Italian parents towards their offspring – particularly the male variety. Yet, as the quotation above implies, he does not spare himself from criticism as he recalls his own attempts at coming to terms with fatherhood.

Una volta i bambini mi infastidivano o al massimo mi lasciavano indifferente. Se proprio ero obbligato dalle circostanze a rivolger loro la parola, non andavo più in là di 'cosa farai da grande?'. Una volta un bambino mi diede una lezione e mi rispose: 'e tu cosa farai da piccolo?' Allora mi accorsi che anche i bambini ogni tanto si scocciano e, quando si scocciano, possono diventare pericolosi – per esempio, a chi gli chiede 'vuoi più bene al papà o alla mamma?' potrebbero rispondere: 'e tu, vuoi più bene a tua moglie o alla signorina Patrizia?'

I miei rapporti coi bambini erano dunque ridotti all'essenziale. Quando nacque mio figlio, ovviamente gli volevo molto bene, però non ero capace di fare il cagnone sul tappeto e neppure di catapultarlo per aria gridando 'vola vola vola'. Essendo completamente privo di fantasia, non ero nemmeno in grado di raccontargli delle favole decenti. Una volta ci provai, lui stette ad ascoltare e poi mi disse: e allora? Allora è finita, gli dissi.

Sono stato un padre un po' snaturato: più che divertire mio figlio cercavo di divertirmi io, facendo degli esperimenti che avrebbero interessato Pavlov. Pensando che le frasi utili se le imparava per conto suo, cominciai ad insegnargli dei vocaboli assolutamente superflui. A tre anni diceva correttamente 'sotto un certo profilo'. Quando ne aveva quattro, i parenti venivano da lontano per sentirgli dire che 'spero', 'promitto' e 'juro' reggono l'infinito futuro.

Figure 5.2 *Between father and son*

ALTAN

Guardavo con ammirazione le signore che si facevano i complimenti per i rispettivi figli, pigliandoseli in braccio, sbaciucchiandoli, intrattenendoli con bamboleggianti discorsi che avevano la 'elle' al posto della 'erre'. Io, se me li mettevano in braccio, li reggevo come pile di piatti. Una volta, per darmi un contegno, chiesi: 'ti piace andare a scuola?', suscitando scandalo perché il piccolo aveva solo quattro anni e mezzo.

Poi, col passar del tempo, sono maturato dal punto di vista paterno e mi sono lasciato attrarre dalla psicologia infantile in genere: ho scoperto che spesso è meno noioso conversare con un seienne che con un quarantenne. Sono arrivato al punto che mi intenerisco. Chissà in che abissi di commozione sprofonderò quando sarò nonno.

Luca Goldoni: *Cioè*
(Arnoldo Mondadori, 1977)

5.5 **EXERCISES**

Section A

Attempt the exercises in this section *before* reading through the Explanations.

5.5.1 **Interpretation**

There are five distinct paragraphs in the passage. Answer the following questions which relate to the contents of those paragraphs.

First paragraph

(a) Which phrases suggest that the author spoke as little as he could to children?
(b) What is the 'lezione' which he is taught?
(c) Why is Signorina Patrizia mentioned?

Second paragraph

The author lists three 'failures' in his role as a traditional father. What are they?

Third paragraph

How does he justify teaching his infant son 'vocaboli assolutamente superflui'?

Fourth paragraph

(a) What image is conjured up in your mind when he describes how he held children in his arms?

(b) Why do you think people were shocked by his question about school?

Fifth paragraph
How does the author account for his conversion? (There are two possible reasons given.)

5.5.2 **Word Study**

Below are some dictionary definitions for a number of words in the text. Use these definitions to make up a list of the words:

(a) Più che annoiare, è dare una noia viva che fa venir voglia di ribellarsi.
(b) Una storia di cose immaginarie, che per lo più sottintende una morale, un insegnamento.
(c) Lo stato in cui la natura, la costituzione fondamentale di una cosa, di una persona è cambiata in peggio.
(d) Si dice genericamente di chi è legato ad altra persona in una famiglia.
(e) Il modo di condursi nella vita in generale o in qualche luogo o circostanza particolare.
(f) Creare sentimenti, forze morali.
(g) La produzione nell'animo di un'impressione viva di tenerezza, di pietà, di compassione.

5.5.3 **Pronouns**

Identify the location of the following phrases. To which words do the pronouns shown as bold in the following phrases refer?

(a) se proprio ero obbligato a rivolger **loro** la parola . . .
(b) ovviamente **gli** volevo molto bene . . .
(c) neppure di catapultar**lo** per aria . . .
(d) una volta **ci** provai . . .
(e) se **le** imparava per conto suo . . .
(f) quando **ne** aveva quattro . . .
(g) pigliandosel**i** in braccio . . .

5.6 EXPLANATIONS

5.6.1 **Select Vocabulary**

infastidire	to annoy; to irritate
al massimo	at best; at most

riv*o*lgere la parola	to address; to speak to
scocciarsi	to get bored; to be fed up
volere bene a	to be fond of
il cagnone	large and usually good-tempered dog
il tappeto	carpet; rug
la f*a*vola	fable; story
snaturato	unnatural; heartless
il voc*a*bolo	word; term
il parente	relative
sbaciucchiare	to kiss; to 'bill and coo' over
intrattenere	to entertain
bamboleggiante	childish
suscitare	to give rise to; to stir up
noioso	boring
un seienne	a six-year-old
intenerirsi	to grow tender; to soften
la commozione	emotion
sprofondare	to sink
il nonno	grandfather

5.6.2 **Expressions and Idioms**

non andavo più in là di	I didn't go beyond
Cosa farai da grande?	What will you do when you grow up?
lui stette ad ascoltare	literally: he stayed to listen probably better translated here by 'he listened carefully'.
Pavlov	Russian physiologist (1849–1936) renowned for his experiments with animals in which he induced conditioned reflexes
per conto suo	on their own
sotto un certo profilo	viewed in a certain way
r*e*ggono l'infinito futuro	the Latin verbs mentioned 'take the future infinitive'; later on, the verb 'reggere' is used with its more usual meaning of 'to hold':
li reggevo come pile di piatti	I held them like stacks of plates
pigli*a*ndoseli in br*a*ccio	taking them in their arms

	'pigliare' is a colloquial alternative to prendere.
la 'elle' al posto della 'erre'	with an 'l' instead of an 'r' – i.e., parents imitating baby talk Even for Italian babies the 'r' sound presents some initial problems of pronunciation!
per darmi un contegno	striking up an attitude
solo quattro anni e mezzo	only four and a half years old the author shows his shocking ignorance of the fact that the statutory school starting age is six
mi sono lasciato attrarre	I have allowed myself to be attracted

5.6.3 **Communication Skills**

(a) Saying that you have to do something

essere obbligato a fare qualcosa

This is a useful alternative to the verb 'dovere' – to have to:

Se proprio ero obbligato a rivolger loro la parola

If I really had to talk to them.

(b) Saying you are capable of doing something

essere in grado di fare qualcosa; essere capace di fare qualcosa

These are useful alternatives to the verb 'potere' – to be able to:

Non ero nemmeno in grado di raccontargli delle favole.

I couldn't even manage to tell him stories.

Non ero capace di far il cagnone sul tappeto.

I wasn't capable of romping around on the carpet pretending to be a dog.

(c) Some expressions of time

1. *una volta*: can mean once in the general sense of 'once upon a time'. It can also refer to one specific occasion. Hence:

due volte – twice; tre volte – three times, etc.
2. *ogni tanto*: every so often, now and again.
Note also: di tanto in tanto – from time to time
3. *col passar del tempo*: with the passing of time

(d) Expressing annoyance

The verb *infastidire* indicates quite strong antagonism:

Una volta i bambini mi infastidivano. Once children used to annoy me.

The noun *fastidio* is also used in expressions such as the following:

Che fastidio! What a nuisance!
Per me è un gran fastidio lavare i piatti dopo ogni pranzo.

I find it really annoying having to wash up after every meal.

It can, however, also be used to begin polite requests such as:

Le dà fastidio se fumo? Do you mind if I smoke

Scocciare is a colloquial way of saying to bother, to annoy:

Non scocciarmi! Don't bother me! (Don't pester me!)

In its reflexive form, *scocciarsi* means to get bored:

Quando si scocciano possono diventare pericolosi.

When they get bored they can become dangerous.

Annoiarsi means much the same:

Mi annoio qui. I'm getting bored here.

To say 'boring', use the adjective *noioso*, or more colloquially: *barboso*. Note also: che barba! how boring!

È meno noioso conversare con un seienne.

It is less boring talking to a six-year-old.

5.6.4 Grammar

The following are the main points of grammar isolated for special attention from the text *Il padre italiano*.

(a) Using the imperfect tense
(See also **Grammar Section G6.6.**) This tense is used:

1. to describe what used to happen – i.e., what would happen on more than one occasion:

I bambini mi lasciavano indifferente.	Children used to leave me cold.
Non andavo più in là . . .	I wouldn't go beyond . . .
Cercavo di divertirmi io.	I used to try to enjoy myself instead.
I parenti venivano da lontano.	Relatives came from afar.

2. to describe a situation, a state of affairs or a state of mind that existed in the past.

I miei rapporti coi bambini erano ridotti all'essenziale.

My relationships with children were reduced to the bare essential.

Non ero in grado di raccontargli delle storie decenti.

I wasn't able to tell him decent stories.

Quando aveva quattro anni.	When he was four years of age.

(b) The formation and use of the past definite tense (See **Grammar Section G6.8.**)
This tense is now rarely used in spoken Italian, so rather than spend time learning the various regular and the numerous irregular forms, you need only to recognise the written forms. The tense is used to refer to *single actions in the past*. It is the tense of novels and story-telling. Examples from the passage include:

Una volta un bambino mi diede una lezione.

On one occasion a child gave me a lesson (got his own back).

Quando nacque mio figlio . . .	When my son was born . . .

(In speech, this would more normally be: Quando è nato mio figlio.)

Una volta . . . chiesi:	Once . . . I asked:

Una volta ci provai, lui stette ad ascoltare e poi mi disse:

Once I tried it. He listened carefully and then he said to me:

(c) Use of the gerund form (See also **Grammar Section G13.**)
The gerund endings –ando, –endo, are the equivalent of the -ing ending in English. Examples in the text are given below with the infinitive forms in brackets:

gridando	shouting (gridare)
essendo	being (essere)
facendo	doing, making (fare)
pigliando	taking (pigliare)
sbaciucchiando	kissing (sbaciucchiare)
intrattenendo	entertaining (intrattenere)
suscitando	giving rise to (suscitare)

(d) Position of pronouns used with infinitives and gerunds

1. Pronouns are usually tagged on to the end of the verb in the infinitive form with the final '-e' dropped:

capace di catapultarlo per aria	able to catapult him into the air
in grado di raccontargli delle favole	able to tell him stories
cominciai ad insegnargli	I began to teach him
per darmi un contegno	to strike up an attitude

The exception to this rule is *loro* – them. This usually follows *all* verb forms anyway but it is written separately:

obbligato a rivolger loro la parola	obliged to address them

Note that in modern Italian *loro* is increasingly replaced by the pronoun *gli* – e.g., in the text we can also read:

a chi *gli* chiede	to whoever asks them

Formerly, this would more usually have been written:

a chi chiede loro

Loro still tends to be used when there may be ambiguity.

2. Pronouns are also added to *gerund forms*:

intrattenendoli	entertaining them

The rules for combining pronouns also apply here. (See **Grammar Section G3.4.**)

pigliandoseli	taking them in their arms

(e) Another use of the preposition *da*

Da is often used with an adjective to suggest a *typical quality* or characteristic:

agire da grande	to behave like a grown up

Hence da piccolo or da bambino – like a child
Note also:

non è da lei	it's not like her
non è da amici fare così	it's not like friends to behave in this way

5.7 EXERCISES

Section B

5.7.1 **Are you capable? Apparently not!**
Respond appropriately to the following statements and questions:

Model: Non posso aprire questa valigia.
Response: Non sono capace di aprirla neanch'io.

(a) Non posso aprire lo sportello della macchina.
(b) Puoi aiutarmi a tradurre questa lettera?
(c) Come si fa a chiudere questo finestrino? Non ci riesco.
(d) Mio marito non sa sciare, e lei?
(e) Non sappiamo giocare a pallavolo, e tu? (volleyball)
(f) Prende ancora una fetta di torta? Io ne ho già mangiato abbastanza.
(g) Non riesco a guidare questa macchina con la guida a sinistra.

5.7.2 **Do you mind if . . .?**
Form polite requests taking your cue from the words in brackets.

Model: Le dà fastidio? (you want to open the window)
Response: Le dà fastidio se apro la finestra? (il finestrino in a car or train)

(a) Vi dà fastidio (you want to park your car here)
(b) Le dà fastidio (you want to telephone later this evening)
(c) Ti dà fastidio (you want Giovanna to come as well – use accompagnare)
(d) Le dà fastidio (you want to leave your luggage in the office)
(e) Vi dà fastidio (you want to go straight to your room)

5.7.3 **Filling in the Gaps**
Without referring back to the passage, try filling in the gaps with the correct form of the verbs in brackets.

(Essere) un padre un po' snaturato: più che (divertire) mio figlio, (cercare) di divertirmi io, (fare) degli esperimenti che avrebbero interessato Pavlov. (Pensare) che le frasi utili se le (imparare) per conto suo, (cominciare) ad insegnargli dei vocaboli assolutamente superflui. A tre anni (dire) correttamente, 'sotto un certo profilo'. Quando ne (avere) quattro, i parenti (venire) da lontano per sentirgli dire che 'spero', 'promitto' e 'juro' (reggere) l'infinito futuro.

5.8 CRONACA DI UN INFERNO FAMILIARE

Franco Ferrarotti is a Lecturer in Sociology at Rome University and a keen observer of the changes that take place in the patterns of social and domestic behaviour of his fellow citizens. He was asked by Stefania Rossi, a reporter for the weekly magazine *L'Espresso*, for his views on Italian family life. A rather depressing picture emerges during their discussion. (*D* = domanda; *R* = risposta.)

D: 'Professor Ferrarotti, è dunque vero che tra le pareti domestiche siamo tutti pigri e maleducati?'

R: 'Soprattutto feticisti. E il feticcio, il bene massimo da adorare e custodire, è proprio la casa. Non importa se bella o brutta, spaziosa o angusta. Proprio perché è diventato il bene prezioso, il più difficile da ottenere, la casa ha sostituito l'automobile come oggetto di culto, si è posta al centro dei desideri e degli interessi dell'italiano di ceto medio. L'amore per la casa degli italiani non ha però niente a che fare con la 'privacy' degli inglesi. In realtà il suo uso è di semplice contenitore del più importante valore nazionale: la famiglia.'

D: 'Ma non è stata proprio la famiglia quella che ha subito i più forti contraccolpi del mutamento sociale di questi anni?'

R: 'Nella famiglia non c'è stata l'evoluzione che gli osservatori si aspettavano. È vero che una gran parte della generazione che ha oggi tra i trenta e i quarant'anni ha creduto al cambiamento e l'ha praticato. Ha spezzato rapporti inappaganti, ha cercato il nuovo. Ma proprio per questo è una generazione irrimediabilmente candidata alla sofferenza. Per tutti gli altri la famiglia resta una vecchia nave che va avanti.'

D: 'Quindi tra le pareti domestiche tutto va per il meglio?'

R: 'Al contrario, va tutto per il peggio. La vita in famiglia è nella maggior parte dei casi un inferno continuo. Ma essa è un'instituzione così salda e intoccabile che può permettersi di prescindere dagli umori di quelli che la compongono, e nessuno si concede il lusso di farla dipendere dai propri bisogni reali e dai propri affetti sinceri. Così non c'è bisogno di parlare o di essere attenti l'uno all'altro; ognuno può isolarsi con il proprio apparecchio, televisore o telefono che sia, può ignorare i sentimenti o i problemi di tutti gli altri.'

D: 'In questo guscio familiare, che lei dipinge come vuoto e falso, quali difetti vengono maggiormente esaltati?'

R: 'Il conformismo è la mancanza di ironia. L'italiano è uno strano anarchico: mormoratore in privato e conformista in pubblico. È difficile trovare un popolo che mugugni più del nostro. L'assenza di umorismo inoltre è totale. Crediamo di essere maestri in ironia perché usiamo a man bassa l'arma del sarcasmo verso gli altri, ma non conosciamo la capacità di mettere con lievità in discussione anche noi stessi. Siamo piagnoni, invece, e in gran misura. Sembra che la scappatoia migliore sia il lamento e l'autocommiserazione. Piangono tutti, anche i politici. C'è molta gente che parla di postmoderno. Io sarei contento se questo paese fosse solo moderno.'

Stefania Rossini
L'Espresso, 27 ottobre 1985

5.9 EXERCISES

Section A

Attempt these exercises before even glancing at the Select Vocabulary or studying the Explanations.

5.9.1 Comprehension

The following notes seem to be the main points made during the interview. Using them as a guide write down what you would tell an English friend who knew no Italian about the Professor's ideas:

- ★ La casa: il massimo bene da custodire.
- ★ Ciò che ha fatto la generazione che oggi ha tra i trenta e i quarant'anni.
- ★ La vita in famiglia: un inferno continuo.
- ★ Gli italiani: una nazione di piagnoni.

5.9.2 Prepositions

In the following sentences, the prepositions (and one adverb) have been omitted. Fill in the gaps, if possible without referring back to the text.:

(a) Il bene massimo ______ adorare e custodire è proprio la casa.

(b) È diventato il bene prezioso, il più difficile ______ ottenere.

(c) La casa ha sostituito l'automobile ______ oggetto ______ culto, si è posta ______ desideri e ______ interessi ______ italiano ______ ceto medio.

(d) L'amore ______ la casa ______ italiani non ha però niente a che fare ______ la 'privacy' ______ inglesi.

(e) Quindi, ______ le pareti domestiche tutto va ______ il meglio?
(f) La vita ______ famiglia è ______ maggior parte ______ casi un inferno continuo.
(g) Crediamo ______ essere maestri ______ ironia perché usiamo a man bassa l'arma ______ sarcasmo ______ gli altri.

5.9.3 **Word Study 1**

Italian has evolved mainly from Latin. There are many words of Latin origin in modern English too. Recognising the patterns of similarity – and differences! – between the two languages can help increase your vocabulary and the accuracy of your spoken and written Italian.

For example, the Professor interviewed above was described as 'osservatore dei mutamenti di costume'. Osservatore and the similar-looking English word 'observer' have a common ancestor in the Latin word '*observatio*'. In Italian 'bs' has become 'ss'.

(a) This doubling of letters is a common feature in Italian. Find *three* other examples in the text where you believe this same kind of development from Latin may have occurred. Provide the English equivalent in each case.
(b) Words ending in '-sione' or '-zione' generally match words ending in 'tion' or 'sion' in English – e.g., *la generazione* = generation.
These words are usually *feminine*.
Find *five* further examples in the text and provide their English translations in each case.
(c) Words ending in '-tà' in Italian are usually found to match words ending in '-ty' in English – e.g., *L'università* = university.
These words are generally *feminine*.
Find *three* other words with similar endings and note down their English counterparts.

5.9.4 **Word Study 2**

Below is a list of adjectives that can be found in the text. What is the form of the corresponding noun? Draw up your list; check your answers. Then learn them! Remember that some may have *more than one* noun form.

(a) brutto
(b) spazioso
(c) maleducati

(d) pigri
(e) diff*i*cile
(f) cont*i*nuo
(g) saldo
(h) attento
(i) familiare
(j) v*e*cchio

5.10 EXPLANATIONS

5.10.1 Select Vocabulary

il mutamento	change
maleducato	ill-mannered; rude
il fet*i*ccio	fetish; object of worship
custodire	to preserve; to cherish
angusto	narrow
il contraccolpo	rebound; repercussion
aspettarsi	to expect
spezzare	to break
inappagante	unsatisfying
irrimediabilmente	irreparably
saldo	solid
presc*i*ndere	to leave; to put aside
ognuno	everyone
il g*u*scio	shell
il mormoratore	grumbler
mugugnare	to mutter
il piagnone	whiner; moaner
la scappatoia	way out; escape route
l'autocommiserazione	self-pity

5.10.2 Expressions and Idioms

tra le pareti dom*e*stiche	literally, in between the domestic walls – i.e., at home
il ceto m*e*dio	the middle classes – as opposed to *il ceto operaio*, the working class
tutto va per il m*e*glio/ il p*e*ggio	nothing could be better/ worse
l'appar*e*cchio	literally, a piece of apparatus; it is the word used for many sorts

	of appliance including radio set, telephone and even aeroplane! learn to recognise this common phrase:
rimanga all'apparecchio	hold the line
il televisore	television set as opposed to
la televisione	television in a general sense
. . . che sia	tagged on to the end of a sentence this means: or whatever else it or they may be
postmoderno	*Il postmodernismo* is the name given to the period in art, literature, architecture, etc. in which we currently find ourselves, *il modernismo* assumed by most critics to have reached its peak between the two World Wars

5.10.3 **Communication Skills**

(a) Saying that something does or does not matter

Use the verb *importare* in the 3rd person singular or plural:

La casa . . . non importa se bella o brutta.

It does not matter whether the house is beautiful or ugly.

Non importa che tu lo faccia subito. (Note the *subjunctive*)

You need not do it at once.

Sono tutte persone che importano molto.

They are all people who matter a great deal.

Non importa! It doesn't matter!

(b) Saying what is or is not needed

Use the expression *(non) c'è bisogno di* followed by an infinitive:

Così non c'è bisogno di parlare o di essere attenti l'uno all'altro.

So there is no need to speak or to pay attention to one another.

Non c'è bisogno di preoccuparti!	There is no need for you to worry!

(c) Saying: 'It has nothing to do with . . .'
Use the phrase: Non ha/hanno niente a che fare con . . . followed by a noun or pronoun:

Non ha niente a che fare con la 'privacy' degli inglesi.

It has nothing to do with the so-called 'privacy' of the English.

Le loro dispute non hanno niente a che fare con me.

Their quarrels have nothing to do with me.

(d) Expressing the notion 'to expect'
Use an appropriate part of the verb *aspettarsi*:

Non c'è stata l'evoluzione che gli osservatori si aspettavano.

There has not been the evolution that observers were expecting.

Note also:

C'era da aspettarselo.	It was to be expected.
Non mi aspettavo di trovarti qui.	I did not expect to find you here.

5.10.4 **Grammar**

(a) Omission of the indefinite article
The article is *omitted* when referring to someone's profession or political allegiance:

Franco Ferrarotti, docente di sociologia . . .

Franco Ferrarotti, a lecturer in sociology . . .

But the article *is* required when the definition is preceded by an adjective or further details are supplied:

L'italiano è uno strano anarchico.

The Italian is a strange type of anarchist.

(b) Using *essere* in the *passato prossimo*
(For full details about this tense see **Grammar Section G6.5.**) In addition to verbs indicating *movement*, such as *andare*, *venire*, etc. *essere* is the auxiliary verb used with the verbs *diventare*, *essere* itself and all reflexive verbs:

1. *diventare* – to become

Proprio perché è diventato il bene prezioso . . .

Precisely because it has become the precious possession that it has . . .

2. *essere* itself takes *essere* as an auxiliary verb:

Ma non è stata proprio la famiglia quella che ha subito . . .

But hasn't it been really the family that has undergone . . .

Note *c'è* – there is and *ci sono* – there are become *c'è stato/a* and *ci sono stati/e* in the *passato prossimo*. The word *stato* must agree with the *subject* of the verb:

Nella famiglia non c'è stata l'evoluzione . . .

In the family there has not been the evolution . . .

3. All reflexive verbs or verbs used in a reflexive way must take *essere* in this tense.
The same rules about agreement apply:

La casa . . . si è posta al centro dei desideri dell'italiano del ceto medio.

The house . . . has established itself as a central desire of the Italian middle classes.

(c) Conditional sentences – 'If it were . . . I would . . .'
(See also **Grammar Section G10.4** for a fuller explanation of conditional sentences.)

If there is a conditional tense used in the main part of the sentence, (i.e., suggesting *what would* happen), the verb in the subordinate clause will be in the *imperfect subjunctive tense*:

Io *sarei* contento se questo paese fosse solo moderno.

I would be happy if this country were merely modern.

Note the following common expression:

Se fossi nei tuoi panni . . . If I were in your shoes . . .

(*i panni* is a colloquial word for clothes)

(d) Use of the subjunctive after an indefinite antecedent
The verb should be in the *subjunctive* after a noun qualified by an indefinite article in expressions such as:

È difficile trovare un popolo che mugugni più del nostro.

It is difficult to find a nation that grumbles more than ours.

(The indefinite article *un* here conveys the idea 'of such a kind'.)

5.11 EXERCISES

Section B

5.11.1 Whatever happened to Mario?
You are chatting to your Italian friend about some old acquaintances. Complete the questions in the following list and provide the answer. Remember that the pronouns to use will be:

gli – to him; *le* – to her; *loro* – to them (placed *after* the verb)

Model: E Daniele, cosa gli è successo? (sociologo)
Response: È diventato sociologo.

(a) E Marco? (professore)
(b) E Gianna? (dottore)

(c) E Gabriella e Luisa? (impiegate – office workers)
(d) E suo fratello Giorgio? (cattolico)
(e) E Riccardo e Paolo? (funzionari – civil servants)
(f) E Marisa? (farmacista)
(g) E tu e tua moglie? (genitori – parents)

5.11.2 **È difficile trovare . .**

Respond to the following statements and questions in an appropriate way.

Model: L'italiano mugugna molto.
Response: Sì, è difficile trovare un popolo che mugugni di più.

(a) Secondo me, la tua macchina consuma molta benzina.
(b) Il professore parla troppo, non ti pare?
(c) Questo posto è veramente molto bello.
(d) La trattoria Da Antonio offre una grande scelta di specialità regionali.
(e) Il campeggio ha molti servizi, mi sembra.
(f) Gli inglesi bevono molto, anzi troppo vino durante le vacanze, non è vero?

5.11.3 **Se avessi più soldi . . .**

You are daydreaming of the things you would like to do. Complete the following sentences taking your cue from the phrases in brackets.

Model: Se avessi più soldi . . . (comprare una nuova macchina)
Response: Se avessi più soldi, comprerei una nuova macchina.

(a) Se avessi più tempo libero . . . (imparare a suonare la chitarra)
(b) Se abitassi a Roma . . . (visitare tutti i musei e i monumenti)
(c) Se fossi più giovane . . . (dedicarmi agli sport acquatici)
(d) Se andassi in Italia . . . (passare la maggior parte del tempo al mare)
(e) Se facessi più sport . . . (non essere così grasso)
(f) Se ascoltassi la radio italiana . . . (perfezionare il mio italiano)
(g) Se potessi trovare il suo indirizzo . . . (scrivergli una lettera)
(h) Se fossi nei tuoi panni . . . (smettere di fumare)

5.11.4 **Sarei contento se . . .**

Complete the following sentences using the words in brackets as a basis for your reply.

Model: Sarei contento/a se . . . (tu – venire – a casa mia – stasera)

Response: Sarei contento/a se tu venissi a casa mia stasera.

(a) Sarei contento se . . . (tu – mi – accompagnare)
(b) Sarei contento se . . . (il mio stipendio – aumentare – domani)
(c) Sarei contento se . . . (Franco e Maria – venire – al cinema – con noi)
(d) Sarei contento se . . . (noi – prendere – lo stesso tassì)
(e) Sarei contento se . . . (mio zio ricco – ci – comprare – un appartamento – a Sorrento)
(f) Sarei contento se . . . (il telefono – non – squillare – mai più)

5.11.5 **Come si dice?**

You are approached by a sociological researcher in Italy who wants to find our more about family life in Britain. Fill in the 'Lei' section of the following dialogue taking your cues from the phrases in the brackets.

Intervistatrice: La famiglia inglese, secondo lei, è sempre un'istituzione salda e sicura?

Lei: (Say : that you think so, but at least you are sure that your family is a happy one.)

Intervistatrice: Beata lei! Non tutte le donne della sua generazione condividerebbero la stessa opinione.

Lei: (You tell her that perhaps if you were living in Italy the situation would be different.)

Intervistatrice: Già! Ma parliamo dell'Inghilterra. Gli inglesi non credono che la famiglia sia un'istituzione, un'idea passata di moda?

Lei: (You argue that most people in England continue to place the family at the centre of their activities.)

Intervistatrice: C'è chi dice che la felicità della famiglia dipenda dallo stato economico della nazione. È d'accordo?

Lei: (You disagree, and tell her that it has nothing to do with money.)

Intervistatrice: La qualità della vita familiare dipende da che cosa allora, secondo lei?

Lei: (Say: that within the home there is always need to find time to talk to one another.)

Intervistatrice: Nella sua famiglia discutete di cose serie o banali?

Lei: (It doesn't matter whether it is serious or banal, conversation is the greatest possession to cherish.)

Intervistatrice: Se posso permettermi ancora una domanda, qual'è, secondo lei, la cosa che, al giorno d'oggi, fa più male alla vita familiare?

Lei: (Say that there are a lot of people who would immediately say: television – and you would agree.)

Intervistatrice: Grazie. È stata una conversazione molto interessante.

5.12 CONVERSAZIONE: I BAMBINI COCCOLATI

Laura tells Roberta about her childhood, about the arrival of her brothers and family holidays as a child.
Complete the following sentences after listening to the recording.

(a) Laura was an only child until the age of . . .
(b) Her second brother was born when she was . . .

illus. 5.2 *An Italian childhood*

(c) When her second brother was born she thought . . .
(d) Summer holidays were usually spent . . .
(e) As a small girl Laura used to . . .
(f) When she was with other children, she . . .

Transcript

Roberta: Laura, si dice che i bambini italiani siano i più coccolati d'Europa. E tu, sei stata una bambina felice? Hai avuto un'infanzia felice?
Laura: Sì, direi di sì. Quando ero piccola, ehm . . . fino a sei anni ero l'unica in famiglia. Quindi avevo la mamma, il papà e la nonna che mi coccolavano a tutto andare.
Roberta: Senti, e poi, dopo i sei anni, sono sopravvenuti fratelli e sorelle?
Laura: Sì. Quando avevo sei anni è nato il mio primo fratello e poi, quando avevo dodici anni, è nato il secondo fratello e al secondo fratello ho fatto un po' da mamma.
Roberta: Ah! Bellissimo . . . Senti un po' . . . e hai mai provato del risentimento per queste nuove venute nella tua famiglia?
Laura: Quando è nato il mio primo fratello, non ci ho pensato, ma per il secondo . . . pensavo . . . 'non sarò mai capace di voler bene a tutti allo stesso modo'. Pensavo di non . . . di non riuscire a creare affetto per una persona in più.
Roberta: E invece ci sei riuscita.
Laura: E invece ci sono riuscita, sì. Mi ha conquistato subito.
Roberta: Senti un po' . . . e che tipo di vacanze passavate d'estate, per esempio, o anche d'inverno forse?
Laura: Beh! In genere andavamo in vacanza d'estate . . . tutte . . . tutte . . . tutti gli anni andavamo a Napoli a trovare i miei nonni che abitavano in una casa che si chiamava 'Villa Inglese'. Era una casa in cima a una collina e Napoli, tanti anni fa, era molto più verde e molto meno popolata di adesso. Quindi, per me era quasi un sogno andare dai nonni.
Roberta: Erano i tipici nonni italiani?
Laura: Certo, molto affettuosi e . . . molto simpatici.
Roberta: E tu, come ti saresti definita, se tu avessi potuto, allora? Una bambina estroversa o una bambina introversa?
Laura: Forse introversa perché mi piaceva molto stare da sola a leggere giornaletti, a leggere libri . . . giocare con le bambole. Però, sempre da sola. Quando mi trovavo tra . . . con gli

altri bambini forse, a volte, non riuscivo a esprimermi come avrei voluto.

Roberta: Perciò, tipicamente individualista.

Laura: Sì, sì, molto individualista.

Roberta: E molto italiana!

Laura: Non so . . . forse sì.

5.13 EXPLANATIONS

5.13.1 Select Vocabulary

coccolare	to cuddle
a tutto andare	like mad
sopravvenire	to turn up
provare	to feel, to experience
volere bene a	to be fond of; to love
il giornaletto	comic, magazine
la bambola	doll

5.13.2 Grammar

(a) Conditional sentences – If I could have . . . I would have . . .
(See also **Grammar Section G10.4** for more details about conditional sentences.)
If there is a conditional perfect tense used in the main part of the sentence (i.e., suggesting what *would have happened*), the verb in the subordinate clause will be in the *pluperfect subjunctive tense*:

Come ti saresti definita, se tu avessi potuto, allora?

How would you have defined yourself, if you could have, at that time?

(b) Using the verb *riuscire*
Riuscire means to succeed; to manage; to be able to. It is followed by the preposition *a* before a dependent infinitive:

Non riuscivo a esprimermi	I was not able to express myself
Pensavo di non riuscire a creare affetto . . .	I thought I would not be successful in creating affection . . .

It needs the auxiliary verb *essere* in the *passato prossimo*, and consequently past participle agreement with the subject of the verb:

E invece ci sono riuscita!	But I (Laura) managed it anyway.

5.14 EXERCISE

Select one element from the *left* column and one from the *right* to combine into a meaningful sentence.

(a) Se voi non foste stati così individualisti . . .	**(i)** non avrebbero visto i nonni
(b) Se Laura non avesse avuto due fratelli . . .	**(ii)** ci saresti riuscito facilmente
(c) Se tu avessi potuto . . .	**(iii)** saremmo arrivati puntualmente
(d) Se io avessi saputo che Antonio aveva ragione . . .	**(iv)** sarebbe stata troppo coccolata
(e) Se io avessi potuto . . .	**(v)** come ti saresti definita allora?
(f) Tu, Graziella, se avessi avuto tempo . . .	**(vi)** gli avrei parlato prima
(g) Se il nostro treno fosse partito in tempo	**(vii)** avreste avuto più amici
(h) Se Laura e i suoi fratelli non fossero andati in vacanza d'estate . . .	**(viii)** saresti rimasta qualche giorno di più a Roma?
(j) Tu, se lo avessi voluto veramente . . .	**(ix)** avrei fatto altrimenti

CHAPTER 6

L'ITALIA AL VOLANTE

In 1985, Alberto Denzler, director of a marketing company of a large firm, and Paolo Guzzanti, professional journalist, got together to write a book about contemporary Italy. Theirs was no 'run of the mill' description of the country, however. Their plan was to introduce, in their own words, 'un manuale di sopravvivenza nella Babele dei servizi'. A survival manual indeed, for *Come usare l'Italia* offers the reader a fascinating and entertaining guide for whoever wishes to make the most of living in Italy. Written in a 'tongue-in-cheek' style like most of the book, this extract concentrates on what many people may think is one of the riskiest activities of modern Italian society: driving! So the theme of this chapter is set: L'Italia al volante – Italy at the steering-wheel.

(A reading of this passage is provided on the cassette.)

6.1 **CORRI, ITALIANO, CORRI . . .** (see Illus. 6.1)

L'Italia è forse l'unico dei paesi europei e industrializzati del mondo in cui non esiste il minimo rispetto dei limiti di velocità sulle strade e sulle autostrade. Formalmente sono affissi dei cartelli rotondi che indicano la velocità massima consentita. Ma è una finzione. Gli italiani non rispettano i limiti di velocità non perché siano indisciplinati, ma perché nessuno glielo chiede davvero.

Provate voi stessi: se marciate sull'autostrada (limite: 120 km. l'ora) a 160 all'ora, non accadrà assolutamente niente. Potete superare impunemente anche le auto della polizia. Se fate una cosa del genere, non diciamo in Francia, Germania o negli Stati

Uniti, ma in Turchia, verrete fermati e multati dai poliziotti motociclisti che vi mostreranno la prova raccolta contro di voi con il 'radar'. Perché?

Come utenti della strada gli italiani mostrano quanto ancora sia netta l'origine dei diversi Stati che compongono l'Italia attuale. Le regole del traffico, cioè il pacchetto di convenzioni elementari che consente di circolare ai veicoli e ai pedoni, sono osservate scrupolosamente nell'ex-regno lombardo-veneto, nel regno di Piemonte, nei granducati, nella parte superiore dello Stato della Chiesa. Ma già nella capitale tali regole sono variamente infrante e nell'ex-regno delle Due Sicilie non valgono niente.

A Napoli, città caotica anche per il narcisismo dei napoletani, l'uso del semaforo viene spiegato così:
'Mai passare con il verde in maniera decisa, perché provochereste incidenti con le auto che stanno passando nella direzione opposta. Il giallo è puramente decorativo.
Quanto al rosso, bisogna distinguere: se è rosso da poco, si ha il diritto di passare. Se è rosso da un bel po' si può passare, ma facendo attenzione alle auto dei forestieri che credono di poter passare con il verde.'
In effetti il rosso cessa di esprimere 'un'ordine' e diventa un'indicazione affettuosa, forse un consiglio.

Alberto Denzler and Paolo Guzzanti: *Come usare l'Italia*
(Arnoldo Mondadori, 1985)

6.2 EXERCISES

Section A
Attempt these exercises *without* looking at the Explanations or consulting the Select Vocabulary.

6.2.1 Gist Comprehension
Complete these sentences in the briefest possible way.

(a) According to the authors Italians do not respect speed limits because . . .
(b) If you travel at 160km an hour on an Italian motorway . . .
(c) You can even overtake . . .
(d) In the capital of Italy, traffic rules . . .
(e) In Naples, when traffic lights are green you should . . .
(f) A red traffic light is viewed as . . .

illus. 6.1 *A busy street in Naples*

6.2.2 **Expressions and Idioms**

Find the Italian equivalents for the following.

(a) it's all a pretence
(b) without fear of reprisals
(c) that kind of thing
(d) present day Italy
(e) for quite some time

6.2.3 **Completing the Transcript**

Read through the passage once more, listening to the recording on the cassette at the same time. Then complete the following transcript by filling in the gaps.

A Napoli, città caotica . . . per il narcisismo dei . . ., l'uso del semaforo viene . . . così:
'Mai passare con . . . verde in maniera decisa, . . . provochereste incidenti con le . . . che stanno passando nella . . . opposta. Il giallo è . . . decorativo.
Quanto al rosso, . . . distinguere: se è rosso . . . poco, si ha il . . . di passare. Se è . . . da un bel po' . . . può passare, ma facendo . . . alle auto dei forestieri . . . credono di poter passare . . . il verde.'
In effetti . . . rosso cessa di esprimere . . . e diventa un'indicazione affettuosa, . . . un consiglio.

6.3 EXPLANATIONS

6.3.1 **Select Vocabulary**

il cartello	signpost, notice
rotondo	round
la finzione	pretence
superare	to overtake
impunemente	without fear of reprisal
multare	to fine
un utente	user, consumer
il pedone	pedestrian
infranto	broken
valere	to be worth
il forestiero	stranger
un cons*i*glio	a piece of advice

6.3.2 **Expressions and Idioms**

nessuno glielo chiede davvero	nobody really asks them to
una cosa del genere	that kind of thing, such a thing
verrete fermati	you will get stopped
quanto al rosso	as for the red light
da un bel po'	for quite some time

6.3.3 **Grammar**

The following are the grammar points emerging from the text, which form the basis of the exercises in Section B.

(a) Irregular superlatives

There are a couple of irregular superlatives in the text which need to be noted.

il minimo is the least, the smallest, or the minimum:

non esiste il minimo rispetto dei limiti di velocità

there exists not the slightest respect for the speed limits

il massimo is the most, the greatest, or the maximum:

la velocità massima consentita

the greatest (fastest) speed allowed

(For a list of irregular comparatives and superlatives see **Grammar Section G4.8.**)

For regular adjective forms the patterns are either:

la più rapida macchina del mondo

or

la macchina più rapida del mondo — the fastest car in the world

Note that the *subjunctive* should be used after superlative expressions:

il migliore film che abbia mai visto

the best film I have ever seen

(b) Using *venire* as part of the passive

The verb *venire* can be used as an auxiliary verb in the passive voice in the same way as *essere*:

verrete fermati e multati	you will be stopped and fined
l'uso del sem*a*foro viene spiegato così	how to use the traffic lights can be explained in this way

(c) Uses of the infinitive

1. As a substitute for a subordinate clause

When the verb in the main clause is one expressing belief or opinion, doubt or hope and the subject of the subordinate clause is the same as that in the main clause, an *infinitive phrase* must be used:

dei forestieri che credono di poter passare con il verde

strangers who think that they can pass on green

Spero di potere capire come funziona il traffico a Napoli!

I hope I shall be able to understand how traffic works in Naples!

2. As an imperative

When telling somebody you know well *not* to do something (a negative imperative in the 2nd person singular) the usual form of the imperative is *non* before the infinitive:

Giovanni, non dire a nessuno quello che ti ho detto!

Giovanni, don't tell anyone what I have told you!

You will also find the infinitive used in a formal way to indicate a *general instruction*, for example on signs and notices:

Rivolgersi all'ufficio.	Ask at the office.
Accendere i fari in galleria.	Switch headlights on in the tunnel.

It is in this sense that the authors of the passage write:

Mai passare con il verde in maniera decisa.

Never cross in a determined way when the lights are green.

6.4 EXERCISES

Section B

6.4.1 Translation

Translate the following phrases:

(a) the least respect for traffic lights
(b) the most chaotic city in the world
(c) the most beautiful place in the world
(d) the best meal I have ever eaten
(e) the greatest mistake I have ever made
(f) with the utmost attention to detail (per i dettagli)
(g) the best moment in my life
(h) cars with a maximum speed of 190 km per hour

6.4.2 Using *venire*

Rewrite the following sentences substituting the correct form and tense of the verb *venire* for the verbs shown in **bold** type:

(a) Durante le elezioni **sono** affissi dappertutto i manifesti dei vari partiti politici.
(b) La differenza fra le due regioni **è** spiegata così.
(c) Nella capitale tali regole **sono** di solito infrante.
(d) Se fate una cosa del genere in Germania **sarete** indubbiamente multati.
(e) La chiusura del centro storico **sarà** introdotta entro la fine di settembre.
(f) Dopo l'incidente i due feriti **furono** ricoverati all'ospedale.

6.4.3 Expressing Belief

Recast these sentences following the example in the model.

Model: I forestieri possono passare col verde o almeno lo credono.
Response: I forestieri credono di poter passare col verde.

(a) La polizia ha il diritto di superare qualsiasi altra macchina o almeno lo crede.
(b) Gli italiani hanno molto rispetto dei limiti di velocità o almeno lo credono.
(c) Il sindaco di Napoli può spiegare l'uso del semaforo nella sua città o almeno lo crede.
(d) I pedoni sanno quando gli è permesso attraversare la strada o almeno lo credono.

(e) Ho imparato il Codice della strada a memoria o almeno lo credo.
(f) Tutti gli utenti delle autostrade hanno capito il significato dei cartelli che indicano la velocità massima consentita o almeno lo credono.

6.4.4 **Warnings and Commands**

What would you say to your Italian friend if you wanted to issue the following warnings and commands?

(a) Don't drink too much!
(b) Don't drive too fast!
(c) Don't speak so quickly!
(d) Don't forget to bring your umbrella!
(e) Don't telephone me before Thursday!
(f) Don't joke!
(g) Don't come before seven o'clock!
(h) Don't say stupid things!

6.4.5 **Pronunciation Practice**

The following sentences, which are recorded on the cassette, are designed for you to practise the pronunciation of double consonants, especially *'ff' – 'ss' – 'll' – 'vv' – 'tt'*.
Listen to the cassette several times. Then say the sentences aloud with the recording or repeat after, using the pause button.
Notice the irregular stress on the 3rd person plural of the present tense of indicare: **in**dicano; but ris**pe**ttano follows the normal pattern:

(a) Sono affissi dei cartelli rotondi che indicano la velocità massima consentita.
(b) Gli italiani non rispettano i limiti di velocità perché nessuno glielo chiede davvero.
(c) Non accadrà affatto assolutamente nulla.
(d) Il giallo stesso è puramente decorativo.
(e) Se è rosso da poco si ha il diritto di passare.
(f) In effetti, il rosso cessa di essere un ordine e diventa un'indicazione affettuosa.

6.5 INFORMIAMOCI: SULLE AUTOSTRADE

Italy has an extensive motorway system providing relatively speedy access to and from most parts of the peninsula. Many of the motorways (autostrade) are spectacular demonstrations of the skill of Italy's designers and engineers. For example, the main route south from Milan – l'Autostrada del sole – crosses the Appennini between Bologna and Florence with a breathtaking series of bridges (ponti), tunnels (gallerie) and viaducts (viadotti). L'Autostrada dei fiori seems to hang precariously to the hillside high above the Ligurian sea offering tantalising glimpses of picturesque coastal towns and villages to the passengers, if not to the driver. There is, however, one drawback to this form of travel. In most of the regions of Italy motorway journeys are not free. All too frequently the sign **PEDAGGIO** (toll) warns of the proximity of the next **CASELLO** (toll-collection point), and as well as causing delays sometimes, the cost can soon mount up. At some motorway entrances **(INGRESSI)**, if nobody is in attendance, you need to take a ticket from an automatic dispenser at the side of the cabin. Failure to do so or losing your ticket en route can result in your having to pay a hefty fine (una multa) at your exit point **(USCITA).** The ticket below gives you an idea of what this offence can cost you! (Lire 64 500)

ENTRATA	USCITA	PORTA	ANNO E GIORNO	ORA E MINUTI	IDENTITÀ ESATTORE
888	788	09	0 104	15 07	6378

CLASSE E CATEGORIA	PEDAGGIO	MODALITÀ PAGAMENTO	SALDO PRECEDENTE	CODICE TESSERA
BP	064500	P		

SCONTRINO DI PEDAGGIO
Non è titolo valido per la detrazione I.V.A.
L'eventuale fattura va richiesta alla **AUTOSTRADE S.p.A. - Fatturazione Contestuale** Casella Postale 610 - 50100 Firenze.

autostrade
CONCESSIONI E COSTRUZIONI AUTOSTRADE SpA
ROMA

The maps in Figure 6.1a and 6.1b show how the motorway network (la rete autostradale) has expanded during the past thirty years.

The prime objective of this short article, however, seems to be to draw attention to the need for Italians to invest more and save more money, thus allowing the financial market to enjoy a similar rate of

Figure 6.1 *Italy's motorway network*

(a) *Auto in circolazione 1955: 800.000*

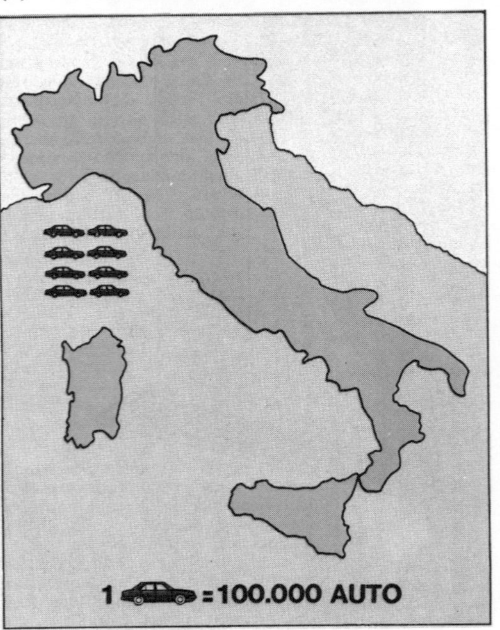

(b) *Auto in circolazione 1986: 21.000.000*

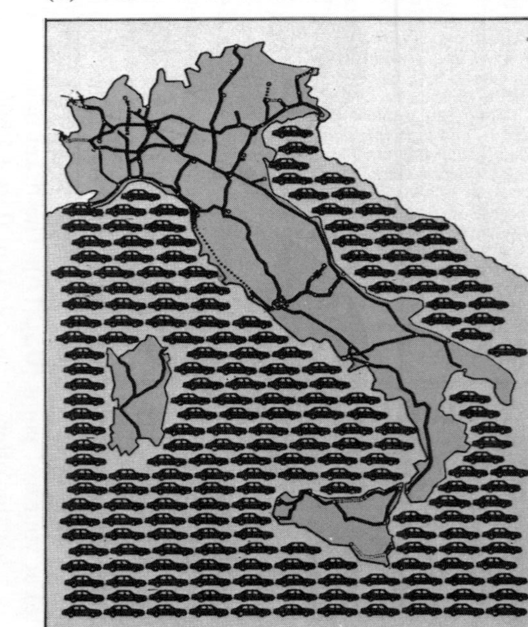

Source: *Mondo Economico*

growth to that of motorway construction. Of course, there is one minor point that seems not to have occurred to the writer. If there were fewer tolls, there might be more money around to save!

6.6 LA FINANZA DEVE ANCORA SCOPRIRE L'AUTOSTRADA

Nel 1955 in Italia non esistevano autostrade. Il motivo? Circolavano soltanto 800 mila auto. Ma nel 1956 iniziò a essere costruito il primo chilometro di una delle reti autostradali più moderne del mondo. Così, dal 1956 in poi, la produzione automobilistica e la costruzione di autostrade sono cresciute in parallelo, influenzandosi a vicenda. Risultato: oggi sono in circolazione 21 milioni di auto (senza contare quelle dei turisti stranieri) e l'Italia possiede 5997 chilometri di autostrade. Si può davvero dire che ne è stata fatta di strada!

Ebbene, il mercato finanziario italiano si trova più o meno al 1956, se si può fare un parallelo con la rete autostradale. Sino a ieri quasi tutti i risparmiatori andavano in bicicletta o a piedi, preferendo depositare i soldi in banca. Il mercato finanziario ha così stentato a crescere, in mancanza della sua materia prima: il risparmio. Ma come un paese moderno non può svilupparsi senza una capillare rete autostradale, così non è concepibile che esso sia sprovvisto di un grande ed efficiente mercato finanziario. Per fortuna, il primo, vero risparmio è in arrivo e si iniziano a creare le strutture per farlo circolare bene. Ci vorrà del tempo, ma ormai i lavori non possono più essere interrotti.

Mondo Economico, 22 dicembre 1986

6.7 EXPLANATIONS

6.7.1 Select Vocabulary

possedere	to possess
sino a (usually fino a)	until
il risp*a*rmio	saving
il risparmiatore	saver
i soldi	money
sviluppare	to develop
sprovvisto (di)	deprived of; lacking; without
per fortuna	fortunately

6.7.2 **Expressions and Idioms**

influenz**a**ndosi a vicenda	influencing each other (here, a vicenda is really redundant, merely reinforcing the reciprocal idea in the verb; it can also add the notion of 'taking turns', 'alternating')
Cucin**a**vano a vicenda	They took turns at doing the cooking
ne è stata fatta di strada	In a figurative sense, we have come a long way (there is here, however, a play on words, since 'fare' could also be interpreted literally as 'to make', 'to construct'; hence, the meaning: A lot of roads have been built)
ma ormai i lavori non possono più essere interrotti	but from now on the work can no longer be held up (here, too, there is a kind of pun because, in the context of road transport, 'i lavori' would mean roadworks which, inevitably, cause roads to be obstructed or blocked completely – (interrotte)

Look out for the signs:

LAVORI IN CORSO and STRADA INTERROTTA!

6.7.3 **Communication Skills: Talking about money**

There are various ways of describing money in Italian.
denaro (usually sing.) and *soldi* (usually plur.) are more or less interchangeable:

Quell'uomo ha molto denaro.	That man has a lot of money.
Purtroppo, non ho molti soldi in tasca.	Unfortunately I do not have much money on me.

danaro is now considered old-fashioned spelling.
moneta has three main meanings:

(a) coin, as in:

una moneta da cinquecento lire	a 500 lire coin

(b) currency or tender, as in:

Scusi, questa banconota non è più moneta legale	Excuse me. This banknote is no longer legal tender

(c) change, as in:

Mi dispiace, non ho moneta.	I am sorry but I have no change.

spiccioli or *moneta spicciola* also mean change or small change:

Non ha spiccioli per caso?	You don't happen to have any change, do you?
contanti	cash
pagamento in contanti	cash payment
Qual'è il prezzo in contanti?	What is the cash price?

There are no exercises set on this passage.

6.8 CONVERSAZIONE: GIRARE A NAPOLI

Pippo was born in the town of Avellino, in the hills south of Naples. However, he has lived for some years now in Naples itself, so is well placed to talk about Neapolitan life. Early in their conversation Roberta asks about the notorious traffic problems of the city.

Listen to the recording on the cassette, then jot down notes in response to the following questions.

(a) What, according to Pippo, are the historical reasons for the traffic chaos in Naples?

(b) What advice does he give to the foreigner planning to drive in Naples?

(c) What are his views on the public transport system?
(d) What does he say about the Neapolitan attitude to parking?
(e) How does he sum up Neapolitan attitudes to living in the city?

6.8.1 **Transcript**

Roberta: Pippo, tu, da che città vieni?

Pippo: Da Napoli.

Roberta: Ah! Napoli. Vuoi raccontarmi qualche cosa di Napoli, come tu vedi Napoli, per esempio?

Pippo: Napoli è un misto di odio e d'amore. Era nota così cent'anni fa o duecento anni fa, ma per me che vivo da dieci anni a Napoli è lo stesso.

Roberta: A Napoli ci sono grandi problemi? Per esempio, a livello urbano, ci sono problemi di traffico forse?

Pippo: Certo, il traffico è il più grande problema di Napoli . . . Una città disegnata per avere carrozze non può avere macchine che vanno in doppio senso né tantomeno parcheggi cosicché girare a Napoli con la macchina significa cercare di avere un esaurimento nervoso!

Roberta: E tu pensi che molti Napoletani riescono ad avere un esaurimento nervoso?

Pippo: Io penso che l'organismo umano si adatti. Il napoletano è adattato alla situazione. È lo straniero che subisce lo 'stress'.

Roberta: Ah! E perciò se tu dovessi dare ad uno straniero un consiglio riguardo alla guida attraverso Napoli, che consiglio daresti?

Pippo: Comprare delle scarpe comode e lasciare la macchina a casa, perché anche i mezzi, i cosidetti mezzi pubblici, come dicono a Napoli, non è che funzionino proprio perfettamente.

Roberta: Senti un po', però, molte città . . . europee anche hanno enormi problemi di traffico perché le maggiori città sono state, di fatto, costruite, sempre in epoche precedenti e perciò forse disegnate appunto, come hai detto tu, per carrozze . . . Perché il traffico napoletano è così particolarmente caotico?

Pippo: Primo perché è la natura del napoletano che è caotica: se il napoletano deve prendere una tazza di caffè e che è in un bar, diciamo, mentre un inglese cercherebbe un parcheggio, il napoletano la parcheggia in doppia fila e così comincia a creare un . . . un ingorgo, perché un ingorgo nasce da una macchina in doppia fila fondamentalmente e quindi c'è la mentalità, diciamo, del tipo . . . 'non me ne frego'.

Roberta: E perciò, questo ci porta a . . . ad una conclusione che indubbiamente esistono delle differenze perciò fra il sud ed il nord.

Pippo: Certo. Certo.

Roberta: Sei d'accordo?

Pippo: Certo, sono d'accordo che esistono le differenze fra il nord e il sud: Milano non potrà mai essere Napoli e Napoli non potrà mai essere Milano, nel senso che, per quanto si sforzino, è difficile, e cioè non per l'efficienza, ma per . . . diciamo il substrato . . . cioè per come è fatta questa città, per come la gente interpreta questa città . . . forse è una città dove tutto funzionasse bene, non piacerebbe ai napoletani.

Roberta: E forse non ci vi . . . vivrebbero di conseguenza.

Pippo: Forse, forse. Però diciamo, loro amano, diciamo, questo modo di vivere anche se apertamente lo odiano e lo biasimano. Questo è il mio pensiero, diciamo.

6.8.2 **Select Vocabulary**

la carrozza	carriage
tantomeno	even less
un esaurimento nervoso	a nervous breakdown
c*o*modo	comfortable
i mezzi p*u*bblici	public transport
un ingorgo	a traffic jam, bottle neck
biasimare	to blame

Figure 6.2 *A Rome bus ticket*

6.8.3 Expressions and Idioms

in d*o*ppio senso	in both directions
in d*o*ppia fila	in two rows – i.e., double-parked
lo 'stress'	this means exactly what it says: stress; note also the adjective stressante – stressful
non è che . . .	it is not as if . . . this impersonal expression is followed by the subjunctive
(non) me ne frego	I couldn't care a damn
per quanto si sf*o*rzino	however much they try Note the use of the subjunctive

6.9 EXERCISES

6.9.1 It's not as if . . .

Model: I mezzi pubblici non funzionano perfettamente.
Response: I mezzi pubblici: non è che funzionino perfettamente.

(a) Le differenze fra il nord e il sud non esistono in realtà.
(b) I parcheggi non si trovano in grande quantità in centro.
(c) Gli inglesi all'estero non cercano problemi.
(d) Quando un napoletano parcheggia in doppia fila non ha l'intenzione di creare un ingorgo.
(e) I napoletani non se ne fregano.

6.9.2 However much I try . . .

Model: Mi sforzo di imparare dieci parole di vocabolario ogni giorno.
Response: Per quanto mi sforzi di impararle non ci riesco.

(a) Mi sforzo di scrivere ogni mese una lettera al mio amico italiano.
(b) Cerchiamo di mangiare tutto ciò che ci servono.
(c) Il sindaco cerca di spiegare come funzionerà il nuovo sistema stradale.
(d) I milanesi cercano di capire la mentalità napoletana.
(e) Ogni mattina andando a lavoro cerco di evitare l'ingorgo in via Mazzini.

6.10 LA CIVILTÀ DELL'AUTO HA LE GOMME A TERRA?

The Italian motor industry has been a major source of employment and wealth for many decades. Fiat and Alfa are household words the world over. The sleek lines and the impressive performance of cars such as Maserati and Ferrari are testimony to the pioneering spirit and technical skill of Italian designers and engineers. However, not everyone views the ubiquitous motor car in a favourable light. There is mounting pressure to ban private cars from the historic centres of Italy's cities and to consider other means of transport.

L'automobile è in crisi d'immagine. Gli anni in cui veniva adorata come emblema di una nuova ricchezza, gli anni in cui era assunta a simbolo di un progresso economico che si presumeva illimitato, sembrano irrimediabilmente trascorsi. Ora la macchina è diventata quasi ingombrante e si è scoperta un gran numero di nemici: dai 'verdi' che sono fermamente intenzionati ad impedirne l'accesso ai centri storici, agli abitanti di Milano, di Roma, di Bologna e di molte altre città che a maggioranza hanno votato nei referendum per limitarne lo strapotere, agli amministratori locali che suggeriscono di abbandonarla a favore dei mezzi pubblici.

Riuscirà questo nuovo fervore ecologico-naturalistico a rendere meno ossessiva la presenza dell'auto almeno negli agglomerati urbani? I primi segnali sono contrastanti. Proprio a Milano, gli esperimenti di chiusura del centro storico saranno realizzati in luglio, con un traffico 'leggero' e quindi assai poco indicativo, e avranno durata limitata. Dunque, la civiltà dell'auto è al tramonto, o semplicemente a una svolta? *Epoca* ha girato questa domanda a tre esperti di orientamenti differenti: il designer Giorgetto Giugiaro, il futurologo Roberto Vacca e il semiologo Omar Calabrese.

Giorgetto Giugiaro: Indubbiamente la motorizzazione di massa ha avuto l'effetto di sconvolgere il vivere in città. La chiusura dei centri storici è un primo passo importante per riappropriarsi di quegli spazi sociali divenuti soltanto parcheggi, ma il problema dell'indipendenza negli spostamenti rimane. Tutti ormai si sono abituati alla libertà conseguente all'uso della propria auto e quindi chiudere i centri storici e tornare al mezzo pubblico sarà, secondo me, più lento e per alcuni anche più traumatico di quanto ci si possa aspettare . . .

Roberto Vacca: Certo, usare l'auto è comodo solo se la congestione è rara e se le strade e servizi di rifornimento e di assistenza sono buoni e arrivano ovunque. L'auto, poi, non ci fa fare solo bella figura. Ci dà anche: produttività maggiore e comodità, indipendenza, protezione dalle intemperie, contatti umani più facili. Soddisfa la nostra sete di mobilità. Poi ci sono i fattori avversi: riluttanza a spendere, rischi di incidente, ritardi e sprechi per la congestione e la mancanza di parcheggi, inquinamento, difficoltà di orientarsi in reti stradali complicate. I pro e i contro all'uso dell'auto sono così numerosi che non sappiamo analizzarli uno per uno . . .
Occorre levare dalle strade urbane le auto ferme e gli altri ingombri, realizzando parcheggi fuori strada. Occorre riprogettare le reti viarie e i loro sistemi di comunicazione. Occorre anche migliorare le abitudini del pubblico e le sue tendenze alla cooperazione. Progettare sistemi efficienti è possibile, ma richiede la collaborazione di tecnici capaci e di tutti gli enti interessati, la qual cosa si ottiene raramente . . .

Omar Calabrese: Anni di fine secolo: l'auto è il simbolo della stravaganza avventurosa di un'alta borghesia o dell'aristocrazia. Anni Dieci: i futuristi fanno dell'automobile il perno del mito della macchina e della velocità. Anni Trenta: la Ford prima e in seguito la Volkswagen immettono nell'auto tutti i miti della piccola borghesia; più tardi Citroen, Renault e Fiat proseguiranno nella sua ulteriore proletarizzazione. Il mito della velocità darà luogo al simbolo della macchina da corsa e della sua mitologia. Il mito del popolo darà luogo alla civiltà dei consumi. E questa, paradossalmente, si riverbera di nuovo sulla produzione, investendo l'automobile di valori di 'status symbol', di prestigio, di eccentricità. Oggi il rapporto uomo – automobile sembra essere ritornato più normale. Ci si accorge che la macchina può essere dannosa. Ma forse è solo una tappa. Dall'ingombro automobilistico non ci libererà solo il divieto di circolazione in centro. Ci vorrà forse anche 'un'ecologia della mente'.

Epoca, 5 luglio 1985

6.11 EXERCISES

Section A

Try these exercises before reading the Explanations or referring to the Select Vocabulary.

6.11.1 Gist Comprehension

Sort out which of the following statements represent ideas to be found in the text, and those which do not. Then make a list of the Italian sentences or parts of sentences which express those ideas which *are* contained in the passage:

(a) From *l'automobile è in crisi . . .***to** *semplicemente a una svolta*:

- (i) The car continues to be considered as a symbol of economic progress and wealth.
- (ii) Ecologists are committed to ridding the city centres of motor cars.
- (iii) Preventing cars from entering the historic centre of Milan is a major step forward.

(b) The ideas of Giorgetto Giugiaro:

- (i) Closing the city centres will allow for the creation of new parking areas.
- (ii) People have grown accustomed to the sense of freedom which is gained from owning a car.
- (iii) Some people will find that having to travel by public transport will be more of a shock to the system than might be expected.

(c) The ideas of Roberto Vacca:

- (i) The only real benefit of having a car is that it enables us to show off in public.
- (ii) A car keeps us warm and dry in bad weather.
- (iii) A new system of urban thoroughfares must be planned.
- (iv) Everybody is prepared to collaborate on developing new, efficient systems.

(d) The ideas of Omar Calabrese:

- (i) At the turn of the century even the upper classes considered a motor car an object of excessive extravagance.

(ii) Major firms such as Fiat helped to popularise the car.
(iii) Our consumer society, far from reducing the car to a commonplace, has enhanced its image as an object of prestige.
(iv) All that can be achieved by banning cars from the city centres is the creation of greater danger elsewhere.

6.11.2 **Word Study**

Find in the text the words for which the dictionary definitions are provided below:

(a) All these words begin with the letter '*i*':

(i) che non ha limiti di tempo o di spazio
(ii) che è troppo grande e occupa troppo spazio
(iii) che ha l'intenzione
(iv) avvenimento inatteso in cui si recano danni a veicoli e persone
(v) azione o effetto che rende le cose impure e malsane
(vi) concedendo un certo potere, una certa autorità

(b) All these words begin with the letter '*s*':

(i) influenza grande, magari eccessiva
(ii) momento in cui il corso degli avvenimenti muta profondamente
(iii) turbare gravemente
(iv) atti in cui si lascia un posto per andare in un altro posto
(v) perdite inutili
(vi) atto o idea che esce dai limiti prefissi o normali

6.12 EXPLANATIONS

6.12.1 Select Vocabulary

trascorso	past, over
ingombrante	cumbersome
impedire	to prevent
il tramonto	sunset
la svolta	turning point
sconvolgere	to throw into confusion
riappropriarsi	to regain possession

lo spostamento	movement, displacement
comodo	convenient
ovunque	everywhere
le intemperie	inclement weather
un incidente	accident
lo spreco	waste
l'inquinamento	pollution
il perno	linch-pin
la macchina da corsa	racing-car
la tappa	stage, pause

6.12.2 **Expressions and Idioms**

i 'verdi'	The 'Greens'; ecologists
i mezzi pubblici	public transport
gli agglomerati urbani	built-up areas
girare una domanda	to direct a question
il semiologo	person who specialises in interpreting the signs and symptoms of society's changing fashions
i servizi (posti) di rifornimento	petrol filling stations
fare bella figura	to cut a fine figure
le reti viarie	road networks
la qual cosa si ottiene raramente	which is rarely obtained
i futuristi	the Futurists: an avant-garde literary and artistic movement at its height during the years 1909–20
ci vorrà forse anche	perhaps there will also be needed

6.12.3 **Grammar**

(a) **Some further uses of the infinitive**

1. As a noun

The infinitive can be used as a noun. It is considered to be *masculine*. The usual rules about the definite article combining with prepositions apply:

il vivere in città	living in the city
lo sprecare tempo	wasting time
Nel fare così ha avuto ragione.	In doing so, he was right.

2. As the subject of a clause – without a definite article:
Chiudere i centri storici e tornare al mezzo pubblico sarà più lento.

Closing the historic city-centres and returning to public transport will be slower.

Usare l'auto è comodo solo se la congestione è rara.

Using the car is convenient only when traffic congestion is unlikely.

Progettare sistemi efficienti è possibile.

Planning efficient systems is possible

3. After impersonal verbs:
Occorre riprogettare le reti viarie.

The road networks have to be replanned.

Occorre levare dalle strade urbane le auto ferme.

Stationary cars must be removed from the city streets.

6.13 EXERCISES

Section B

6.13.1 Translation using the Infinitive Form

Translate the following sentences. Use an infinitive form whenever possible:

(a) Living in a city has become almost impossible.
(b) Preventing access to the historic centres of our cities is a very important step.
(c) It will be necessary to plan efficient systems of communication.
(d) The indiscriminate parking of so many cars in the streets has led to the increase in the number of police actions.
(e) Abandoning the car and returning to use public transport is the intention of local administrators.

(f) Wasting time in traffic jams is part of everyday life for the citizens of Milan.

6.13.2 **Communication Skills: Developing a Discussion**

According to Roberto Vacca 'i pro e i contro all'uso dell'auto sono così numerosi che non sappiamo analizzarli'. However, there are plenty of discussion points for and against the use of the motor car in the city. (see Illus. 6.2)

(a) Draw up a list of words and phrases that could be used in a debate on this topic. You should be able to find about half a dozen arguments for each side of the debate. You need not write out the full sentences at this stage. Two examples are provided to start you off.

Pro	Contro
1. l'indipendenza negli spostamenti	1. ingombrante negli agglomerati urbani
2.	2. ....
3.	3. ....

(b) As a second stage to this exercise, expand your jottings into full sentences. Try to add a *specific example* to illustrate the point

illus. 6.2 *Italians on the road*

you are making. Of course the examples you choose – and, indeed, the way you form your sentences – will be entirely up to you, but two suggestions are offered in order to give you an idea of what is expected.

Example 1

Pro: l'indipendenza degli spostamenti
La macchina offre all'utente la possibilità di spostarsi senza dipendere dai mezzi pubblici.

Example 2

Contro: ingombrante negli agglomerati urbani
Ci sono troppe macchine ormai negli agglomerati urbani. Ingombrano le strade delle città e impediscono alla gente di spostarsi facilmente.

CHAPTER 7

L'ITALIA GIOVANE

During the latter part of 1985, Italians saw, in the central piazze of their larger cities, student demonstrations reminiscent of the turbulent months of 1968, when large sectors of Italian society were brought to a standstill by a wave of student protest that swept across Europe. Dina Bara, a reporter for *L'Espresso*, hit upon the idea of putting one of the protesters – 'contestatori' of 1968, Roberto Vecchioni, face to face with one of the main protagonists of the new movement of unrest – Emanuele del Giudice. Everyone seems to agree that the reasons for the demonstrations are not the same as they were twenty years previously.

7.1 **QUANTO SIAMO DIVERSI**

La generazione del '68 a confronto con i ragazzi dell'85. Cosa ne pensano i quarantenni di questi loro figli che scendono in piazza 'soltanto' per chiedere aule e scuole in cui studiare sul serio?

Abbiamo messo a confronto due rappresentanti di queste generazioni. Da un lato Roberto Vecchioni, 41 anni, cantautore, contestatore durante gli anni caldi alla Cattolica, ed ora insegnante di greco e latino al liceo classico Beccaria di Milano. Dall'altro Emanuele Del Giudice, quarto anno al liceo scientifico Leonardo Da Vinci, uno dei promotori del nuovo movimento degli studenti.

Emanuele: 'Quello che è successo nel '68 era inevitabile. Ma perché appena siamo scesi in piazza tutti hanno dovuto paragonare i due movimenti? Noi siamo diversi.'

Vecchioni: 'Senza dubbio: siete molto pragmatici, perfino utilitaristici. Forse avrete miglior fortuna; ma dovete sapere che le lotte del '68 sono state così dure perché noi, prima, non potevamo nemmeno aprire bocca.'

Emanuele: 'Questo lo sappiamo. Però sono convintissimo di una cosa: oggi riusciamo ad essere molti in piazza perché poniamo solo problemi concreti che possono essere risolti. Questo movimento, se riuscirà a sopravvivere, avanzerà sempre a passi piccolissimi – un obiettivo alla volta e non mille tutti insieme, come facevate voi.'

Vecchioni: 'Fra le nostre generazioni c'è una differenza molto semplice: noi volevamo uccidere il padre, rompere simbolicamente con il passato. Voi con il padre vi siete riconciliati, accettate ciò che di buono può darvi, non rifiutate il potere in quanto tale, ma solo quando non è sulla vostra stessa lunghezza d'onda.'

Emanuele: 'Questo non significa che ce ne freghiamo della politica. Semplicemente che vogliamo poterla usare al momento giusto, senza troppe ideologie e senza essere guidati dai partiti.'

Vecchioni: 'Voglio farti una domanda: tu hai fiducia nei tuoi professori?'

Emanuele: 'Solo di alcuni, e l'età non c'entra per niente. Quel che importa è che abbiano un minimo di tatto, che capiscano quando stai male, e non scelgano proprio quel momento per fregarti.'

Vecchioni: 'Perché, hai paura dei brutti voti?'

Emanuele: 'Dipende da quale professore me li dà; se è uno in cui ho fiducia non me la prendo: so che un brutto voto durante l'anno non significa automaticamente la bocciatura.'

Vecchioni: 'E dei professori sessantottini cosa ne pensi?'

Emanuele: 'Io ne ho avuti solo due, piuttosto bravi e molto esigenti. So però che molti sessantottini bocciano volentieri e disprezzano i ragazzi di oggi. Ma la cosa che mi ha colpito di più è che tentano in tutti i modi di farci capire quanto hanno dovuto lottare per affermare la propria identità di giovani. Ci hanno detto mille volte che anche noi dovevamo crearci il nostro bagaglio culturale.'

Vecchioni: 'Lo dicevamo anche nel '68.'

Emanuele: 'Sì, ma noi siamo stati zitti per anni, e ora ci siamo decisi a parlare perché siamo proprio stufi.'

Vecchioni: 'Senza rammarico: a me non spiace che abbiate così poco a che fare con il '68. Anzi, rispetto al conformismo dominante state già facendo molto – anche se è chiaro che a

voi non interessa fare la rivoluzione.'
Emanuele: 'E allora, che male c'è?'

Intervista a cura di Dina Bara
L'Espresso 24 novembre, 1985

7.2 EXERCISES

Section A

Attempt these exercises before consulting the Select Vocabulary or the notes of guidance about Expressions and Idioms.

7.2.1 Words and Phrases

Find equivalents for these English phrases. They are not in the same sequence as they occur in the text:

(a) what struck me most of all
(b) at the right time
(c) in earnest
(d) perhaps you will be luckier
(e) I'm not sorry
(f) one goal at a time
(g) it does not automatically mean

7.2.2 Word Study

Provide an explanation in Italian for the following words. Begin the first group of explanations with the words:
È una persona che . . .

(a) un quarantenne
(b) un rappresentante
(c) un insegnante
(d) un cantautore

Begin the second group with the words:
È un posto in cui . . .

(e) un'aula
(f) un liceo
(g) una piazza

7.2.3 Comprehension and Sentence Building

Match up the phrase on the *left-hand* side with one on the *right* to make a meaningful sentence which occurs in the passage:

(a) Quello che è successo nel '68
(b) Accettate ciò che di buono
(c) Quel che importa è che
(d) Questo non significa che
(e) La cosa che mi ha colpito di più
(f) È chiaro che a voi non interessa
(g) Questo

(i) ce ne freghiamo della politica
(ii) lo sappiamo
(iii) era inevitabile
(iv) è che tentano di farci capire quanto hanno dovuto lottare
(v) abbiano un minimo di tatto
(vi) può darvi
(vii) fare la rivoluzione

7.3 EXPLANATIONS

7.3.1 Select Vocabulary

il cantautore	singer-songwriter
il contestatore	protester
paragonare	to compare
r*o*mpere	to break
la lunghezza d'onda	wave-length
i brutti voti	bad marks
avere fid*u*cia	to trust; to have faith in
esigente	demanding
volentieri	willingly
disprezzare	to despise
zitto	quiet; silent
stufo	fed up
il ramm*a*rico	regret; sorrow

7.3.2 Expressions and Idioms

sul s*e*rio	seriously
gli anni caldi	the 'hot years' – the late 1960s were the times when the heated debate in schools about conditions spilled over into street demonstrations and, sometimes, riots

i professori sessantottini	teachers who were students taking part in these actions in 1968 – NOT 68-year-olds!, that would be: sessantottenni
La Cattolica	the University in Milan which was the centre of some of the biggest demonstrations in 1968
un obiettivo alla volta	one aim at a time
in quanto tale	as such; such as it is
che male c'è?	what harm is there?
il bagaglio culturale	cultural identity

7.3.3 **Communication Skills**

(a) Saying something is irrelevant
Use the verb entrare in the negative form with ci:

l'età non c'entra per niente	age has got nothing to do with it

Note also:

Che c'entra?	What has that got to do with it?
Io non c'entro.	It has nothing to do with me

(b) Saying you are/are not upset
Use the verb form prendersela

Se è uno in cui ho fiducia, non me la prendo.

If it is one I trust, I don't get upset (I don't take it personally)

Note also:

Non prendertela!	Don't worry!

(c) Saying you could not care less
The verb fregare has many colloquial uses – to cheat; to fool; to steal – and others best avoided!
The following, however, are worthy of attention:

Questo non significa che ce ne freghiamo della politica.

This does not mean that we couldn't care less (a damn) about politics.

Chi se ne frega?	Who cares?
Me ne frego.	I couldn't care less.

Quel che importa è che . . . non scelgano proprio quel momento per fregarti.

What's important is they should not choose precisely that moment to mess you about.

(d) Saying what impressed you

La cosa che mi ha colpito di piu è/era . . .

The thing that struck me most is/was . . .

(e) Presenting both sides of the argument

There are a number of ways of saying 'on the one hand . . . on the other'. In the passage you can find:

Da un lato Roberto Vecchioni . . . dall'altro Emanuele Del Giudice

You will also find: da un canto . . . dall'altro.

(f) Asking for an opinion

Cosa ne pensi?	What do you think about it? (tu form)

E dei professori sessantottini cosa ne pensi?

And what do you think about the teachers of 1968?

Cosa ne pensa?	What do you think about it? (Lei form)

Cosa ne pensano i quarantenni di questi loro figli?

What do these forty-year-olds think of their sons?

7.3.4 **Grammar**

(a) Verbs requiring no preposition with a dependent infinitive

The four verbs *dovere* – to have to; *potere* – to be able to; *volere* – to want; *sapere* – to know how to, are often used in conjunction with *another verb*. They are followed by another verb without a preposition. Examples in the text are as follows:

Perché tutti . . . hanno dovuto paragonare i due movimenti?

Why has everyone had to compare the two movements?

Anche noi dovevamo crearci il nostro bagaglio culturale.

We too had to create for ourselves our own cultural identity.

Dovete sapere che le lotte del '68 . . .

You must know that the struggles of '68 . . .

Voglio farti una domanda.

I want to ask you a question.

Noi volevamo uccidere il padre, rompere simbolicamente con il passato.

We wanted to 'kill our fathers', break symbolically with the past.

Non potevamo aprire bocca.

We were not able to open our mouths.

Problemi che possono essere risolti.

Problems that can be solved.

The same rule applies if these verbs are used together:

Vogliamo poterla usare al momento giusto.

We want to be able to use it (politics) at the right moment.

Note also that many impersonal verbs do not need a preposition in front of a dependent infinitive – e.g., *interessare* and *importare*:

A voi non interessa fare la rivoluzione.

You are not interested in making revolution.

Importa avere un minimo di tatto.

The important thing is to have a bit of tact.

(For a full list of these see **Grammar Section G6.2.3.1.**)

(b) Verbs requiring the preposition *a* with a dependent infinitive
(A list of these is provided in **Grammar Section G6.2.3.2.**). One of the most common is the verb *riuscire* – to succeed; to manage:

Oggi riusciamo ad essere molti in piazza.

Today we manage to be present in large numbers in the 'piazza'.

Questo movimento, se riuscirà a sopravvivere, avanzerà sempre a passi piccolissimi.

If this movement succeeds and survives, it will move forward one little step at a time.

Note also in the text the verb *decidersi* – to decide; to make up one's mind:

Ora ci siamo decisi a parlare . . .

Now we have made up our minds to speak out . . .

(c) Verbs requiring the preposition *di* with a dependent infinitive
(A list of these can be found in **Grammar Section G6.2.3.3.**)
One example in the text is *tentare* – to try; to strive:

Tentano in tutti i modi di farci capire.

They try in all sorts of ways to make us understand.

(d) Uses of *appena*
appena has several meanings: 'just'; 'scarcely'; 'hardly'; 'no sooner'; 'as soon as':

Sono appena usciti.	They have just gone out.
La sento appena.	I can hardly hear you. (e.g., on the telephone)
Appena siamo scesi in piazza . . .	No sooner had we gone down to the square . . .

Appena arrivi ti salutano subito.	As soon as you arrive, they greet you straightaway.

(e) **Further uses of the subjunctive**
The subjunctive mood is required after some impersonal verbs when the *subject of the second clause is identified*:

Importa . . . che abbiano un minimo di tatto, che capiscano quando stai male.

It is important . . . that they have an ounce of tact, that they understand when you are feeling low.

A me non spiace che abbiate così poco a che fare con il '68.

I am not the least bit sorry that you have nothing in common with '68.

7.4 EXERCISES

Section B

7.4.1 Detailed Comprehension

There are seven exchanges in the interview between Roberto Vecchioni the teacher and Emanuele del Giudice the student. Under the two headings make notes summarising the main points of their respective questions, answers and comments.
The first is done for you as an example.

	Emanuele	*Vecchioni*
(a)	Wonders why people have to compare today's protests with those of 1968 Claims to be different	Recognises the utilitarian nature of the students' claims Explains how hard it was for students to protest in 1968
(b)	....	....

7.4.2 Cosa ne pensi?

You are preparing an interview with an Italian student aged 16. Make up a set of questions on the following topics:

Model: E dei professori, cosa ne pensi?

Topics:

(a) the classical high school
(b) the younger teachers
(c) the lessons of Greek and Latin
(d) bad marks
(e) teachers who willingly fail students
(f) very demanding teachers

7.4.3 **Domande e Risposte**

Here is a set of answers provided by a 40-year-old teacher when interviewed by one of his students. What might the questions have been? Make up a suitable set of questions to match these answers.

(a) Assolutamente no. Preferisco la vita d'insegnante di oggi.
(b) No, non credo che ci sia molta differenza.
(c) No, quelli lì non c'entrano per niente.
(d) No, a me non spiace che sia così.
(e) Dipende. Alcuni lo accettano senza problemi; altri se la prendono con me.

7.4.4 **Present and Perfect Subjunctive**

In the following sentences put the verb in brackets into the appropriate form of the present or perfect subjunctive:

(a) Importa che tu (avere) fiducia nei tuoi professori.
(b) Non significa che gli studenti non (volere) il potere.
(c) Quel che importa è che i partiti politici (capire) quanto gli studenti (essere) stufi della situazione.
(d) A me non spiace che quei ragazzi (riconciliarsi) con il padre.
(e) La generazione del '68 pensa che attualmente le scuole non (funzionare).
(f) Non vogliamo che i nostri figli (rompere) completamente con il passato.

7.4.5 **Appena . . .**

Reconstruct sentences beginning with *appena* following the example. Use the *passato prossimo* throughout.

Model: Noi – scendere – in piazza — i giornali – ci – criticare.
Response: Appena siamo scesi in piazza, i giornali ci hanno criticati.

(a) Gli studenti – richiedere – un'intervista – i giornalisti –arrivare – al liceo.
(b) Il professore – fare – una domanda – gli studenti – uscire.

(c) Io – leggere – la notizia – telefonare – Giovanni.
(d) I contestatori – entrare – nell'aula – il preside – decidersi – a chiudere – il liceo.
(e) Maria – riuscire – a convincere – suo padre – lui – andarsene.

7.5 CONVERSAZIONE: RICORDI DI SCUOLA

Roberta finds out about Laura's experience of education in Italy. Listen to the recording on the cassette and before studying the transcript of the interview or the Explanations, test your understanding by answering the following questions:

illus. 7.1 *Going to school*

(a) Why did Laura's parents send her to a private primary school?
(b) What two terms are used to denote a state-maintained school?
(c) What does Laura remember particularly about her first contact with the *liceo*?
(d) Why did she choose the *liceo scientifico*?
(e) How does Laura account for her love of English?
(f) Why did she especially like the philosophy teacher?
(g) Apart from the study of languages, what else did Laura enjoy at University?
(h) Would you say that Laura is optimistic or pessimistic about the state of University education in Italy today?

Transcript

Roberta: Laura, tu che tipo di scuole hai fatto?
Laura: Alle elementari sono andata ad una scuola privata. Era una scuola con . . . di suore, diciamo. I miei genitori hanno preferito mandarmi . . . là, perché pensavano che ricevessi una educazione religiosa più completa.
Roberta: Sì, sì, comprensibilissimo. E hai qualche impressione di questa scuola, qualche ricordo ancora?
Laura: Sì, sono ricordi piacevoli perché nonostante le suore fossero a volte un po' severe . . . per i miei gusti, tutti gli altri bambini erano bambini normali e non, e non c'erano delle regole precise nella scuola diverse da una scuola del governo, insomma, una scuola pubblica.
Roberta: E poi la tua carriera scolastica è avanzata verso le scuole medie, il liceo . . . qualche cosa che tu voglia dirci nei confronti del liceo, forse?
Laura: Il liceo per me è stata la prima esperienza di una scuola pubblica e . . . dopo tre anni di scuole medie ad una scuola femminile, ho incontrato un sacco di ragazzi. Per me è stata un'esperienza . . . incredibile, al momento. Come materie, mi piaceva tutto. Ho scelto il liceo scientifico perché mi interessavano, mi interessava fare l'inglese soprattutto, e le materie scientifiche.
Roberta: Senti, l'inglese è dunque una lingua che hai studiato abbastanza profondamente?
Laura: Sì.
Roberta: Come mai questa passione per l'inglese?
Laura: Non lo so. Forse perché la prima lezione, ho ricevuto un complimento, e il mio orgoglio mi ha portato ad impegnarmi più . . . più che mai su questa materia, per ricevere altri complimenti.

Roberta: E dei tuoi professori hai qualche ricordo indelebile?

Laura: Beh! Al liceo c'era un professore di filosofia che mi ha affascinato moltissimo. Era una persona molto interessante e ci trattava da adulti e questa era una cosa che mi piaceva molto.

Roberta: E poi l'università?

Laura: All'università ho studiato lingue – inglese e tedesco, e ho scoperto una dimensione nuova nella letteratura, soprattutto la letteratura mi . . . mi ha interessato molto. La critica letteraria è stata una scoperta per me.

Roberta: E secondo te, le università italiane, Laura, funzionano bene?

Laura: Forse adesso funzionano meglio. Quando andavo io all'università, c'erano molti scioperi, molto scontento. Però, penso che in questi . . . in questo periodo le cose stiano migliorando.

7.6 EXPLANATIONS

7.6.1 Select Vocabulary

mandare	to send
nonostante	even if
un sacco di ragazzi	a lot of boys (colloquial)
l'org*o*glio	pride
impegnarsi	to dedicate oneself; to work hard
la mat*e*ria	school subject

7.6.2 Grammar

(a) Further work on the *passato prossimo* and the *imperfetto*

The *imperfetto* is used to express an idea of *continuity in the past*:

Come materie mi piaceva tutto.

I liked (i.e., for the duration of my schooling) all subjects.

Mi interessava fare l'inglese.

I was interested (i.e., not a momentary interest) in doing English.

Quando andavo all'università, c'erano molti scioperi.

When I went to University, there were many strikes.

The *passato prossimo*, (a substitute for the *passato remoto* in spoken Italian) is used when *specific events* or *actions* are in mind:

Ho scelto il liceo scientifico. — I chose the scientific high school.

Per me è stata un'esperienza incredibile, al momento.

At the time it was an incredible experience for me.

The *passato prossimo* is also used to refer to actions that have taken place and are *assumed to be complete*:

È una lingua che hai studiato abbastanza profondamente.

It is a language that you have studied quite deeply.

C'era un professore che mi ha affascinato molto.

There was a teacher who fascinated me a great deal.

(b) Use of the subjunctive after *nonostante (che)*

nonostante le suore fossero un po' severe

even if the nuns were a bit strict

(For a list of conjunctions requiring the subjunctive following see **Grammar Section G8.7.7.**)

7.7 INFORMIAMOCI: LE SCUOLE ITALIANE

L'istituto prescolastico dove vanno i bambini dai 2 ai 6 anni per giocare durante il giorno lavorativo si chiama **un asilo** oppure **una scuola materna**. All'età di 6 anni inizia l'insegnamento vero a cura del Ministero della Pubblica Istruzione. **Le (scuole) elementari** durano 5 anni. All'età di 11 anni, i ragazzi cominciano a frequentare **le scuole medie**. Qui trascorrono ancora 3 anni prima di passare alla prossima tappa scolastica. Chi vuole prepararsi per gli studi universitari può prendere varie strade, tutte raccolte nelle scuole superiori: **Il liceo classico**, istituito sin dal 1859, ha durata quinquennale, di cui due anni di corso inferiore (ginnasio) e tre anni di corso superiore (liceo classico). Al termine si consegue, mediante un esame di Stato, il **diploma di maturità classica** che dà accesso a tutte le facoltà universitarie. Il programma del **liceo scientifico** che prevede l'approfondimento delle scienze fisico-matematiche, ha una durata di cinque anni e si conclude con un esame di Stato per il conseguimento del **diploma di maturità scientifica**; anch'essa dà accesso a tutte le facoltà. **Le scuole magistrali** sono specificamente destinate alla preparazione per l'insegnamento nelle scuole materne mentre **l'istituto magistrale** ha per scopo la preparazione, attraverso una formazione umanistica, civica e culturale, degli insegnanti per le scuole elementari.

7.8 EXERCISES

7.8.1 Completing Adjectives and Verbs

Without referring back to the transcript, try to complete the following extracts.
In the first, all the adjectives have been omitted:

(a) Sono ricordi . . . perché nonostante le suore fossero a volte un po' . . . per i . . . gusti, . . . gli . . . bambini erano bambini . . . e non c'erano delle regole . . . nella scuola . . . da una scuola del governo, insomma, una scuola . . .

In the second, all the verbs have been omitted:

(b) Il liceo per me . . . la prima esperienza di una scuola pubblica e dopo tre anni di scuole medie di una scuola femminile, . . . un sacco di ragazzi. Per me . . . un'esperienza incredibile, al momento. Come materie, mi . . . tutto. . . . il liceo scientifico perché mi . . . fare l'inglese soprattutto.

7.8.2 Pronunciation Practice

Practise asking the following questions which are along the lines of those that Roberta posed Laura during the interview. Try to echo the intonation pattern, how the voice rises and falls.

(a) Laura, che tipo di scuola hai fatto?
(b) Hai qualche impressione della scuola, qualche ricordo?
(c) C'è qualche cosa che tu voglia dirci nei confronti del liceo, forse?

(d) L'inglese è dunque una lingua che hai studiato abbastanza profondamente?
(e) Ma come mai questa passione per l'inglese?
(f) Secondo te, le università italiane funzionano bene?

7.9 TRA PADRE E FIGLIA

Il busto di gesso is an autobiographical novel by the writer Gaetano Tumiati. It enjoyed great popularity during the late 1970s. Tumiati was better known for his journalism than his literary works but this book struck a chord with those of his generation who had been brought up under Fascism and had lived through the tumultuous years of the second world war and the optimism of the 'dopoguerra'. In this extract Tumiati, a socialist in the broadest sense of the term, describes how a father reacts to his daughter's political commitments – she is a left-wing activist – and her questions about his own political past. Out of mundane family events, he creates opportunities to reflect, in a gently humorous way, on the enthusiasm of young people and their lack of concern for the fine detail of politics – both possible reasons for his own political allegiances of the past. This extract of the novel is printed in exactly the same form as it appears in the original book, that is, with *no* paragraph divisions and consisting of only twelve sentences from start to finish. This dense, flowing style is typical of Tumiati's writing (see also Illus. 7.2).

E pertanto mi trovo in una certa difficoltà quando una delle mie figlie, di solito Margherita, nei momenti più impensati, magari mentre siamo a tavola e sto sbucciando una pesca, operazione in cui, a causa di una certa mancanza di elasticità e di armonia dei movimenti, non ho mai acquistato una assoluta disinvoltura, a conclusione di uno scambio di opinioni su questo o quell'avvenimento del giorno, mi domanda all'improvviso se io, da giovane, ero fascista. Nella sua voce, in queste circostanze, non c'è neppur l'ombra di quel tono inquisitorio che nel rivolgermi la stessa domanda potrebbe avere una persona della mia età o anche un uomo di trent'anni. Ma lo chiede con una normalità che rasenta l'indifferenza ben sapendo che risponderò di sì, come già tante altre volte è avvenuto, evidentemente i miei sì non sono bastati a convincerla di una realtà che continua a sembrarle inconcepibile e assurda, e pertanto la domanda le ritorna ogni volta automaticamente alle labbra anche se ne conosce la risposta in partenza e probabilmente continuerà a domandarmelo ancora per anni, sempre con lo stesso tono indifferente e meccanico, e così via fino al giorno in cui non mi deciderò a darle una spiegazione esauriente, cioè a parlarle per un'ora di fila di complessi problemi psicologici, ammesso che lei abbia voglia di ascoltarmi per tanto tempo. Fino ad oggi però questo lungo discorso non l'ho mai fatto né a lei né a sua sorella, ritenendo che non abbiano la maturità necessaria per seguire le mie sottili disquisizioni. Quando mi domandano perché, rispondo con frasi evasive e generiche, erano i tempi, lo eravamo un po' tutti, e continuo a sbucciare la mia pesca e a parlare a Marcella. Probabilmente ho torto, dovrei aver maggior fiducia nelle loro capacità intellettive, per esempio chiedere a Margherita per quali motivi ha aderito al Movimento Studentesco e si proclama di sinistra, e quindi tentare un'analisi comparata degli impulsi che muovevano i giovani di allora e quelli di oggi. Ma sarebbe un discorso complesso anche per un adulto; gli elementi che inducono un ragazzo ad aderire a un movimento o ad abbracciare un'ideologia sono numerosissimi e variano di caso in caso, altruismo, generosità, classe sociale, contrasti generazionali, ansia religiosa, esuberanza ormonale, desiderio di evasione o anche soltanto voglia di far baccano. Nel caso di mia figlia Margherita, per esempio, ho l'impressione che prevalga il piacere che ogni animale giovane prova nel giocare con i suoi simili. Questo naturalmente non è un male specialmente quando il gioco collettivo si svolge in un ambiente e fra persone che nel complesso, pur fra molti errori, si battono per una società più giusta; ed io pertanto mi guardo bene dal contrastarla, solo di tanto in tanto cerco di indurla a riflettere perché, nelle sue scelte e nelle sue azioni, tenga presenti anche altri fattori più profondi e più solidi. Quando, irrompendo all'improvviso in camera da pranzo, con il volto accaldato e i capelli al vento, si scusa del ritardo perché ha dovuto partecipare ad una manifestazione studentesca di solidarietà con gli operai dell'Alfa Romeo in sciopero, io pedantemente le domando per quali ragioni gli operai dell'Alfa Romeo sono scesi in sciopero e quali sono le loro rivendicazioni. Di solito non mi risponde subito, finisce di inghiottire una forchettata di spaghetti, poi alzando gli occhi dal piatto e guardandomi con stupore mi domanda se ritengo giusta o ingiusta la solidarietà con gli operai in sciopero. Naturalmente le dico che in linea generale la ritengo giusta e sacrosanta, ma non sarebbe male, di volta in volta, andare a fondo per rendersi ben conto del motivo per cui, abbandonata la scuola, si sfila tutti insieme per le vie cittadine e ci si ammassa in

illus. 7.2 *Political Italians*

piazza. Non c'è nessuno, nelle loro assemblee, che compia un'analisi del genere? Che spieghi ai più giovani i termini esatti della questione?

Gaetano Tumiati: *Il busto di gesso*
(U. Mursia Editore, 1977)

7.10 EXERCISES

Section A

Attempt the first two exercises in this section *before* consulting the Select Vocabulary. For the third, however, you may find it necessary to check the meaning of some more obscure words.

7.10.1 Word Study 1

Find in the text the Italian equivalents of the following expressions. They do not necessarily occur in sequence and they are *not* literal translations.

(a) When you least expect it
(b) a full account
(c) always assuming that she feels like
(d) everyone of us was involved to some extent

(e) I try to get her to stop and think
(f) broadly speaking
(g) for an hour on the trot

7.10.2 **Word Study 2**
From the context in which they occur, guess at the meaning of the following words and phrases.

(a) sbucciare
(b) una assoluta disinvoltura
(c) uno sc*a*mbio
(d) che rasenta
(e) contrastarla
(f) irrompendo all'improvviso
(g) inghiottire
(h) si sfila

7.10.3 **Comprehension**
Our understanding of this extract is not helped by the length of the sentences in some parts. When faced with very long sentences, it is important to identify and 'hang on' to the most significant idea. This is contained within what are termed syntactically as the 'main clause' and the 'principal subordinate clause'. For example, in the first sentence (one of the longest) the main clause is:

mi trovo in una certa difficoltà	I find myself in some difficulty

and the principal subordinate clause is:

quando una delle mie figlie mi domanda se io ero fascista

when one of my daughters asks me whether I was a Fascist

In this exercise, continue reading carefully through the passage with a view, this time, to identifying the *main ideas* or *actions* to be found in the main clauses. Underline these with a pencil. Tumiati's use of punctuation means that you may find more than one main clause in each 'sentence', so it might help to think in terms of syntax for once. The second one is also done for you:

Model: Nella sua voce non c'è neppur l'ombra di quel tono inquisitorio.

In her voice there is not even a hint of that inquisitorial tone.

7.11 EXPLANATIONS

7.11.1 Select Vocabulary

sbucciare	to peel
la disinvoltura	confidence; ease
l'avvenimento	event
all'improvviso	suddenly; unexpectedly
rasentare	to border upon
avvenire	to happen
inconcep*i*bile	inconceivable
le labbra (il labbro – sing.)	lips
esauriente	exhaustive
ritenere	to consider; to deem
la disquisizione	treatise; account
la fid*u*cia	faith; trust
aderire	to adhere; to join
indurre	to induce; to persuade
l'evasione (fem.)	escape
fare baccano	to kick up a din
prevalere	to prevail; to predominate
nel complesso	all in all
la scelta	choice
la rivendicazione	claim; demand
inghiottire	to gulp down
lo sci*o*pero	strike
r*e*ndersi conto (di)	to realise
sfilare	to parade

7.11.2 Expressions and Idioms

e così via	and so on (and so forth)
per un'ora di fila	for an hour on the trot
il volto accaldato	with her face flushed/lit up
i capelli al vento	dishevelled hair
in l*i*nea generale	broadly speaking

7.11.3 Communication Skills

(a) Saying 'from time to time'

In the **Conversazione 7.5** there is the phrase *a volte*. There are two further expressions in this passage:

solo **di tanto in tanto** cerco di indurla a riflettere

only from time to time I try to persuade her to reflect

ma non sarebbe male, **di volta in volta**, andare a fondo . . .

but it would not be a bad thing, from time to time to get to the bottom . . .

Note that the same pattern of *di . . . in . . .* can be used in many contexts:

variano di caso in caso	they vary from case to case

(b) Talking about differences of opinion

contrasti generazionali	differences between the generations

The word *contrasto* usually refers to differences that cause argument. Indeed, *un contrasto* can mean a dispute or a quarrel. Another word for an argument which also tends to have a more neutral meaning in English is *una discussione*. The word *un argomento* is used mostly in the sense of argument for or against:

un argomento a favore di (contro) qualcosa

Note also:

mi guardo bene dal contrastarla	I am careful not to stand in her way/to oppose her point of view

(c) Saying what you ought to do
Use *dovere* in the *conditional tense*:

dovrei aver maggior fiducia	I should have greater faith

(d) Saying you are wrong
Avere torto means to be wrong, in the wrong:

Probabilmente ho torto.	I am probably wrong.

sbagliarsi also means to be wrong, in the sense of being mistaken, having made a mistake:

Scusi, mi sono sbagliato!	Sorry, my mistake!

(e) **Saying what you feel like doing**
Use *avere voglia di*, followed by the *infinitive*:

ammesso che lei abbia voglia di ascoltarmi
assuming that she feels like listening to me

(See also 7.11.4(b)1 below.)

anche soltanto voglia di far baccano
even simply feeling like making a din

non ho più voglia di mangiare	I no longer feel like eating

7.11.4 **Grammar**

(a) **Negative expressions**
Neppure, often shortened to *neppur*, means 'not even':

non c'è neppur l'ombra di . . .	there is not even the hint of . . .

Nessuno means 'nobody':

Non c'è nessuno . . . che compia un analisi del genere?
Is there nobody who carries out that kind of analysis?

In compound tenses, the majority of negative expressions are placed immediately *before and after the auxiliary verb*:

non ho mai acquistato	I have never acquired

questo lungo discorso non l'ho mai fatto
I have never yet made this long speech

Né . . . né – 'neither . . . nor . . .' – *precede* the nouns to which they refer:

né a lei né a sua sorella	neither to her nor her sister

Note the use of *non* without negative force following *fino a* or *finché*:

fino al giorno in cui *non* mi deciderò	until the day I decide

(b) Further uses of the subjunctive

Note the use of the subjunctive after the following verbs and expressions:

1. *ammesso che*

ammesso che lei abbia voglia di ascoltarmi

assuming that she feels like listening to me

2. *ritenendo che*

ritenendo che non abbiano la maturità necessaria

considering that they do not have the necessary maturity

3. *ho l'impressione che*

ho l'impressione che prevalga il piacere . . .

I have the impression that the pleasure predominates . . .

4. *perché* (meaning 'in order that')

perché . . . tenga presente anche altri fattori

in order that she keep in mind other factors

5. *non c'è nessuno che*

Non c'è nessuno che compia un'analisi del genere . . . che spieghi . . . ?

Is there nobody who can carry out this kind of analysis . . . who can explain . . .?

(c) Using the suffix *-ata*
The suffix *-ata* tagged on to the end of a word suggests the idea of fullness:

una forchettata di spaghetti	a fork full of spaghetti

Note also:

una cucchiaiata	a spoonful
una boccata	a mouthful

But, be warned: una coltellata nella schiena = a stab in the back – it is best to learn examples as you come across them, not try to invent them!

(d) Using *magari*
As an adverb meaning 'possibly' or 'maybe':

magari mentre siamo a tavola	maybe while we are at table

As a single-word reaction, *magari* conveys a set of ideas meaning 'if only', 'would that that were the case', etc.:

Sarebbe bello fare il giro del mondo, no? Magari!

It would be nice to travel around the world, wouldn't it?
If only I could!

7.12 EXERCISES

Section B

7.12.1 **Is there anybody who can help?**
You find yourself in series of difficulties.

Model: Ask if there is there anybody who can help you.
Response: Non c'è nessuno che mi possa aiutare?

(a) You ask if there is anybody who can show you the way to Ravenna.
(b) You ask if there is anybody who has some change.

(c) You ask if there is anybody who can carry your luggage.
(d) You ask if there is anybody who knows how to drive.
(e) You ask if there is anybody who is capable of giving you a precise explanation.
(f) You ask if there is anybody who speaks English.

7.12.2 **What Ought I to do?**

Your Italian friend has some good ideas about how to spend the time but you ought to do something else before you take up her suggestions.

Model: Sarebbe bello andare in città. (You ought to write a letter.)
Response: Sì, ma prima, dovrei scrivere una lettera.

(a) Sarebbe bello visitare il duomo.
(You ought to change your clothes.)
(b) Sarebbe bello passare da mio zio.
(You ought to buy him a small present.)
(c) Sarebbe bello andare in montagna.
(You ought to listen to the weather forecast.)
(d) Sarebbe bello prendere un caffè.
(You ought to buy a postcard.)
(e) Sarebbe bello continuare la passeggiata.
(You ought to take a photograph.)

7.12.3 **What do you Feel Like Doing?**

Some more suggestions for activities, but this time you really do not feel like doing anything that is suggested!

Model: Vuoi accompagnarmi al teatro?
(You would prefer to stay at home this evening.)
Response: No, non ho voglia di andare al teatro; preferirei rimanere a casa stasera.

(a) Guardiamo la televisione?
(You would prefer to continue to read your book.)
(b) Non devi scrivere una lettera a tuo fratello stasera?
(You would prefer to write it tomorrow.)
(c) Se facessimo una gita in barca?
(You would prefer to stay on the beach.)
(d) Andiamo a vedere la manifestazione studentesca in piazza?
(You would prefer to find somewhere quieter.)
(e) Perché non facciamo una spaghettata?
(You would prefer to eat out in a restaurant.)

7.12.4 **Come si dice?**

The following is an imaginary reconstruction of a conversation that took place between father and daughter during a meal. Taking your cues from the English phrases in brackets, write out the dialogue. Any resemblance between this exchange of views and the events of the passage written by Gaetano Tumiati is purely deliberate!

Figlia: Irrompendo all'improvviso in sala da pranzo: (Apologises for being late and explains that she had to go on a student demonstration.)

Padre: Sbucciando, con una certa difficoltà, una pesca: (Tells her that it is not the first time this week that she has been late and that he and her mother are not happy that she is abandoning school so often.)

Figlia: Prendendo una forchettata di spaghetti: (Asks the family whether they know that the Alfa Romeo workers have gone on strike.)

Padre: Continuando a sbucciare la pesca: (Tells her that they have all seen that piece of news on the television and that there were people parading in the square.)

Figlia: Eccitandosi: (Asks whether they saw her because she and her friends were all there.)

Padre: Posando il coltello con cui sta sbucciando la pesca: (Tells his daughter that he has the impression that she enjoys making a row in public.)

Figlia: Alzando gli occhi dal piatto: (Explains that that is *not* the reason for taking part in the demonstration and that the claims of the workers are just.)

Padre: Riprendendo la pesca e il coltello in mano: (Says he hopes so but suggests that it would not be a bad thing to carry out a deeper analysis of the situation. That way one would understand the politics that motivate people to protest.)

Figlia: (Says that political motives vary from case to case and from generation to generation. For example, she would really like to know the reasons why her father had belonged to the fascist movement as a young man.)

Padre: Smettendo di colpo di sbucciare la pesca; (Tells her that she always chooses the most unexpected moments to ask that kind of question but promises that one day he will explain everything to her.)

Figlia: Impaziente: (Accuses her father of always replying with vague statements when she asks him that question.)

Padre: Con il coltello in mano: (Says that he is always careful not

Figure 7.1 *Come non detto*

Mell Lazarus, Field Enterprises Inc.

to argue with her but that he feels that during a meal is not the right moment to begin a complex lecture on the impulses of youth.)

Figlia: Guardando il padre: (Agrees but asks him whether he considers it right or wrong to show solidarity with the workers.)

Padre: (He admits that as a general rule it is right.)

Figlia: Prendendo anche lei, una pesca: (Tells her father that he should stop treating her like a little girl.)

Padre: Guardando la pesca: (Says that he is sorry and that he should have greater faith in her intellectual ability.)

7.13 CONVERSAZIONE: IL TEMPO LIBERO E GLI AMICI

Listen to the recording of this conversation on the cassette and then complete the following sentences in Italian, *without*, of course, looking at the transcript.

(a) A Roberta rincresce di ....

(b) Quando ha un po' di tempo libero, a Laura piace ....

(c) Laura, quando va in biblioteca ....

(d) A Laura piace mantenersi in contatto con ....

(e) Gli amici di Laura si trovano non soltanto in Europa ma ....

(f) Un vantaggio dell'amicizia, secondo Laura, è ....

(g) I veri amici si fanno ....

(h) Non bisogna mai sprecare le occasioni ....

(i) Secondo Laura è peccato che Roberta ....

7.13.1 Transcript

Roberta: Io al momento non ho molto tempo libero a mia disposizione e questo mi rincresce un po' perché quando avevo un po' più di tempo a disposizione adoravo passarlo facendo tutte le cose che amo fare e soprattutto facendo i miei passatempi preferiti. Tu, Laura, hai dei passatempi preferiti?

Laura: Sì, quando ho un po' di tempo libero mi piace passeggiare, stare all'aria aperta . . . mi piace andare al cinema . . . mi piace leggere. Sono molto appassionata della lettura. Infatti, quando vado in biblioteca, trascorro delle ore . . . cercando libri che mi possono interessare. E poi, poi ho tanti amici . . . non solo . . . nella città dove abito ma anche in tutto il mondo. Ho incontrato molte persone durante i miei viaggi . . . e adesso mi piace scrivere lettere, per mantenere i contatti.

Roberta: Senti, e questi amici sono . . . sparsi per il mondo, come hai detto . . . per tutto il mondo? Sono soltanto in Europa, voglio dire, o anche in altri continenti?

Laura: Ho anche degli amici negli Stati Uniti, in Canada, in Sudamerica, in India. Sì, un po' dappertutto direi. Quindi ho un'idea abbastanza precisa di . . . delle . . . delle differenze tra una cultura e l'altra e . . . direi che questa . . . queste esperienze mi hanno aiutato a liberarmi da tutti i pregiudizi tipici di una persona che non . . . non mette mai il piede fuori di casa, diciamo.

Roberta: Sì, senti . . . e secondo te, Laura, l'amicizia è una cosa reale, è qualchecosa che veramente esiste . . . o no?

Laura: . . . Sì . . . Gli amici migliori si fanno sempre negli anni della scuola . . . quando . . . una persona sta crescendo e si sta formando. Si formano anche le amicizie più durature . . . Infatti . . . le amiche che io avevo alle scuole medie e alle superiori . . . sono quelle che mi seguono ancora fedelmente, diciamo. Quando . . . quando si continua . . . a crescere e a inserirsi nel mondo del lavoro si scopre che l'amicizia vera è difficile da trovare . . . Però, è sempre una cosa da . . . da tenere . . . cara . . . Non bisogna mai sprecare le occasioni per incontrare della gente e non bisogna mai avere paura di scoprirsi e di . . . farsi conoscere dagli altri.

Roberta: Sì. Io sono d'accordo, Laura, perché io penso che parte dell'amicizia, e forse il dono più grande dell'amicizia, è quello, in effetti, di dare l'amicizia a qualcuno. Se poi si è fortunati abbastanza di riceverla in cambio è forse l'esperienza o una delle esperienze più belle della propria vita, ma il dare forse . . . è tanto importante se non più importante del ricevere . . . Anch'io ho molti amici ancora sparsi per il mondo, ma, purtroppo, io sono molto pigra e tendo a non voler scrivere . . . e così qualche volta qualche buon amico . . . scompare.

Laura: Oh! Che peccato! Non dovresti fare così. Non dovresti essere pigra . . . È importante mantenere i contatti . . . Anche una telefonata può bastare . . . Non deve essere una chiacchierata lunga. Bastano poche parole per mantenere un'amica o un amico . . . sempre vicini a . . . al tuo cuore.

Roberta: Sì, è importante per me, ma i miei amici sono esigentissimi . . . Vogliono la lettera e . . . possibilmente di cinque o sei pagine.

Laura: È impossibile!

Roberta: No, no . . . è vero!

7.13.2 **Select Vocabulary**

mi rincresce	I am sorry
sparso	scattered
duraturo	lasting, enduring
fedelmente	faithfully
purtroppo	unfortunately
scomparire	to disappear
che peccato!	what a shame!
una chiacchierata	chat

7.13.3 **Pronunciation Practice**

In English the consonant 'p' tends to be 'softer' than in Italian. In Italian the muscles around the mouth are held more tightly. Listen to the following sounds and then practise saying them aloud. Afterwards practise the sentences below:

(a) pa – pe – pi – po – pu – più – poi – per – pepe – pappa.
(b) Ho un po' di tempo a mia disposizione.
(c) Non posso pensare come passarlo.
(d) Preferisco parlare con appassionati di pallavolo piuttosto che con persone poco sportive.
(e) Mi piace passeggiare all'aria aperta, nel parco o in campagna. Un po' dappertutto, mi pare.

CHAPTER 8

L'ITALIA: COMUNICAZIONE E MASS MEDIA

According to Sergio Saviane: 'L'italiano (lui, soprattutto, ma anche lei) è così suscettibile (touchy) e presuntuoso (conceited), che non ha nemmeno il tempo di fare autocritica e di vedere i suoi vizi e difetti'. So, given this apparent lack of self-criticism, Saviane decided to take it upon himself to communicate to the Italian nation what he considered those vices and defects to be.

In 1985, he published a light-hearted, yet sharply satirical article on this precise theme. Among other, supposedly, 'home truths', he gave this announcement: 'L'Italiano è la persona più superficiale, pigra e maleducata del mondo'. He asked his readers to consider whether there might be more than an ounce of truth in these negative stereotypes (superficial – lazy – ill-mannered). Nor did he stop there. Among the other social inhibitions he catalogued in his article (such as using a tooth-pick – uno stecchino – in public places), he examined the international reputation of Italians: 'Secondo gli stranieri l'italiano è insofferente (intolerant), sprecone (a squanderer), egoista (selfish), geloso (jealous), vittimista (full of self-pity), tifoso (fanatical), e molto presuntuoso (very presumptuous)'. Summing up this rather damning list of faults, he wrote: 'Ma il difetto principale dell'italiano è di essere italiano. Carico di presunzione, esce di casa moltiplicando i suoi vizi o difetti'.

Poor Italians, there seems to be no way of escape save that of abandoning their nationality – and that is something they are rightly loath to do wherever they are living in the world. It was this defect of 'presunzione' – conceitedness, over-confidence or cockiness – that, Saviane suggested, manifested itself most in the way that Italians used the telephone. Setting out to prove this, however, he tends to lose sight of his original purpose and concludes that it is the phone from which we need to defend ourselves, not from Italians! His message is applicable in any country, wouldn't you agree?

Figure 8.1 *Italians and the mass media*

ALTAN

8.1 **PRONTO, CHI SPARLA?**

Diceva Ennio Flaiano negli anni Sessanta: durante il fascismo c'erano in Italia otto milioni di baionette, oggi ci sono otto milioni di fotografi. Se fosse ancora in vita il grande scrittore, si accorgerebbe che oggi ci sono venti milioni di stecchini e altri venti milioni di telefonisti.

Già, il telefono. Nel nostro paese col telefono si riesce a fare tutto. Si discute a lungo e appassionatamente di ricette culinarie, del cane, del gatto o della canarina vedova, dei pannolini, di politica o del tempo.

Per non parlare di quelli che al telefono fanno perfino l'amore, o di quelle centinaia di migliaia di perditempo che ingolfano i microfoni delle città per chiedere canzonette agli sventati conduttori delle seimila radio private o nazionali, o rispondere agli indovinelli televisivi delle 'Raffaelle'.

Sono infiniti gli abusi che se ne possono fare. Il telefono ti porta in casa, senza chiedere permesso, qualsiasi intruso, perfino gente estranea, qualcuno che ha sbagliato numero e non domanda nemmeno scusa, un cialtrone che chiede: 'Chi parla?', senza tener conto che è lui che ha chiamato e deve presentarsi. Ti porta in casa anche un creditore, un maniaco degli scherzi o l'amico imbecille che, data la confidenza, ti chiama a mezzanotte per chiederti il numero telefonico di un altro per poi disturbare anche quello.

Nessuno si accorge che, quasi sempre, il telefono è una violazione di domicilio, e quando suona è sempre una persona che chiede, quasi mai una persona che ti dà qualcosa. Raramente qualcuno che ti porti in casa una buona notizia. Magari ti una telefonata interessata. Si è ormai creata in tutti noi una tale abitudine alla tirannia del telefono che si va a rispondere di corsa come se il suo fosse un ordine.

Siamo ormai così malati di telefono che ci meravigliamo se, rarissimamente, chi chiama ci chiede scusa del disturbo. Perché il telefono entra di prepotenza, buca i muri e sfonda la porta come un carro armato, e tu ti trovi il nemico in cucina o in camera da letto; è ormai dentro la tua vita, il tuo cervello. Ed è difficile resistergli. Se qualcuno suona il campanello della porta di casa puoi difenderti: basta non aprire. Ma chi ti difende dal telefono?

Sergio Saviane
L'Espresso, 27 ottobre 1985

8.2 EXERCISES

Section A

Attempt these exercises before consulting the Explanations or the Select Vocabulary.

8.2.1 Gist Comprehension

(a) Ennio Flaiano was:

(i) a soldier, **(ii)** a writer, **(iii)** a photographer?

(b) Which of the following topics of telephone conversation is *not* mentioned?

(**i**) pets, (**ii**) holidays, (**iii**) weather, (**iv**) nappies, (**v**) cooking?

(c) What do hundreds of thousands of time-wasters do?
(d) Which of the following types of caller is not mentioned?

(**i**) a sales representative, (**ii**) a practical joker, (**iii**) a silly friend, (**iv**) someone to whom you owe money?

(e) Name one way that the telephone can rule our lives.
(f) What is the rare occurrence referred to in the last paragraph?

8.2.2 **Vocabulary in Context**
Write short sentence to show that you understand the meaning of the following phrases:

(a) la canarina vedova
(b) gli indovinelli televisivi
(c) la gente estranea
(d) un maniaco degli scherzi
(e) una telefonata interessata
(f) un carro armato

8.2.3 **Word Study**
Below are the dictionary definitions for some of the words in the passage. Use these definitions to make up a list of words. They may not occur in the same sequence as they do in the text.

(a) apparecchio di segnalazione messo all'entrata di una casa.
(b) la massa più voluminosa dell'encefalo contenuta nella cavità del cranio dei vertebrati, sede nel corpo delle sensazioni e principio dei movimenti volontari.
(c) piccolo stecco per togliere i frammenti di cibo rimasti tra i denti.
(d) chi si è introdotto in un luogo o in un ambiente in cui non dovrebbe essere.
(e) si dice di una persona che agisce senza riflettere.
(f) persona volgare, capace di fare del male.

8.3 EXPLANATIONS

8.3.1 Select Vocabulary

sparlare	to use bad language; to gossip to speak out of turn
il fotografo	photographer
accorgersi	to notice
lo stecchino	toothpick
il pannolino	nappy
il perditempo	waste of time
l'indovinello	riddle; quiz
il cialtrone	rogue; layabout
lo scherzo	joke; fun
di corsa	running
meravigliarsi	to be surprised, to marvel
di prepotenza	in a domineering manner
bucare	to make a hole in
sfondare	to smash down
il carro armato	tank
il nemico	enemy

8.3.2 Expressions and Idioms

che ingolfano i microfoni	who jam the switchboards
per chiedere canzonette agli	asking for record requests
sventati conduttori	from the mindless presenters
le 'Raffaelle'	a reference to Raffaella Carrà, one of the most famous female television personalities of recent years, – who has specialised in 'phone-in' programmes; her name is used here as a convenient tag for any female TV quiz show hostess
senza tener conto che	without considering the fact that
un maniaco degli scherzi	a practical joker (of the 'loony' variety!). A more colloquial word would be 'un mattacchione' or an even stronger term would be 'un rompiscatole'
data la confidenza	here not 'confidence' but 'familiarity' or 'friendship'; the

	word can also take on a negative sense: 'over-familiarity', e.g.
si è presa una confidenza	she has taken a liberty
non è detto che	that is not to say that; in all probability
una telefonata interessata	interested in the sense of self-interest – i.e., the caller has an ulterior motive

8.3.3 **Grammar**

(a) Direct and indirect object pronouns

There are several instances in this passage where the writer addresses the reader directly, e.g.:

Il telefono ti porta in casa qualsiasi intruso.

The telephone brings all sorts of intruder into your home.

Ti is an *indirect* object pronoun, the *direct* object of the verb being 'qualsiasi intruso'.
However, in the next example, *ti* is a *direct* object of the verb on which it depends since it is 'you' who receive the call:

ti chiama a mezzanotte	he calls you up at midnight

That sentence continues . . .

. . . per chiederti il numero telefonico di un altro.

Is *ti* a direct or indirect object pronoun here?

Indirect, because the sentence already has an object: il numero.
mi, *ti*, *ci* and *vi* can be either direct or indirect.
Things get a bit more complicated if you are using the formal 'Lei' form: *la* is direct, *le* is indirect:

La chiamerò al più presto.	I shall phone you as soon as I can.
Le chiedo scusa.	I beg your pardon.

(See also **Grammar Section G3.2.1.**)

(b) Indefinite pronouns and adjectives

1. *Qualcuno*: someone; somebody; anyone; anybody. This will be followed by the indicative in *affirmative* statements where no doubt or supposition exists:

qualcuno che ha sbagliato numero	someone who has a wrong number

But it will be followed by the verb in the subjunctive when there is doubt or speculation:

raramente qualcuno che ti porti in casa una buona notizia

rarely anybody bringing you good news (i.e. who might be the bearer of good news)

2. *qualcosa* or *qualche cosa:* something; anything. This follows a similar set of rules governing the verb. Note also the use of *di* with an adjective:

qualcosa di bello	something nice

And the use of *da* with an infinitive:

qualcosa da mangiare e da bere	something to eat and drink

3. *qualsiasi* or *qualunque:* these are indefinite adjectives, invariable – i.e., always used in the *singular*. They express a range of ideas such as: any, of some kind, of some sort, of any kind whatsoever, all sorts, etc.

qualsiasi intruso	all kinds of intruder

They have the same set of rules governing the use of indicative and subjunctive as the pronouns above:

Qualsiasi cosa ch'io dica, lui rifiuta di ascoltarmi.

Whatever I say, he refuses to listen to me.

Note the following:

in qualsiasi posto	anywhere
in qualsiasi momento	(at) anytime
in qualsiasi parte dell'Italia	anywhere (i.e., all over) in Italy

(c) Come se . . . as if

Come se will be followed by the verb in the *subjunctive*:

Si va a rispondere di corsa come se il suo fosse un ordine.

You rush to answer as if it were ordering you to do so.

(d) Translating 'such'

To express the idea 'such a', use the adjective *tale* with the *indefinite article*:

una tale abitudine	such a habit

And in the plural:

Tali situazioni non dovrebbero capitare.

Such situations should not occur.

Tale can also be used as an indefinite noun meaning 'a certain someone', 'an undefined person'. It can be either *male*, 'un tale', or *female*, 'una tale':

Me l'ha detto un tale che mi ha telefonato oggi.

I was told about it by someone who telephoned me today.

8.3.4 Communication Skills

(a) Using *già*

Già has a number of uses:

1. A simple adverb meaning 'already':

Te l'ho già detto mille volte!	I have already told you a thousand times!

2. Meaning 'ever since' in phrases such as:

Già da piccolo mi piaceva viaggiare.

I have enjoyed travelling ever since I was small.

3. It can also be an exclamation showing strong agreement with what has just been said:

È una sciocchezza, non ti pare?	It's madness, don't you think so?
Già!	Sure! Absolutely!

4. The use of *già* in the text is similar to this usage, since the writer is emphasising agreement with what he has just said himself and is taking the argument further:

Già, il telefono.

This simple phrase in Italian contains a complex idea along the lines: 'Yes, indeed, let's just consider that for a moment. What about the telephone?'

(b) Not to mention

Use *per non parlare di:*

Per non parlare di quelli che . . .	Not to mention those who . . .

8.5 EXERCISES

Section B

8.5.1 **Polite Forms**

Rewrite the following sentences substituting the polite form of the object pronoun – i.e., *la* – direct object *le* – indirect object, for the words shown as bold. You will have to change a verb, too, in one sentence:

(a) Il telefono **ti** porta in casa qualsiasi intruso.
(b) **Ti** chiama a mezzanotte per chieder**ti** il numero telefonico di un altro.
(c) È sempre una persona che chiede, quasi mai una persona che **ti** dà qualcosa.

(d) Raramente qualcuno che **ti** porti in casa una buona notizia.
(e) Magari **ti** domandano come stai.
(f) Chi **ti** difende dal telefono?

8.5.2 **Translation**

Translate the following sentences:

(a) Nowadays you can travel anywhere in the world at very little cost.
(b) We can watch television any evening of the week. Let's go out to the cinema instead.
(c) I would like to do something really nice.
(d) Shall we have something to drink?
(e) Somebody has parked a car right in front of ours.
(f) I am looking for somebody who might be able to translate this document.
(g) Any criticism you can make of my work will be very useful.
(h) Please show me something cheaper.
(i) They have announced that the train will arrive at any moment.
(j) If you need something, let me know.

8.5.3 **Expanding your vocabulary**

With the help of a good dictionary, build up a network of words and phrases based on and associated in meaning with the words below.

Figure 8.2 *Network based on root words*

An example for the word Telefono is provided to give you an idea of the scope of this exercise. It might help the organisation of the 'network' if you placed words based on the root word – adjectives, verb forms, nouns and adverbs, etc., – above the line and expressions and idioms below as in Figure 8.2:

Now attempt the same kind of thing for the words:

(a) la porta
(b) la cucina
(c) la fotografia
(d) la notizia

8.6 **NUMERO SBAGLIATO**

In the previous passage, Sergio Saviane mentioned those people who dial the wrong number but never think of acknowledging their error. Giovanni Mosca also, in his modern, tongue-in-cheek look at the niceties of social etiquette, wrote of the unpardonably rude behaviour of people who ring you up, realise, eventually, that they have called a wrong number but on no account apologise for the inconvenience caused. But not everyone who uses the telephone is impolite. Some, on the contrary are extremely courteous. Yet unusual conversations may develop out of a simple apology . . .

È vero che, anche tra le persone che sbagliano numero, ve ne sono, talvolta, di gentili:

– Le chiedo immensamente scusa. Mi dispiace d'averla disturbato.
– Prego, nessun disturbo.
– Non stava facendo niente d'importante?
– Niente, gliel'assicuro.

E qui le cose cominciano a ingarbugliarsi!

– Strano, io faccio sempre qualche cosa d'importante.
– E io no, le dispiace?
– Certo, mi dispiace per lei che non facendo mai nulla che sia degno di nota è, evidentemente, un essere inutile.
– Inutile sarà lei!
– Non me lo ha detto mai nessuno!
– Glielo dico io.

– Ma non potrà dirmelo un'altra volta perché io la denuncio.
– E come fa a denunciarmi se non sa chi sono? Basta ch'io metta giù il ricevitore, e lei non saprà mai nulla di me.
– Invece saprò perché il mio numero è sotto controllo.
– Individuo sospetto?
– No, personaggio in vista.
– Me ne infischio.
– Badi ch'è pericoloso infischiarsi di me.
– Le chiedo scusa.
– Così va bene.
– Sa, nell'eccitazione . . .
– Il caso è chiuso. Ho dimenticato tutto. Viva tranquillo.
– Grazie, mio benefattore.

Clic. Francamente, dispiace essere umiliati fino a questo punto, ma per fortuna eravamo soli in casa, non diremo nulla a nessuno, nemmeno ai nostri cari, e la cosa rimarrà un segreto.

Giovanni Mosca: *Il nuovo Galateo*
(Rizzoli, 1983)

8.7 EXPLANATIONS

8.7.1 Select Vocabulary

ingarbugliarsi	to get mixed up; to get confusing
degno di nota	worthy of note
un *e*ssere	a (human) being
denunciare	to report to the authorities; to expose

8.7.2 Expressions and Idioms

basta ch'io metta giù il ricevitore	all I have to do is to put down the receiver
sotto controllo	under surveillance; 'tapped'
person*a*ggio in vista	a VIP
Gr*a*zie, mio benefattore.	an exaggeratedly polite expression, for which an English equivalent might be: 'I am greatly indebted to you'

8.7.3 Grammar

(a) Pronoun combinations

When a direct and an indirect object pronoun occur together the final *'i'* of the indirect object pronouns *mi*, *ti*, *ci*, *vi*, changes to an 'e'.

This occurs both before the verb:

Non me lo ha detto mai nessuno.	no-one has ever said that to me.

And when the pronouns are tagged on the gerund or infinitive:

Ma non potrà dirmelo un'altra volta.

But you will not be able to say it to me a second time.

In other combinations, similar changes occur:

ve ne sono talvolta di gentili	there are sometimes polite ones
me ne infischio	I couldn't care less

The 3rd person indirect object pronouns *gli* and *le* both become *glie* and combine with direct object pronouns into a single word:

Niente, gliel'assicuro.	Nothing, I assure you.
Glielo dico io	(Well,) *I* am saying it to you.

(For a list of pronouns see **Grammar Section G3.4.**)

(b) The Future of irregular verbs

There are several verbs which use a contracted form of the infinitive upon which to build the future tense endings.

potere, *sapere*, and *rimanere* are three of them that occur in the conversation:

Lei non saprà mai nulla di me.

You will never know anything about me.

La cosa rimarrà un segreto.

The whole thing will remain a secret.

(For a list of irregular verbs in the future see **Grammar Section G6.3.7.**)

(c) Using *badare*

This verb has several uses.

1. Issuing a warning – to look out; to mind:

Badi ch'è pericoloso infischiarsi di me.

Be warned that it is dangerous to take no notice of me.

Notice these other constructions:

Badate allo scalino!	Watch out for the step!
Bada di non perdere il treno!	Mind you don't miss the train!

2. To look after; to take care of:

Chi bada ai bambini?	Who is looking after the children?

8.8 EXERCISES

8.8.1 Filling in Pronouns

Without looking back over the telephone conversation, rewrite the following extracts providing the correct pronouns for each gap:

(a) ________ chiedo immensamente scusa.
(b) ________ dispiace di aver ________ disturbato. Non stava facendo niente d'importante?
(c) Niente ________ assicuro.
(d) Strano, ________ faccio sempre qualche cosa d'importante.
(e) E ________ no, ________ dispiace?
(f) Certo, ________ dispiace per ________ che non facendo mai nulla che sia degno di nota è, evidentemente, un essere inutile.
(g) Inutile sarà ________!
(h) Non ________ ________ ha detto nessuno!
(i) ________ dico ________.
(j) Ma non potrà dir ________ un'altra volta perché io ________ denuncio.

8.8.2 **Come si dice?**

In the following situations which of the three suggested statements might you use? Attenzione! There may be *more than one appropriate response* in the options provided:

(a) You are at a shop cash-desk paying for a souvenir costing 50 000 lire. You hand over what you think are five 10 000 lire notes but the cashier notices a 5000 lire note among them. What is your likely reaction?

(i) Scusi, non me ne sono accorto.
(ii) L'assicuro che l'ho fatto apposta.
(iii) L'assicuro che me ne infischio.

(b) Someone has told you that you speak excellent Italian. You modestly reply:

(i) Grazie, non potrà dirmelo un'altra volta.
(ii) Grazie, non me lo ha detto mai nessuno prima.
(iii) Grazie, nessuno mi ha chiamato così prima.

(c) You want to apologise for being a nuisance:

(i) Le chiedo scusa del disturbo.
(ii) Mi dispiace di averlo sbagliato.
(iii) Mi dispiace di averla disturbato.

(d) You are asked by the camp-site receptionist how much longer you are planning to stay. Which statement would you use if you wanted to put off a decision?

(i) Domani sarà l'ultimo giorno delle mie vacanze.
(ii) Domani saprò quanto tempo mi rimane per le vacanze.
(iii) Rimarrò senz'altro fino a domani pomeriggio.

(e) You are issuing some sound advice to your Italian friend who has just arrived in England and plans to hire a car:

(i) Bada di tenere la sinistra.
(ii) Badi di tenere la sinistra.
(iii) Bada che si guida a sinistra.

(f) Your Italian friend rings up to invite you to dinner next Monday. You are delighted to accept because, frankly, Monday evenings are always a bit of a boring time for you.

(i) Il lunedì non faccio mai nulla d'interessante.
(ii) Lunedì farò qualcosa di più interessante.
(iii) Il lunedì è raro che io faccia qualcosa d'interessante.

(g) Your friend has been keeping some bad news from you. How might you show your surprise when she eventually lets you in on the secret?

(i) Mi meraviglio che tu non me l'abbia detto prima.
(ii) Mi meraviglio di non averlo saputo prima.
(iii) È meraviglioso che tu non me l'abbia detto prima.

8.9 **Il telefono: un collaboratore sempre pronto**

Read the two telephone cards setting out the special services provided by *SIP*, the Italian telephone company (Figures 8.3a and 8.3b). Then answer the questions below.

(a) SERVIZIO COMMERCIALE SIP
How much does it cost to dial this number?

(b) SVEGLIA
What is the Italian for 'a telephone subscriber'?

(c) ORA ESATTA
How do the Italians say '24 hours non-stop'?

(d) NOTIZIARIO DELLA NEVE
This service is not restricted to news of Italian resorts only. True or false?

Figure 8.3 *Telephone services*

il telefono un collaboratore sempre pronto

187 SERVIZIO COMMERCIALE SIP

È il servizio costituito per consentire a qualsiasi utente di chiedere per telefono tutte le informazioni e le operazioni di carattere commerciale. La chiamata al «187» è gratuita.

114 SVEGLIA

Consente agli abbonati telefonici di prenotare la sveglia per l'ora prescelta. Il servizio è completamente automatico in 48 località.
Consultare l'**avantielenco.**

161 ORA ESATTA

Primo servizio automatico, è attivo nell'intero territorio nazionale ventiquattro ore su ventiquattro. Fornisce ora e minuti primi.

162 NOTIZIARIO DELLA NEVE

Fornisce informazioni sullo stato della neve delle principali stazioni sciistiche italiane e di alcune degli Stati confinanti. Il servizio, oggi attivo a Torino, Milano e Bologna, sarà esteso alle principali località.
Consultare l'**avantielenco.**

190 ULTIME NOTIZIE RAI

Fornisce in 10 edizioni giornaliere feriali e 7 festive, notizie di politica interna ed estera, informazioni ed attualità. Oggi attivo in 80 località, ne è prevista l'ulteriore estensione.
Consultare l'**avantielenco.**

1911-1912 PREVISIONI METEOROLOGICHE

Le informazioni del «1911» sono oggi fornite in 34 località su base regionale. Per informazioni su base nazionale formare il «1912» che per ora è attivo in 9 località. Entrambi i servizi, regionale e nazionale, sono realizzati in 4 edizioni giornaliere e sono anche raggiungibili in teleselezione su specifiche numerazioni urbane.
Consultare l'**avantielenco.**

192 FARMACIE DI TURNO

FARMACIA

Per ciascuna zona della città fornisce gli orari e gli indirizzi della farmacia di turno. Il servizio, oggi attivo in 21 località, sarà esteso agli altri principali centri.
Consultare l'**avantielenco.**

il telefono un collaboratore sempre pronto

193-1 ROMA / 193-2 MILANO — BORSA

Fornisce, in varie edizioni giornaliere, le quotazioni di borsa delle azioni, dei titoli di Stato, delle obbligazioni, i cambi, ecc. Per chiamate da altri distretti formare (02) 6292 per Milano e (06) 6705 per Roma.
Consultare l'**avantielenco.**

194 — PERCORRIBILITÀ STRADE

Il servizio, oggi attivo in 38 località, fornisce su base regionale, con copertura dell'intero territorio nazionale, informazioni sul traffico e sulla viabilità.
Consultare l'**avantielenco.**

195 — OROSCOPO DI OGGI

Consente di ascoltare ogni giorno l'oroscopo relativo a tutti i segni zodiacali. Il servizio, oggi attivo a Trieste, Bologna, Napoli e Cagliari, sarà esteso alle principali località.
Consultare l'**avantielenco.**

196 — BOLLETTINO NAUTICO

Fornisce, su base nazionale, informazioni sullo stato del mare e sulle relative condizioni atmosferiche. Il servizio, oggi attivo in 32 località, è realizzato in 4 edizioni giornaliere ed è raggiungibile anche in teleselezione su specifiche numerazioni urbane. Consultare l'**avantielenco.**

197 — CHIAMATA URBANA URGENTE

Consente di inviare, in modo automatico, un messaggio di sollecito sulla linea dell'abbonato risultante occupato. Il servizio, oggi attivo a Bari, Cagliari, Catania, Firenze, Genova, Messina, Milano, Napoli, Palermo, Parma, Roma, Taranto, Torino, Trieste, Venezia e Verona, sarà esteso ad altre località. Consultare l'**avantielenco.**

198 — SPETTACOLI CINEMATOGRAFICI

Fornisce il titolo, l'orario del primo e dell'ultimo spettacolo e le prescrizioni di visione del film. Oggi attivo a Bari, Firenze, Genova, Padova, Venezia, Verona e Napoli (972972 per le prime visioni e 973973 per le altre visioni), sarà esteso ad altre località.
Consultare l'**avantielenco.**

199 — RICETTE DI CUCINA

Fornisce ogni giorno una diversa ricetta di cucina a carattere prevalentemente regionale (a Roma formare il «199-1»). Il servizio, oggi attivo in 28 località, è raggiungibile anche in teleselezione su specifiche numerazioni urbane. Consultare l'**avantielenco.**
A Roma è attivo anche il servizio Ricette di cucina dietetiche sulle numerazioni 199-2 nel distretto e (06) 5871 per chi chiama in teleselezione. Il servizio sarà esteso alle altre località principali.

SIP

83024 CELLOGRAF - SIMP S.p.A. - VIA MAFFUCCI 18 - MILANO

Source: SIP, Milan

(e) ULTIME NOTIZIE RAI
There are 'edizioni feriali' and 'edizioni festive'. What does this mean?

(f) PREVISIONI METEOROLOGICHE
Why are there two numbers given for this service?

(g) FARMACIE DI TURNO
What is the Italian for 'opening times' in this context?

(h) BORSA
As well as giving details of share prices, what other information can you obtain by dialling this number?

(i) PERCORRIBILITÀ STRADE
'Percorribilità' means, loosely translated, 'road conditions'. What other word is used to express this idea?

(j) OROSCOPO DI OGGI
What is promised for the future?

(k) BOLLETTINO NAUTICO
What do you understand by the word teleselezione?

(l) CHIAMATA URBANA URGENTE
Explain briefly the specific purpose of this service.

(m) SPETTACOLI CINEMATOGRAFICI
What do you think 'le prescrizioni di visione' might mean?

(n) RICETTE DI CUCINA
Every day a different recipe, but what do Romans get in addition?

8.10 INFORMIAMOCI: RADIO E TELEVISIONE

La RAI (Radio Audizioni Italiane) fu fondata nel 1924. L'ente di diffusione italiano divenne la RAI (Radio Televisione Italiana) il 3 gennaio 1954 con l'inaugurazione del servizio pubblico regolare di televisione che serviva il 36% della popolazione tramite un

Figure 8.4 *RAI advert*

Source: Radio Televisione Italiana

programma: la rete uno o primo canale, in bianco e nero. Il 1961 segnò l'introduzione della rete due o secondo canale, anch'esso in bianco e nero, aumentando così la diffusione del servizio al 52% della popolazione. La penisola si è, in effetti, unificata linguisticamente proprio e solamente attraverso l'introduzione della TV che, con la sua presenza in ogni casa, ha così colmato le lacune storicamente esistenti.

Nel 1972, dopo la scadenza della convenzione fra lo Stato e la RAI, l'ente si è tramutato da una società per azioni formalmente privata in una società per azioni ad interesse nazionale (RAI – Radio Televisione Italiana). La scelta degli indirizzi generali dell'azienda ed il controllo sui programmi spettano ad una commissione di quaranta Deputati e Senatori che rappresentano tutti i partiti parlamentari. Nel 1975 il Parlamento ha approvato l'introduzione della TV a colori. La terza rete (terzo canale) e ventun sedi regionali sono state introdotte nel 1979.

L'immediatezza del messaggio televisivo ha creato un enorme interesse per i mezzi di comunicazione coinvolgendo le masse. Tutto ciò ha dato luogo alla nascita di un fenomeno tendente a rompere il monopolio pubblico delle emissioni con l'introduzione già nel 1958 della TVL (televisione libera). L'esperimento fallì. Solo vent'anni dopo è stata dichiarata la legittimità delle stazioni radio-televisive via etere e a carattere privato e locale.

Negli ultimi anni il mondo della TV privata ha subito cambiamenti forse ancora più notevoli di quelli delle radio private. Attualmente esistono 3200 radio e 430 TV private (secondo dati emessi dalla RAI). Nel settembre del 1980 si è inaugurato Canale 5, il primo gennaio 1982 si è inaugurata Rete 4 e, nello stesso mese, Italia 1 che rappresentano le maggiori reti private. Lo sviluppo delle TV private ha portato con sé delle serie conseguenze istituzionali ed anche culturali. Il coinvolgimento con le reti private di gruppi politici, grandi gruppi finanziari e soprattutto di grandi agenzie pubblicitarie ha creato comunque una situazione paradossale in cui lo scopo originario della loro esistenza, cioè quello di dare una risposta adeguata alle esigenze regionali e locali, non è sempre stato realizzato.

La TV in Italia non è, inoltre, solo fenomeno pubblico e privato a livello nazionale: numerose sono le emissioni delle TV straniere in lingua italiana. Il nord d'Italia riceve programmi dalla TV svizzera, TV Montecarlo e TV Capodistria con notiziari, film, documentari, programmi di varietà e quiz – tutti in lingua italiana.

Nel 1987 gli italiani hanno avuto, per la prima volta, l'opportunità, anche svegliandosi molto presto, di accendere la televisione, e di gustare programmi di informazione e di attualità, insieme con il primo caffè della giornata. Ormai non differiscono veramente molto dalla popolazione degli Stati Uniti e di altri paesi europei.

8.11 EXPLANATIONS

8.11.1 Select Vocabulary

tr*a*mite	via; by means of
la scadenza	expiry
tramutarsi	to be transformed
spettare	to be the responsibility of
via *e*tere	on the air
il coinvolgimento	involvement
il notizi*a*rio	news bulletin

8.11.2 Expressions and Idioms

ha così colmato le lacune	it has filled up the gaps in this way
società per azioni (S.p.A)	a limited company
TVL Televisione Libera	Independent Television
ha subito cambiamenti	has undergone changes
adeguato alle esigenze	consistent with (in keeping with)
regionali e locali	regional and local needs)
TV Capod*i*stria	Istria is the region of Yugoslavia bordering on Italy that was Italian territory until the end of the Second World War

8.11.3 Grammar

(a) **Il passato remoto** – (the past definite or past historic tense) This tense is used to indicate an action, event or state in the past *without reference to the present*. It is now used mostly as a written tense, but you may hear it spoken in southern areas and possibly in Tuscany. It is the narrative tense of novels.

(For a list of some of the common regular and irregular verb forms see **Grammar Section G6.8.3.**)
Examples in the text:

La RAI *fu* fondata nel 1924	The RAI was founded in 1924.

L'ente di diffusione **divenne** la Radio Televisione Italiana il 3 gennaio 1954.

The broadcasting society became RAI TV on 3 January 1954.

Il 1961 **segnò** l'introduzione della rete due

1961 marked the introduction of the second channel.

8.12 EXERCISE: Writing about the past

Below are listed the main events in the history of the Italian radio and television service. Imagine you are a social historian living in the 21st century. Write a short account of the 'milestones' in the growth of Italian radio and television using the information provided below as a basis. You should use the *passato remoto* as your main tense. Try also to use some of the linking words from the passage, and others you have come across to help make your writing flow smoothly. Words such as the following may help:

così – dunque – cioè – inoltre

1924: fondazione della Radio Audizioni Italiane
1954: inaugurazione del servizio pubblico regolare di televisione
cambiamento del nome
1958: primo tentativo e fallimento dell'introduzione della TVL
1972: scadenza della convenzione fra lo Stato e la RAI
trasformazione da una società per azioni formalmente privata in una società per azioni ad interesse nazionale
1975: approvazione da parte del Parlamento dell'introduzione della TV a colori
1978: legalizzazione delle trasmissioni private
1979: introduzione della Terza Rete
creazione di ventun sedi regionali
1980: nascita di Canale 5

1982: lancio di Rete 4 e di Italia 1
1987: prima occasione per gli italiani di guardare la televisione all'ora della prima colazione

8.13 RADIO CENTRALE

Radio Centrale is a privately-owned radio station situated in Reggio Emilia in the north of Italy. Broadcasting on a number of wavebands, it guarantees that its news bulletins, sports reports, medical advice, pop music and publicity can be listened to with ease across the Po valley from Piacenza to Bologna and up into the Appennine chain of mountains in the Emilia–Romagna region.

radio centrale
98 mhz - 92,4 mhz - 91,9 mhz
91,4 mhz - 92,7 mhz - 95 mhz

Completing the Transcript
Listen to the two Radio Centrale adverts on the cassette. Try to complete the gaps in the transcripts. You may need to listen to them a few times before you catch every word. Hope you enjoy the music!

(a) CONAD ______________ la ______________ con ______________ straordinarie e tanti ______________ per te. In ______________ della 'Festa della ________', dal ventisette ______________ al sette marzo, per ______________ centomila lire di ______________, il tuo ______________ CONAD ti ______________ un ______________ foulard, mentre il sette ______________ per tutte le ______________ clienti ci ______________ una ______________ primula in tutti i supermercati CONAD di Reggio, Parma, ______________, Mantova e ______________. Oggi – più che ______________ – CONAD è con te, ogni giorno.

(b) Ci sono ______________ modi per proteggersi dagli ______________, ma ______________ l'UNIPOL ti dà la ______________ di una protezione ________. Con una ______________ di proposte assicurative

Figure 8.5 *Italian periodicals and daily papers*

STAMPA

Reagan: sulle monete

tutto dove

il Giornale
del lunedì

Colpo di mano dei fedeli di Marcos ma i militari non appoggiano i ribelli

Il giovanissimo Becker riconquista Wimbledon

Tra dramma

Washington conferma: siamo con la Aquino

IL MATTINO

Raddrizzato dopo un mese

In Senato l'ultimo atto

CORRIERE DELLA SERA

LO SCIALO VERDE

De Mita: basta, votiamo

Tragica morte di Primo Levi
Racconto l'orrore dei Lager

La Gazzetta dello Sport

ROMA Tutti i retroscena della farsesca truffa e dei 100 milioni per comprare un arbitro

Bidonato dai pataccari

________________ per la tua ________________ ________________ e quella degli ________________. La ________________ volta che sali in ________________, pensaci. UNIPOL – Assicurazione – Protetti dalla più ________________ copertura.

8.14 INFORMIAMOCI: LA STAMPA

La stampa italiana è caratterizzata da una grande varietà di pubblicazioni – circa un'ottantina di quotidiani e circa seimila fra settimanali e mensili.

Tra i quotidiani a circolazione nazionale alcuni sono specificamente sovvenzionati da partiti politici: *L'Avanti, L'Unità, Il Popolo*. Altri sono controllati da gruppi privati: *Corriere della Sera, La Stampa, La Repubblica*. Giornali regionali e locali sono altrettanto numerosi e di ottima qualità. All'interno del quotidiano la 'terza pagina' è la pagina culturale per eccellenza. Consiste di articoli e commenti di eminenti studiosi e critici.

Settimanali e mensili sono anche chiamati riviste illustrate; variano in qualità con esempi di pubblicazioni principalmente a fondo scandalistico, peraltro ad enorme circolazione, come *Novella 2000, Stop*, e altre ad alto livello informativo culturale come *L'Espresso, Panorama, Europeo*, e *Domenica del Corriere*. La stampa femminile è anch'essa in continua crescita anche se talvolta criticata, per via del fatto che sembra non concentrarsi troppo profondamente sui numerosi problemi femminili del momento. *Amica, Grazia* e *Annabella* sono i titoli principali.

Per i giornali locali o regionali bisogna fare un discorso a parte. Fra i quotidiani essi sono di gran lunga i più popolari e perciò a grande tiratura. Riflettono, forse solo in parte, una certa componente 'campanilistica' tipicamente italiana e intrinsicamente legata alla storia della penisola; sta di fatto che dedicano le loro pagine non solo alle notizie locali e regionali (che d'altro canto vengono trattate anche nei quotidiani nazionali) ma anche, estesamente, alle notizie nazionali ed internazionali. Il giornale locale più venduto è indubbiamente *Il Resto del Carlino* di Bologna con una tiratura media di circa 80,000 copie, seguito dal *Mattino* di Napoli ed altri.

Le pagine dello sport sono anch'esse un elemento importante dei quotidiani particolarmente nell'edizione del lunedì e durante il campionato di calcio. Lo sport è comunque rappresentato a tutti i suoi livelli e in dettagli, con articoli, cronache e commenti di esperti sportivi da un quotidiano nazionale – *La Gazzetta dello Sport* con una tiratura di 600.000 copie.

8.15 COMPREHENSION

Read through the passage *only once*. Then attempt to answer these questions:

(a) What kind of feature is often found on page 3?
(b) Why are some women's magazines criticised?
(c) What kind of news coverage do the regional papers give?
(d) What is special about the Monday editions?
(e) How often is the *Gazzetta dello Sport* published?

8.16 EXPLANATIONS

8.16.1 Select Vocabulary

sovvenzionare	to subsidise
altrettanto	to some degree; just as
a fondo scandal*i*stico	based on scandal
di gran lunga	by far
la tiratura	circulation

8.16.2 Word Study

(a) Types of publication
Quotidiano is essentially an adjective meaning 'daily'. However, un giornale quotidiano – a daily newspaper – is a bit of a mouthful (in both languages) so the adjectives have taken on the noun usage. Hence un quotidiano = a daily.

A similar semantic shift has taken place with the words:

un settimanale – (a) weekly
un mensile – (a) monthly

(b) *Il campanilismo*
This has now come to mean any kind of over-preoccupation with local events or excessive affection for the place of one's birth.

Figure 8.6 *Choosing an Italian headline*

ALTAN

The idea has its roots in the word *campanile* (bell-tower) (see Illus. 8.1). This building is so often the dominant feature and the most impressive building of Italian villages and towns. The word also conveys a sense of strong rivalry between neighbouring areas which stems, possibly, from the keen competition between villages over the quality of the bells and bell-ringing.

illus. 8.1 *The campanile*

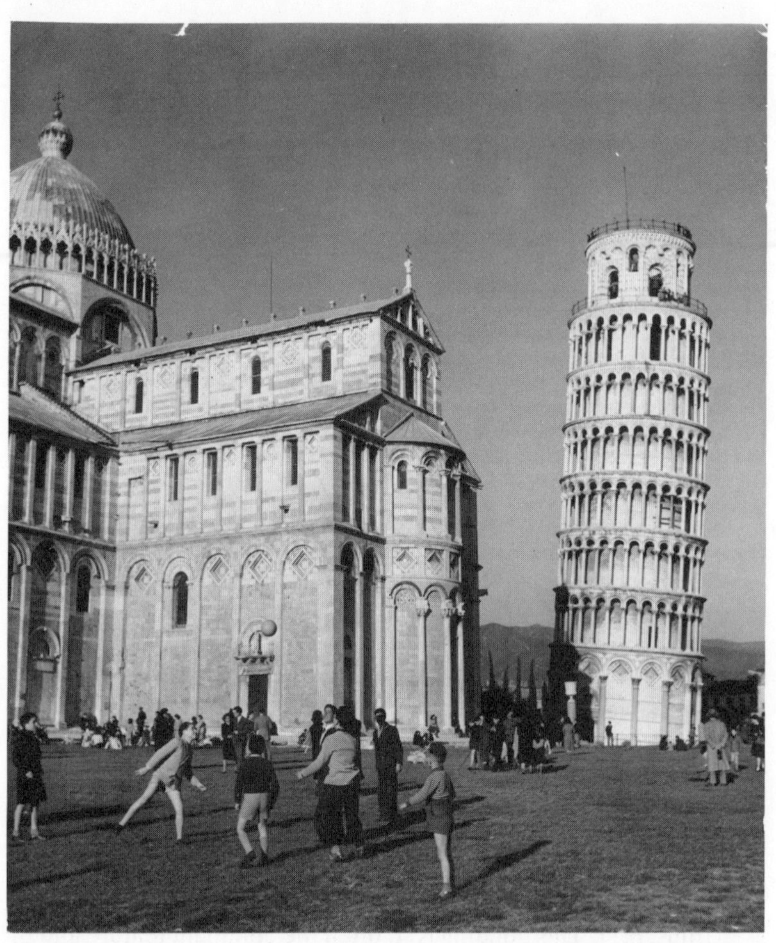

L'ITALIA: LINGUA E CULTURA

1 LA LINGUA ITALIANA

In the mid-1970s a large-scale sociolinguistic survey conducted across all areas of the Republic of Italy revealed that as much as one-third of the population was not altogether at home speaking in Italian. A decade or so later, that proportion will probably have decreased through normal processes of education and the all-pervasive presence of the mass media, but there are still vast areas of Italy where the local dialect rather than 'Italian' is the first language of the home and the street.

It must be remembered that Italy has been a unified state for only a little over one hundred years. The Italian language which was adopted as the national language at that time was, to all intents and purposes, a Tuscan dialect which had earned for itself the reputation of being the purest form of the language thanks to the influence, through the ages, of that region's writers, scholars and politicians. Even the great Milanese novelist Manzoni, who was proud of his Lombard roots, considered it necessary, in order to improve the language of his *chef d'oeuvre I promessi sposi*, to spend some years in Florence and, in his words: 'risciacquare i suoi panni in Arno' (rinse his clothes in the River *Arno*). In his several publications on the topic of 'La questione della lingua', written during the first half of the eighteenth century, he concluded that the adoption of one language, as opposed to numerous dialect forms, was an essential step towards the unification of the country. He urged that everyone should adopt 'il fiorentino parlato dalle persone colte' – the Florentine dialect spoken by cultured people. (An extract from *I promessi sposi* is included in Chapter 10.)

To a great extent Manzoni's exhortation has been heeded. The language of the press, television and radio is relatively free of strong regional accents and spellings. There is, however, considerable pressure on the language from outside the confines of Italy as the international world of pop-culture, fashion, business, commerce, technology, to name a few, transform – and some would say spoil – the purity and beauty of the Italian tongue.

But what *is* the Italian language of today? Two British-based academics who have made this the main focus of their research in recent years provide at least some answers for us in their book *The Italian Language* (available in English and Italian versions). In this extract, however, they concentrate on dialects, their differences and their status in modern society.

9.1 **L'ITALIANO D'OGGI**

'L'italiano d'oggi' che cos'è? A voler essere molto 'scientifico' e fornire una risposta basata su osservazioni empiriche e verificabili, ci si scontrerebbe con notevoli difficoltà. Supponendo di partire da zero, di avvicinarsi ai fatti senza nessuna informazione preliminare e di mettersi ad ascoltare quello che la gente dice entro i confini della repubblica italiana, ci si troverebbe di fronte a una straordinaria varietà di idiomi che sarebbe impossibile ricondurre a un'unica lingua (l'italiano). Estendendo la ricerca ad altre zone si scoprirebbe che alcuni di questi idiomi sono anche usati da larghe comunità in altre parti del mondo, dall'Australia alle due Americhe, e in paesi europei come la Francia, la Svizzera, la Germania, il Belgio.

Ci riferiamo, ovviamente, non alle parlate delle cosiddette 'minoranze linguistiche' nel territorio italiano (che usano per esempio il tedesco in Alto Adige, e l'albanese o il greco in certe zone dell'Italia meridionale) ma ai dialetti diversi usati in Italia e nelle grosse comunità di emigrati italiani all'estero . . .

Quando si parla di dialetti italiani non ci si riferisce a diverse varietà di italiano: i dialetti italiani differiscono fra loro, e dalla lingua nazionale, tanto che quelli che parlano dialetti diversi possono non essere in grado di capirsi reciprocamente. I dialetti possono differire l'uno dall'altro tanto quanto il francese differisce dallo spagnolo, o il portoghese dal romeno, o addirittura l'italiano dall'inglese. L'effetto iniziale di estraneità, di lingua straniera e incomprensibile, può essere lo stesso. La situazione è ovviamente diversa, se non altro perché, con i dialetti italiani, che derivano dal latino e hanno avuto contatti culturali con l'italiano letterario nel corso dei secoli, è tanto più facile che si stabilisca una base di comprensione reciproca, che si identifichino regole di corrispondenza, e che cominci un processo di traduzione e di apprendimento del dialetto altrui.

I dialetti in Italia si usano molto più comunemente e differiscono fra loro, e dalla lingua nazionale, molto più radicalmente di quanto facciano i dialetti in Inghilterra. Anche per quanto riguarda l'aspetto sociale, la situazione è diversa in Italia; ovviamente anche qui la gente può essere caratterizzata socialmente dal modo in cui parla, ma è piuttosto una questione del 'modo' in cui si parla, che una questione di accenti e dialetti. Per l'accento, si può dire che tutti, in Italia, parlano con un loro accento 'regionale'; parlare 'senz'accento' (cioè con un sistema fonologico toscano, depauperato di certe sue caratteristiche) è un'affettazione da 'scuola di recitazione' piuttosto che un segno socialmente caratterizzante. Quanto alla distinzione fra l'italiano e dialetto, essa non ha una correlazione uniforme con la gerarchia sociale, poiché, sebbene l'ignoranza dell'italiano sia limitata al fondo della scala, l'uso del dialetto non lo è, e scavalca le divisioni in classi. Resta però vero che l'italiano è inevitabilmente associato alla parte alta della scala, e il dialetto a quella bassa, e che il tentativo di salire dal basso verso l'alto è spesso accompagnato dall'abbandono del dialetto e dall'adozione dell'italiano.

Anna Laura Lepschy and Giulio Lepschy: *La lingua italiana* (Fabbri-Bompiani, 1981)

9.2 EXERCISES

Section A

Attempt these exercises *before* looking at the Explanations or the Select Vocabulary.

9.2.1 Comprehension

Which of the following statements could be said to represent ideas to be found in the passage – and which do not? If they do not, explain briefly why not:

(a) Adopting a scientific approach to the study of the Italian language would present great difficulties.

(b) Some Italians speaking different dialects would not be able to understand each other.

(c) English differs from Italian more than French differs from Spanish.
(d) Greek is one of the minority languages spoken in Italy.
(e) It is extremely difficult for Italians to understand each other's dialects.
(f) To speak without a regional accent is considered to be rather artificial.
(g) Everyone in Italy considers it better to retain the ability to speak a dialect.
(h) People from all sectors of society can be found speaking in dialect.

9.2.2 **Word Study 1**

(a) Next to the list of the countries below write down the national language. All but one are to found in the passage.

L'Albania
Il Belgio
La Francia
La Germania
La Grecia
L'Inghilterra
L'Italia
Il Portogallo
La Romania
La Spagna

(b) Which other language is mentioned?
(c) With the aid of a good dictionary, continue making a list of countries, with the appropriate definite article, and find also the national adjective for the people of the country and the main language or languages spoken.

9.2.3 **Word Study 2**

Find in the text Italian equivalents for the following English phrases:

(a) you would run into serious difficulties
(b) broadening the enquiry
(c) just as much as
(d) if for no other reason because
(e) over the centuries
(f) at the bottom end of the ladder
(g) from the bottom to the top

9.3 EXPLANATIONS

9.3.1 Select Vocabulary

scontrarsi	to encounter; to come up against
un idioma (plur: idiomi)	language, tongue
la parlata	dialect, accent
cosiddetto	so-called
l'estraneità	strangeness
l'apprendimento	learning
altrui	of others
depauperato	impoverished
l'affettazione	artificiality, affectation
la gerarchia	hierarchy
scavalcare	to stride; to jump over

9.3.2 Grammar

(a) More verbs with dependent infinitives

1. *Supporre* – to suppose will be followed by *di* before another verb. The preposition must be repeated *before each new verb*:

supponendo di partire da zero, di avvicinarsi ai fatti . . . e di mettersi ad ascoltare . . .

Supposing we started from nothing, approached the facts . . . and set ourselves the task of listening . . .

Note that mettersi requires *a* before the dependent infinitive.
2. Many impersonal verbs (and certainly the pattern essere + adjective) will require *no* preposition before the dependent infinitive:

sarebbe impossibile ricondurre ad un'unica lingua

it would be impossible to reduce to a single language

9.4 EXERCISE: RETRANSLATION

You will always run into difficulty if you believe that you can supply a simple scientific definition for the Italian language. There exists an amazing variety of dialects spoken within the confines of the Italian Republic. Of course, some of these same dialects are also used in other parts of the world by the many communities who have emigrated over the years. These dialects are not like those found in England, for example, because they differ from one another enormously. Indeed it is quite likely for one Italian from the north of the country to be incapable of understanding a southerner. In Britain, the sound system may be different and some words may not be exactly the same – but it is essentially the same language that is being spoken in the north and the south of the country. This is certainly not the case in Italy. As regards the pronunciation of Italian, everyone has, more or less, a regional accent. There are still people who know only a little Italian but the tendency to abandon dialect and to adopt Italian is a common characteristic of modern society.

9.5 CORSI DI LINGUA E CULTURA IN ITALIA

The TINA advertisement in Figure 9.1 provides some useful vocabulary and phrases relating to language learning and teaching. It can also act as a basis for the kind of information the serious language learner might wish to find out before applying to a course for foreigners in Italy. It will also give you practice in reading the small print!

9.5.1 Identifying Terms

Read the advert carefully and identify the following terms:

(a) extracurricular activities
(b) modular programmes
(c) text books
(d) fees
(e) beginners' level
(f) for special purposes
(g) booking
(h) accommodation
(i) specialist teachers
(j) the teaching of Italian as a foreign language
(k) communicative language structures
(l) debates and lectures
(m) the interests of individual participants
(n) down payment
(o) balance
(p) half board

Figure 9.1 *Teaching Italian by new approaches*

Corsi di lingua e cultura
italiana per stranieri

Foto E.P.T. - Roma

CORSO RESIDENZIALE

6 lezioni al giorno - per 2 settimane - dal lunedì al venerdì - attività extracurriculari

CORSI	Gen.	Feb.	Mar.	Lug.	Ago.	Nov.
	12	2	2	6	17	9

CORSI NON RESIDENZIALI

Corso blu Lit. 420.000 : 4 lezioni al giorno - per 3 settimane - dal lunedì al venerdì - attività extracurriculari
Inizio corsi: primo lunedì del mese

Corso rosso Lit. 440.000 : 6 lezioni al giorno - per 2 settimane - dal lunedì al venerdì - attività extracurriculari
Inizio corsi: primo lunedì del mese

Corso verde Lit. 360.000 : 6 lezioni alla settimana - per 10 settimane

Lezioni individuali (carnet di 20 lezioni) Lit. 500.000

Le quote comprendono

• corso di italiano • libri di testo e materiale scolastico

Programmi modulari
Letteratura, storia dell'arte, musica, moda, turismo.
Dieci lezioni per cominciare a conoscere particolari aspetti di vita e cultura italiana.

10 lezioni: Lit. 150.000

Corso primi passi - Livello iniziale
3 lezioni al giorno - per 2 settimane - dal lunedì al venerdì - attività extracurriculari
30 lezioni: Lit. 180.000

Programmi ad hoc
• *Speciali programmi possono essere elaborati per corsi di livello avanzato e per fini specifici.*

Informazioni e prenotazioni:

T.I.N.A. Via dell'Assietta, 2
00141 Roma - Tel. (06) 8185678

La sistemazione

I corsi si svolgono presso l'Hotel Y.M.C.A., a due passi dalla stazione Termini, nel centro della città di Roma.

Quota di partecipazione
Lit. 830.000

La quota comprende

- corso di italiano
- libri di testo e materiale scolastico
- trasferimento Air Terminal - albergo e viceversa
- sistemazione in albergo
- trattamento di mezza pensione.

I corsi

I corsi prevedono un totale di 60 lezioni di 45 minuti.
I docenti sono specializzati nell'insegnamento della lingua italiana a stranieri.
Le metodologie adottate vengono costantemente aggiornate e permettono agli studenti di acquisire con rapidità le strutture comunicative della lingua, con attività esercitative individualizzate.

Ogni corso viene attivato con un minimo di quattro partecipanti

Attività extracurriculari

• *Attività culturali: dibattiti, proiezioni* • *Incontri con operatori economici italiani* • *Attività e incontri svilupperanno tematiche già svolte in classe e terranno conto degli interessi dei singoli partecipanti* • *Conferenze*

Alloggio a partire da Lit. 15.000 a persona per notte.

Pagamento

Acconto: **Lit. 300.000**
30 giorni prima dell'inizio del corso prescelto.
Da versare a T.I.N.A. c/c 3971090/01/01
BANCA COMMERCIALE ITALIANA
ROMA - ITALIA

Saldo: **all'arrivo**

Source: Tina, Rome

9.5.2 **Communication Skills: Formal Letter-Writing**

Now write a letter to the imaginary organisation, the address of which is given below. This is a private school in Turin offering courses in Italian language during the summer. Base your letter on the set of information and the list of enquiries provided. Your letter should be addressed to:

Spettabile Direzione, Scuola di Lingue Moderne, via Garibaldi, 22, Torino.

Use the formal *Lei* form when necessary. End your letter with the following formula:

'RingraziandoLa della Sua cortese attenzione. Distinti saluti'

(a) Explain that you have been given the address of the school by a friend living in that part of Italy.
(b) You would be grateful if they could send you a brochure (un opuscolo) describing the courses on offer.
(c) However, you hope that the following precise information will be contained in their reply:
The total course fee and what it does and does not include – e.g., course materials, text-books, etc.
Whether a deposit is necessary and how much.
Whether there are any extracurricular activities organised.
How long lessons last, and how many there are.
Whether there is a course available for your partner who is an absolute beginner in Italian.
Whether they anticipate organising courses in Italian for special purposes.
The approximate cost of half-board accommodation.
Who the teachers are – i.e., are they trained especially to teach Italian as a foreign language?
The average size of the classes.
Whether help is provided by them for travel from the airport.

(You may tackle these items in any order.)

9.6 A CASE OF 'FRITALINGLESE'?

This passage, written at the end of 1984, describes what fashion-conscious people should be wearing in the new year. Out of a total of

220 words, no fewer than 64 are 'foreign'. Perhaps this is to be expected in such a sphere as the international fashion business where language barriers are broken down by the use of jargon that everyone involved seems to subscribe to and understand. Some of the foreign words in the text are direct borrowings: 'blazer', 'team', 'handmade', 'patches', for example, and others such as 'look' and 'feeling' now enjoy widespread usage in Italian in a range of contexts with virtually all the subtle nuance of meaning to be found in the source language. Other words suffer contractions: 'pull' for pullover, 'boxer' for boxer shorts. For those who are grammatically inclined, it is interesting to note the way the adjectival use of the words 'navy', 'army', 'casual' and 'country' have caused them to be placed *after* rather than before the noun they describe. Have fun working out the precise meaning. You may need a French as well as an Italian dictionary – unless, of course, you happen to be a fashion designer yourself!

MADE IN ITALY

'Per ottenere il nuovo look, per ispirare un feeling di moda giovane, non è sbagliato abbandonare lo stile casual per recuperare capi bon ton, via il bomber e su la longuette, sia maxidecolleté il top di paillettes da sera, di strass la blouse sul total nero, a sexissime squame il tubetto attillato, rosa pink e ultrashocking la camicia di raso lavorata gaufre. E poi il blazer infuria, l'intramontabile blazer che nelle ore del giorno si incontra in panno blu navy o verde army o in lana tweed effetto handmade. E sotto il blazer corti bermuda e boxer. E il pull? Tutti i tipi di pull, sia ben chiaro, minipull, maxipull e anche pull tunica, da portare su camicia chambray con scialle tartan posto su una spalla, e non importa la griffe interna, che di solito rappresenta un prestigioso team di stilisti, perché si può anche inventare tutto, un mélange ton sur ton, oppure chiné, in cashwool extrafine e coloriture mélange e chantecler, alle volte round neck e quasi sempre oversize. Oversize è quasi tutto: lo spolverino extralong in cashmere nero, l'overjacket di suede con ampi revers, e, why not?, il mariner di città in panno waterproof, la giacca con i taschini a patches per il look country . . . '

Così la nostra stampa a proposito della moda italiana, cioè – l'italian style.

Camilla Cederna
Panorama, 17 dicembre 1984

9.7 IL NUOVO GALATEO

In 1558, a certain Monsignor Giovanni Della Casa decided that Italian society could benefit from a comprehensive guide to good social behaviour. He set down his advice for the aristocracy in a text that was published under the title of *Il Galateo*. Of course customs change with the passing of time. But Italy had to wait over four hundred years before the need for an updated version of this vitally important manual of social etiquette was recognised a few years ago by another Giovanni. Giovanni Mosca, a writer whose humorous works have delighted Italian readers for many years, provides modern Italy with a satirical critique of modern manners. Written in a style which wittily imitates that of its Renaissance precursor, *Il nuovo Galateo*, in the words of its author is aimed: 'a chi voglia vivere gli ultimi anni del ventesimo secolo senza commettere gravi errori'. In this extract Mosca directs our attention to a linguistic problem that speakers of English do not have to encounter – when to shift from using polite forms of address (the 'lei' form in Italian) to using the more familiar 'tu'.

DARE DEL TU

Se sia lecito a un giovane dare del tu, non richiesto, ad un vecchio o a una persona eminente è un discorso che poteva valido fino a trenta, quarant'anni fa, quando ancora era buona regola 'mantener le distanze' tra persone di diversa età e di diverso merito, senza dire che, usato con pochi, il tu conservava il suo significato d'amore e d'affetto trascendenti il merito e l'età.

Non c'è bisogno il riandare oltre il secolo scorso per trovare nei giovani che davano del lei al padre e al nonno la prevalenza del rispetto sull'amore, prevalenza puramente formale perché si trattava d'un lei non meno affettuoso d'un tu.

I tempi hanno camminato e la civiltà di massa, scoprendo l'antisocialità dei meriti e il ridicolo del rispetto ai capelli bianchi (ridicolo scoperto dai vecchi stessi, i quali se li tingono) ha pressoché abolito il lei e generalizzato l'uso del tu, il quale, ristretto un tempo a piccoli gruppi familiari o di categoria, ha ormai sommerso la cosiddetta gerarchia dei valori.

Dare del tu si dice in francese 'tutoyer' e in castigliano 'tutear'. C'è chi, per imitazione ha proposto un italiano 'tuteggiare', e si

illus. 9.1 *Old men at Sorrento*

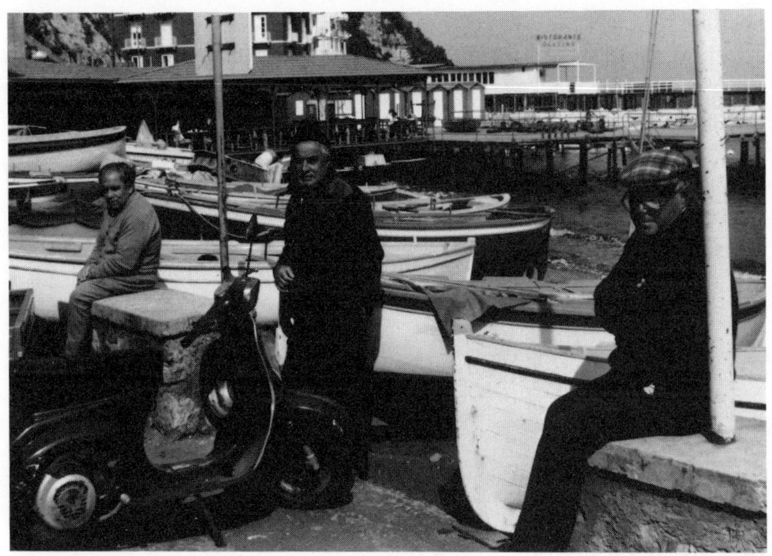

sa che i neologismi più sono brutti e deturpanti la lingua e più hanno probabilità d'affermarsi. Affrettiamoci perciò ad usarlo e diciamo che è sparita la figura del vecchio il quale, per simpatia o per stima, invitava il giovane a tuteggiarlo, così com'è sparita quella del giovane che, autorizzato a tuteggiare un vecchio, quasi non ci riesce, soffocato com'è, nello stesso tempo, dalla felicità e dalla timidezza.

Questo un tempo avveniva perché il mondo girava intorno ai vecchi. Ora gira intorno ai giovani. Fatti scendere dal loro piedistallo, i vecchi vivono confinati in un angolo, ciascuno sognando che un giovane, giudicandolo non ancora da buttar via completamente, lo autorizzi a dargli del tu, e s'è dato più volte il caso che, soffocato dalla soverchia felicità, il vecchio non sia sopravvissuto.

Giovanni Mosca: *Il nuovo Galateo*
(Rizzoli, 1980)

9.8 EXERCISES

Section A

Attempt these exercises *before* consulting the Explanations.

9.8.1 Comprehension

(a) Give two reasons why the use of *lei* or *tu* was still a matter of some discussion thirty or forty years ago.
(b) What was the custom in families last century?
(c) What is the ridiculous discovery that Mosca mentions?
(d) What two facets of social interaction have disappeared?
(e) What, according to Mosca, is every old person's dream?
(f) What is the risk involved in realising this dream?

9.8.2 Word Study

Find and make a note of the past participles that derive from the following verbs:

(a) richiedere
(b) camminare
(c) abolire
(d) restringere
(e) sommergere
(f) proporre
(g) sparire
(h) sopravvivere

9.9 EXPLANATIONS

9.9.1 Select Vocabulary

l*e*cito	allowed, legal
il significato	meaning
trascendente	going beyond
riandare	to think back; to recall
la prevalenza	supremacy
t*i*ngere	to dye
pressoché	nearly, virtually
ristretto	restricted
il neologismo	new word
deturpante	disfiguring, deforming

la stima	esteem, respect
soverchio	excessive
sopravvivere	to survive

9.9.2 Expressions and Idioms

senza dire che	not to mention the fact that
i tempi hanno camminato	times have gone on apace
quasi non ci riesce	almost does not manage it
non ancora da buttar via completamente	not entirely reduced to the scrap-heap
s'è dato più volte il caso che	there have often been cases when

9.9.3 Communication Skills

(a) When to use the *tu*, *lei* and *voi* forms

tu is the familiar form of address. It is generally used among members of the family, friends, close colleagues at work or with those with whom you come into regular contact on an informal basis. Adults address children with *tu*.

lei (now usually written without a capital except in formal letters) is the polite way to address individuals whom you do not know well or with whom you come into contact in a formal setting. Children address adults, other than members of their family, with *lei*.

voi is the all-embracing collective plural form, for formal and informal settings. In some parts of Southern Italy, however, it is still used as a polite singular form.

Loro as a polite plural 'you' is used only rarely now in very formal settings. It may also be seen in formal business letters.

(b) Asking for the meaning of things

Use the word *il significato* – the meaning, in a question.

Qual'è il significato di 'prevalenza'?

What is the meaning of '*prevalenza*'?

Or the verb *significare*:

Cosa significa 'prevalenza'?

(c) Making suggestions
When involving yourself in the proposal, use the 1st person plural of the present tense (the *noi* form):

Affrettiamoci perciò ad usarlo e diciamo che . . .

Let's not waste any time in using it and let's say that . . .

9.9.4 **Style**
One of the many debts that modern Italian owes to its Latin origins is the way in which *past participles* can so economically replace whole verb forms and the range of meanings that these can convey. The Mosca text provides several instances where we can see this in action: *usato con pochi* in the first paragraph could be translated, depending on one's interpretation, by:

'when its use was limited to a few people'
'because it was used by only a few people'

The *gerund* also tends to be preferred to a complete clause: 'scoprendo l'antisocialità dei meriti' is a very concise way of expressing an idea such as 'now that it is discovering the extent to which awarding merit is an antisocial practice'. Participial phrases have, themselves, the merit of conveying complex ideas in few words but, following the stylistic habits of their forbears, Italian writers tend to string them together, thus creating some very long sentences! Giovanni Mosca is no exception.

9.10 EXERCISES

Section B

9.10.1 **Participial Phrases**
Make a list of the participial phrases in the text that correspond to the English translations below:

(a) which has not been asked for
(b) which was discovered by old people themselves
(c) on the occasions when he is authorised to use the 'tu' form
(d) because he finds himself quite choked
(e) now that they have been removed from their pedestal
(f) choked by an overwhelming sense of happiness

9.10.2 **Using Participial Phrases**

Rewrite the following sentences replacing the words shown in **bold** type with a participial phrase.

You are advised to re-read the first passage in this chapter before tackling this exercise:

(a) **Se supponessimo che fosse possibile partire da zero**, ci troveremmo subito di fronte ad una situazione difficilissima.
(b) **Quando si estende la ricerca linguistica ad altre zone d'Italia**, si scoprono differenze enormi.
(c) **Siccome l'italiano deriva dal latino**, la lingua moderna dimostra molte somiglianze con quella antica.
(d) **Dopo che il dialetto viene abbandonato**, la gente crede di essere più in alto sulla scala sociale.
(e) **Se si accetta la differenza nell'uso del lei e del tu**, diviene chiaro che è molto più facile oggi conversare con gente di qualsiasi età.
(f) **Se identifichiamo le regole di corrispondenza tra l'italiano e l'inglese**, l'apprendimento della lingua diventa molto più semplice.
(g) **Ora che l'uso del tu è diventato generale**, è facile che i vecchi si sentano un po' confusi.

2 LA CULTURA ITALIANA

9.11 INFORMIAMOCI: IL CINEMA ITALIANO

L'industria cinematografica italiana fu fondata nel 1913. Nel 1930 all'introduzione del sonoro con il film '*La canzone dell'amore*' di Gennaro Righelli, soggetto di Luigi Pirandello, l'industria era ancora nella sua infanzia. Durante gli anni del Fascismo non si limitò, comunque, a registrare un certo tipo di propaganda incoraggiata dal regime. Dimostrò, invece, enormi e svariate capacità, una ricchezza ed un pluralismo di ispirazioni innovatrici come, ad esempio, il 'documentarismo', ossia una forma di aderenza alla realtà, intrisa di profonda umanità e di rispetto per la poetica che fu meglio rappresentato da registi come Mario Camerini, Romolo Marcellini, Gianni Franciolini ed i giovani Alessandro Blasetti, Vittorio De Sica, Luchino Visconti.

Figure 9.2 *Italian cinema*

Bisogna aggiungere che subito dopo la caduta del Fascismo l'industria conobbe uno sviluppo rapido e stimolante che sfociò e diede vita al Neorealismo. Il cinema italiano assunse così una posizione 'guida' nella storia della cinematografia mondiale. Sono innegabili i valori artistici delle opere dei 'grandi maestri'; registi come Vittorio De Sica, Roberto Rossellini, Luchino Visconti, Michelangelo Antonioni, Federico Fellini, Pier Paolo Pasolini e molti altri. Il significato e l'importanza artistici, sociali e culturali del cinema italiano favorirono dunque la crescita di una florida industria con base a Cinecittà, a Roma, che guadagnò una solida reputazione sia in Italia che all'estero.

Il cinema in Italia si è mosso con la stessa sorprendente velocità con cui è avanzata la società italiana dagli anni del dopoguerra in poi; ne ha registrato l'andamento, il costume, i mutamenti, con uno stile tutto particolare, non sgombro di una certa dose di drammaticità, intensità e spesso, perché no? – comicità. Anche la risata più aperta si vela, comunque, di volta in volta, di un tocco d'amarezza, riflessione a testimoniare che gli italiani non sono necessariamente e sempre un popolo perennemente impegnato ad essere . . . felice, ma al contrario, un popolo all'incessante ricerca, a volte penosa, delle proprie componenti e della propria identità.

Dall'avvento della televisione, l'industria cinematografica ha cominciato a subire una contrazione simile e quella manifestata in altri paesi del mondo. Oggi si trova decisamente in un periodo di transizione in cui una crescente collaborazione con la TV assume un'importanza sempre più grande. Alcuni registi, i fratelli Taviani, Franco Zeffirelli, Francesco Rosi, hanno accolto con illuminata creatività questa sfida dimostrandosi non solo capaci, ma eccellenti nella risposta a questa sollecitazione nuova. Altri, Ermanno Olmi, Lina Werthmuller, Liliana Cavani, Bernardo Bertolucci, Marco Bellocchio ed il grande ed intramontabile Fellini, ancorati alla tradizione cinematografica italiana, nondimeno con rinnovato entusiasmo ed ispirazione, continuano ad offrire esempi creativi della vitalità culturale del nostro paese.

Non bisogna, peraltro, dimenticare il talento di numerosi 'nomi nuovi' che costantemente propongono ulteriori 'varianti' alla reputazione del cinema italiano. Tra questi, i più conosciuti sono forse Massimo Troisi, Salvatore Piscelli, Nanni Moretti, Maurizio Nichetti.

9.11.1 **Comprehension Exercise**

Complete the following sentences in a way that shows you have understood the main ideas contained in the passage:

(a) The first 'talkie' produced in Italy . . .
(b) During the Fascist period the Italian cinema industry . . . . . .
(c) The period following the Second World War was . . . . . .
(d) The main centre of the industy was . . . . . .
(e) With the advent of television . . . . . .
(f) The brothers Taviani, Franco Zeffirelli, and Francesco Rosi were among those who . . . . . .

9.11.2 Select Vocabulary

ossia	that is to say
intriso	imbued
il/la regista	director
la caduta	fall, overthrow
sfociare	to flow into
innegabile	undeniable
l'andamento	trend, movement
sgombro	free from, devoid of
la comicità	comic quality
la risata	laughter
penoso	painful
l'avvento	arrival
la sfida	challenge
la sollecitazione	pressure, urgent request

9.11.3 Expressions

dagli anni del dopoguerra in poi	from the post-war years on
l'intramontabile Fellini	il tramonto means sunset, so a possible translation might be: Fellini, whose fame will never decline

9.12 L'OPERA

In Italy, opera is taken very seriously indeed. The theatre of 'La Scala' in Milan is obviously the best known of all operatic venues but the theatre audiences of some of the other northern towns have, possibly, a more notorious reputation for the ruthlessness of their criticism. It was in one of these towns, Reggio Emilia, that, on the night of 29 April 1961, Luciano Pavarotti began a career that was to bring him world-wide acclaim (see Illus. 9.2). Twenty-five years later he decided to return to that magnificent theatre to play the same role – that of Rodolfo in *La Bohème*. A week before the commemorative performance, Giovanni Buttafava found him at rehearsal in the theatre of his home town of Modena, surrounded by a company of 'debuttanti' (beginners), all of whom he had selected, himself, during a rigorous programme of auditions. Here is part of the interview.

illus. 9.2 *The theatre in Reggio Emilia where Pavarotti began his career*

LUCIANO PAVAROTTI, IL TENORISSIMO

Buttafava: Com'era il tenore Pavarotti venticinque anni fa?

Pavarotti: È rimasta una registrazione della 'Bohème' del mio debutto, fatta da un amatore. Devo dire che a risentirlo, il Pavarotti di venticinque anni fa, mi pare un tenore pieno di pretese, che pensava di poter fraseggiare, fare cose importanti, come facevano i grandi tenori che l'avevano preceduto. Non ci riusciva, faceva tenerezza, ma l'idea c'era.

Buttafava: C'è qualcosa che rimpiange del Pavarotti 1961?

Pavarotti: L'ingenuità, forse. Oggi il mio Rodolfo della 'Bohème' è più maturo, ha alle spalle venticinque anni di esperienza, di perfezionamento tecnico, ma ha perso appunto in ingenuità. Ma sarà poi vero?

Buttafava: In che senso?

Pavarotti: Noi cantanti siamo come piante selvagge, forti, delicate, pure, e se la natura ti ha fatto così, continui a crescere con la stessa spontaneità. Del resto si vedono dei giovani settantenni e dei ventenni che sono già vecchi. Non siamo fatti per meditare, per tirare le somme. Non credo perciò che riusciamo mai a conoscerci veramente.

Buttafava: Neanche dopo venticinque anni?

Pavarotti: Se un artista si rendesse conto davvero di quello che è, forse non continuerebbe a fare quello che fa. Si spaventerebbe, si rovinerebbe. Non spetta a me tracciare un bilancio di questo quarto di secolo di voce, non chiedetemelo.

Buttafava: Non mi dica che non si acquista almeno una maggiore consapevolezza.

Pavarotti: Si impara a sentirsi. E non è tanto facile. Il cantante in palcoscenico si sente in un modo, il pubblico in sala lo sente in un altro.

Buttafava: È utile 'sentirsi' in disco?

Pavarotti: Certo. Chi fa dischi migliora sempre. Si sente la verità di una voce, senza trucchi. Ma, intendiamoci, prima di ogni altra cosa a me piace cantare dal vivo, sulla scena, coi costumi. È la massima aspirazione di tutti i cantanti, anche di un Mario Lanza, che non avendo la voce adatta per il palcoscenico, si doveva accontentare di tenere concerti coi microfoni e di fare film.

Buttafava: Anche lei ha fatto un film alla Mario Lanza, 'Yes Giorgio!', che non si può dire sia stato un successo.

Pavarotti: Il copione non mi piaceva perché la donna non aveva una parte abbastanza importante. Era un film maschilista, l'uomo alla fine era il vincitore assoluto. Cinque anni fa non poteva andare, non poteva aver successo. E poi, francamente, la protagonista femminile non era tanto simpatica. Però mi sono divertito a girarlo. Solo che è stato massacrato, ancora prima che uscisse.

Buttafava: E perché?

Pavarotti: Io non ci riesco ad avvertirlo davvero, ma so che intorno a me c'è anche questo sentimento di avversione, di invidia. No, non è neanche invidia. È la reazione rabbiosa di fronte a qualcuno a cui va bene tutto quello che fa. E allora appena c'è la possibilità di colpire, si spara anche su un film come 'Yes Giorgio!'

Buttafava: Trova questo atteggiamento ostile anche in certa critica musicale?

Pavarotti: A volte sì. In una certa città ci sono due o tre critici che scrivono sempre bene di un altro tenore, anche quando va male, e così si sentono obbligati a parlare male di me anche quando vado bene. Per partito preso. Ma dei critici seri faccio tesoro, perché comunque c'è sempre qualcosa di vero in quello che dicono.

Buttafava: C'è una cosa che avrebbe voluto fare e non ha fatto?

Pavarotti: Cantare con Maria Callas. È uno dei miei sogni proibiti: una 'Lucia di Lammermoor' con la Callas e Pavarotti.

Buttafava: C'è qualcosa da aggiungere alla sua biografia ufficiale?

Pavarotti: C'è sempre qualcosa da aggiungere. Io sono sempre in movimento. C'è il concorso. C'è la tournée in Cina. Poi inventeremo ancora qualcosa. E poi forse non ho mai detto qual'è il mio vino preferito.

Buttafava: Sarà il lambrusco, immagino.

Pavarotti: Certo. E il mio piatto preferito è la pasta, la mia lingua preferita l'italiano, preferisco l'estate e le giornate serene all'inverno e alle giornate nuvolose. Insomma, sono proprio una persona normale. Il mio compositore preferito è Mozart, il compositore d'opera preferito è Verdi.

Buttafava: E i teatri preferiti?

Pavarotti: Il teatro della mia Modena. Vienna è un posto meraviglioso con un pubblico che esige e merita il massimo. Poi l'Opera di Parigi, il Covent Garden a Londra. La Scala naturalmente.

Buttafava: Qual'è il segreto del fanatismo che lei suscita?

Pavarotti: Secondo me la cosa più bella è questa splendida sfida dell'uomo che vuole farsi strumento musicale, suonare.

Figure 9.3 *The trouble with having opinions*

HO L'IMPRESSIONE
CHE QUALSIASI OPINIONE
CHE MI VIENE, POSSA ESSERE
USATA CONTRO DI ME.

ALTAN

E il pubblico lo sente, ecco perché in genere c'è fanatismo per i cantanti e non per violinisti e pianisti, verso i quali c'è semmai più rispetto. È straordinaria la sensazione che si prova a proiettarsi in un altro uomo che canta, che suona con la sua voce. Tanto più quando questa voce è un po' innaturale e costruita, come quella del tenore. C'è qualcosa di atletico e selvaggio che vibra nel tenore.

Buttafava: Quindi questa vecchia lirica riesce ancora a entusiasmare?

Pavarotti: Certo è un teatro antico, su cui si svolgono fatti antichi. La lirica è una cosa antica. Per questo non morirà mai.

L'Espresso, 20 Aprile 1986

9.13 EXERCISES

Section A
Try these exercises *before* checking through the Vocabulary or reading the Explanations provided.

9.13.1 Comprehension
Answer the following questions in *complete sentences in Italian*:

(a) Quale immagine sceglie Pavarotti per descrivere che cosa si prova ad essere un cantante lirico?
(b) Come reagisce alla richiesta di valutare il suo lavoro negli ultimi venticinque anni?
(c) Che cosa dice riguardo alle registrazioni? (3 cose)
(d) In quali due contesti l'intervistato e l'intervistatore si riferiscono a Mario Lanza?
(e) Quali fattori, secondo Pavarotti, hanno contribuito al fallimento della sua avventura cinematografica?
(f) Cos'ha da dire Pavarotti nei confronti dei critici musicali?
(g) Perché si fa il nome della Callas?
(h) Perché Pavarotti parla della pasta, della lingua italiana e del tempo?
(i) A che cosa attribuisce la sua popolarità Pavarotti?

9.13.2 Expressions and Idioms
Find in the interview the Italian equivalents of the following expressions:

(a) to sum up
(b) moreover
(c) it's not up to me
(d) to weigh up the pros and cons
(e) let's make sure we understand each other
(f) just to be awkward
(g) there is always an element of truth
(h) all the more so

9.13.3 Word Study
Below is a list of nouns and adjectives. Find in the passage the *verbs* that are associated with them and make a note of their meanings. They do not necessarily follow the order in which they occur in the text:

Model: la frase – phrase or sentence
Response: fraseggiare – to phrase (in music)

(a) il pianto – weeping
(b) contento – happy
(c) la meditazione – meditation
(d) la rovina – ruin
(e) l'acquisto – purchase, acquisition
(f) meglio – better
(g) entusiasta – enthusiastic
(h) divertente – enjoyable
(i) spaventoso – fearful
(j) esigente – demanding

9.14 EXPLANATIONS

9.14.1 Select Vocabulary

la consapevolezza	(self)-awareness
il palcosc*e*nico	theatrical stage
il copione	script
l'inv*i*dia	envy
rabbioso	angry
sparare	to shoot; to fire upon
il sogno	dream
il concorso	competition
la tournée	tour (of an actor, musician)
es*i*gere	to demand
suscitare	to provoke; to give rise to
semmai	if anything; moreover
la l*i*rica	operatic music

9.14.2 Expressions and Idioms

faceva tenerezza, ma l'idea c'era	he managed to create a feeling of tenderness, somewhat clumsily, but he was on the right track
ha alle spalle venticinque anni di esperienza	he has 25 years of experience behind him
il p*u*bblico in sala	the audience
un film maschilista	a male chauvinist film
io non ci riesco ad avvertirlo davvero	I really cannot put my finger on it

ma dei cr*i*tici seri f*a*ccio tesoro	but I prize serious critics very highly indeed
le giornate serene	sunny, cloudless days

9.14.3 **Grammar**

(a) More work on conditional sentences

When the verb in the main clause is in the conditional tense, the verb following *se* (if) must be in the *imperfect subjunctive*:

Se un artista si **rendesse** conto davvero di quello che è, forse non **continuerebbe** a fare quello che fa.

If an artist really realised what he is, perhaps he would no longer continue to do what he does.

(See **Grammar Section G10.4** for a detailed explanation of conditional sentences.)

(b) The perfect conditional tense

Use the *conditional* of the auxiliary verb *essere* or *avere* and the past participle of the verb:

C'è una cosa che **avrebbe voluto** fare e non ha fatto?

Is there something that you would have liked to do that you have not done?

(c) More uses of the subjunctive mood

The following uses of the subjunctive in the text tend to reveal just how common this mood is in Italian, even in everyday conversation:

1. After expressions of doubt or opinion:

Non credo perciò che **riusciamo** mai a conoscerci veramente.

I do not believe that we ever succeed in truly knowing ourselves.

(*riusciamo* looks identical in indicative and subjunctive, but rest assured that here it *is* subjunctive!)

2. After impersonal verbs:

. . . che non si può dire **sia stato** un successo.

. . . that can hardly be said to have been a success.

3. After the conjunction *prima che*:

È stato massacrato ancora prima che **uscisse**.

It was slated even before it came out.

(d) Special uses of the future and future perfect tenses
(See also **Grammar Section G6.3.5.**)
These tenses can be used to indicate probability or speculation – e.g. At the end of Pavarotti's second speech, he says:

Ma sarà poi vero?

Literally translated, this would be:

'But will it then be true?'

A better rendering would be:

'But I am not sure that this is the case'.

Later on, his interviewer wonders which might be Pavarotti's favourite wine. He says:

Sarà il lambrusco, immagino.	I expect that it is Lambrusco.

9.15 EXERCISES

Section B

9.15.1 Conditional Sentences

In the sentences below, replace the infinitives in brackets with the appropriate tense, following the example of the model.

Model: Se un artista (rendersi) conto davvero di quello che è, non (continuare) a fare quello che fa.

Response: Se un artista si rendesse conto davvero di quello che è, non continuerebbe a fare quello che fa.

(a) Se (avere) una macchina fotografica, io (portarla) dappertutto.
(b) Se (esserci) un teatro nella mia città, io (andare) spesso a guardare gli spettacoli.
(c) Se (alzarmi) più presto la mattina, (avere) più tempo libero a mia disposizione alla fine della giornata.
(d) Se i turisti stranieri (sapere) parlare l'italiano, (trovare) ancora più interessante la loro vacanza.
(e) Se io (potere) frequentare un corso di lingua e cultura in Italia, (perfezionare) il mio italiano.

9.15.2 More Conditional Sentences

Now adjust the sentences below in a similar way, but this time using imperfect subjunctive and the conditional perfect as in the example. Use the subject pronoun only when there is *ambiguity*:

Model: Se (tu) mi (scrivere) prima, (io) (rispondere) subito.
Response: Se tu mi avessi scritto prima, avrei risposto subito.

If you had written to me before, I would have replied straightaway.

(a) Se gli attori (parlare) più forte, (noi) (capire) tutto.
(b) Se (io) (sapere) il tuo numero di telefono, (chiamarti) senz'altro mentre ero in Italia.
(c) Se (fare) bel tempo, (noi) (potere) mangiare all'aria aperta.
(d) Se il treno (partire) in orario, (noi) (arrivare) all'ora prevista.
(e) Se il mare (essere) meno mosso, (mi piacere) visitare l'Isola di Capri.

9.15.3 According to Pavarotti

Complete the following sentences taking your cue from the English phrases in brackets. Remember that you will need to use the subjunctive when it is a question of opinion or doubt but *not* when there is certainty implied.

Model: Pavarotti crede che . . . (singers are like wild plants).
Response: Pavarotti crede che i cantanti siano come piante selvagge.

(a) Pavarotti non crede che . . . (singers ever succeed in knowing themselves truly).

(b) Pavarotti pensa che . . . (those who make records always improve).

(c) Pavarotti non pensa che . . . (Mario Lanza had a voice that was suitable for singing on stage).

(d) Pavarotti ammette che . . . (his film was not successful).

(e) Pavarotti pensava che . . . (the female protagonist in his film was not very nice).

(f) Pavarotti accetta che . . . (there is always an element of truth in what critics say).

(g) Pavarotti è sicuro che . . . (operatic music will never die).

CHAPTER 10

LA LETTERATURA ITALIANA

In the final chapter of the book, the intention is to provide the student of Italian with a selection of reading material which represents a range of literary styles. This is designed to whet the appetite for further pleasurable discoveries of the richness of Italian literature through the ages. Some of the writers, such as Alberto Moravia and Umberto Eco, will be familiar to readers of literature across the world. Others are less well-known outside Italy. If there is a logic to the selection, it has to be admitted that our personal preferences have had some influence.

To set the theme of the chapter, what better than 'un invito alla lettura di Ignazio Silone'. His novel *Vino e pane*, written in exile in Switzerland during the years 1935–6, (it was first published in German), tells of a left-wing intellectual who is confined to live in a small village in the Abruzzi hills during the period of Fascism. It is also the story of the villagers' struggles against an oppressive regime. The language of the novel is simple and straightforward, as is the narrative style. The message is, to use perhaps a well-worn yet most applicable cliché, of universal significance.

Rather than offer an extract taken from the novel itself, we have decided to include the first part of Silone's *Nota dell'autore* which accompanied an American translation of the work in 1962. It is here that Silone speaks of 'il privilegio e la responsabilità del mestiere di scrivere', finding in the most mundane of incidents an opportunity to reflect on his own experience as a writer.

Note: At first sight these reading passages may appear rather difficult. By now, however, your skills of reading for gist comprehension and then, a second and third time, for more subtle meaning should allow you to face these new challenges with much more confidence. Try not to be put off by vocabulary the precise meaning of which may escape you at first. Get a general sense of the passage first by reading through fairly quickly. Then go back and read more slowly, paying more attention to the detail. Passages marked with the cassette symbol feature on the cassette which complements this textbook. You can listen to the cassette before studying the text. You may also try reading aloud with the recording. After listening and reading through a couple of times, why not try turning the volume down gradually so that the recording is merely a whisper in the background as you speak?

10.1 NOTA DELL'AUTORE

Non è caso eccezionale che uno scrittore veda una persona sconosciuta intenta a leggere un proprio libro; eppure un fatto del genere, occorsomi molti anni fa, mi fece un'impressione che ricordo ancora, forse per il concorso di circostanze di cui non mi resi subito conto.

Mi trovavo in treno, fra Zurigo e Lugano, in uno scompartimento deserto. A una stazione intermedia salì una donna anziana, modestamente vestita, che dopo avermi salutato con un breve cenno della testa, prese posto accanto al finestrino, davanti a me. Appena seduta, ella trasse dalla borsa da viaggio un libro e l'aprì alla pagina segnata da un sottile nastrino. Per mio conto avevo ancora da guardare alcuni giornali e riviste e non le prestai altra attenzione; ma, dopo un po', il mio sguardo fu attirato dalla copertina a colori del libro che la donna leggeva e mi accorsi che si trattava dell'edizione tedesca di un mio romanzo uscito un paio d'anni prima, *Brot und Wein*. Allora misi da parte giornali e riviste e cominciai a osservare, incuriosito, la donna che mi sedeva di fronte.

Ella era vestita e pettinata con molta semplicità, senza ornamento alcuno sulla persona, come da quelle parti si usa ancora in campagna, in ispecie nei cantoni protestanti. Malgrado i capelli grigi, il suo colorito era roseo e i suoi lineamenti erano rimasti regolari e fini; l'espressione del suo viso era intelligente, aperta, simpatica; in gioventù ella era stata certamente bella. Immaginai che potesse essere una maestra di scuola in pensione o la moglie di un medico; con molta probabilità era una donna forte ed equilibrata non risparmiata però dalle sofferenze.

Col pretesto di riporre un paio di riviste sul portabagagli, mi alzai per verificare a qual punto del romanzo ella fosse arrivata. Era un capitolo che mi era rimasto bene in mente, perché mi era costato non poca fatica. Da quel momento, pur facendo finta di continuare a guardare un giornale, mi posi a seguire mentalmente, pagina per pagina, direi quasi linea per linea, la lettura della sconosciuta.

Il suo viso era apparentemente impassibile; solo un paio di volte ella chiuse gli occhi durante qualche istante per poi riprendere a leggere. Provavo un'impressione curiosa; ero di fronte a una persona sconosciuta alla quale stavo raccontando in segreto una lunga storia. Fortunatamente quella edizione del mio romanzo non recava la fotografia dell'autore; se quella donna mi avesse riconosciuto, sarei rimasto imbarazzato non poco. Infatti uno strano disagio si stava insinuando nella mia mente. La pagina che la donna leggeva non mi soddisfaceva affatto, anzi, in quel momento, mi sembrava addirittura sciocca. Perché l'avevo scritta? Se avessi potuto prevedere che una persona simile avrebbe letto il mio libro, pensavo tra me, avrei certamente tolta quella pagina, ne avrei tralasciato anche altre e avrei riflettuto di più su certe espressioni. Perché nello scrivere un libro, mi domandavo, la maggior parte degli scrittori pensava il più sovente ai colleghi e ai critici, che leggono un centinaio di libri all'anno, e non agli sconosciuti per i quali il libro può avere un'importanza personale?

Forse non avevo mai sentito, in un modo così preciso e diretto, il privilegio e la responsabilità del mestiere di scrivere, benché, posso dirlo, non fossero sentimenti nuovi per me. Mi tornò alla memoria l'imbarazzo in cui mi aveva gettato, un anno prima, la lettera di un operaio italiano, a nome di un gruppo di suoi compagni di lavoro, come lui emigrati in Svizzera. Essi stavano discutendo una certa frase d'un mio libro e, non essendo d'accordo sul modo d'intenderla, avevano deciso di rivolgersi all'autore. Ma io avevo scritto quella frase del tutto distrattamente . . .

La donna scese dal treno prima di me, ed io continuai per il resto del viaggio a pensare alla grande dignità e potenza della letteratura e all'indegnità della maggior parte degli scrittori, me compreso. Comunque, da quell'incontro data il mio proposito di rileggere Pane e vino con spirito critico.

Ignazio Silone: *Vino e pane*
(Edizione Oscar Mondadori,
IV ristampa, luglio 1973

(Published by kind consent of Signora Darina Silone)

For this first passage there follow a couple of exercises. However, for the remaining passages only a section providing notes on vocabulary will be included.

10.1.1 **Comprehension**

Try to answer these questions *without* referring to the Select Vocabulary or the Explanations.

(a) Why did Silone take little notice of the old woman at first?
(b) What eventually caught his eye about her reading-matter?
(c) What hypotheses did he form about her likely former occupation?
(d) How did he manage to find out exactly which part of the novel she was reading?
(e) Why did he particularly remember that chapter?
(f) How might the old woman have recognised the identity of her fellow passenger?
(g) Why did he feel uneasy?
(h) What memory was evoked by this incident?
(i) What did the author resolve to do as a direct result of this incident?

10.1.2 **Word Study**

Provide a suitable translation of the following words in the context in which they occur in the passage:

(a) cenno
(b) trasse
(c) nastrino
(d) non recava
(e) disagio
(f) tralasciato
(g) rivolgersi
(h) distrattamente

10.1.3 **Notes on Vocabulary**

In this and the following vocabulary lists, modern equivalents are provided for archaic or literary forms found in the texts.

un cenno	sign, nod
trarre	to take out
un nastrino	ribbon
pettinato	combed
in ispecie = in specie	especially

una maestra	primary teacher
in pensione	retired
riporre	to put back
impass*i*bile	impassive
recare	to bear; to have
tralasciare	to leave out
sovente = spesso	often

10.2 **ALLA PORTA DELL'INFERNO**

No collection of Italian literature, however short, would be complete without an extract by one of the earliest, and possibly the greatest of all Italian poets. Dante Alighieri, to give him his full name, was born in Florence in 1265. He is best known for *La Divina Commedia*, a three-part epic poem which takes the author and reader on a dramatic and colourful journey through Hell, Purgatory and finally to Heaven. The verses below occur at the beginning of the third canto of *L'Inferno* when Dante, arriving at Hell's entrance, reads the infamous inscription over the door and seeks clarification from his guide, the Latin poet Virgil (the 'Maestro' referred to in the fourth verse). Although this is thirteenth-century Italian and the syntax is, naturally, poetic you should be able to understand a substantial proportion before referring to the vocabulary list.

CANTO III

'Per me si va nella città dolente,
Per me si va nell'eterno dolore,
Per me si va tra la perduta gente.
Giustizia mosse il mio alto fattore:
Fecemi la divina potestate,
La somma sapienza e il primo amore.
Dinanzi a me non fur cose create,
Se non eterne ed io eterno duro:
Lasciate ogni speranza, voi, ch'entrate!'
Queste parole di colore oscuro
Vid'io scritte al sommo d'una porta:
Perch'io: Maestro, il senso lor m'è duro.
Ed egli a me, come persona accorta:
Qui si convien lasciare ogni sospetto,
Ogni viltà convien che qui sia morta.
Noi siam venuti al luogo ov'io t'ho detto,

Che tu vedrai le genti dolorose,
Ch'hanno perduto il ben dello intelletto.

Dante Alighieri: *La divina commedia*
Canto Terzo, *L'inferno*

Notes on Vocabulary

dolente	grieving, painful
il fattore	creator
la potestate = la potestà	authority, power
la somma sapienza	greatest knowledge
fur = furono	were
il sommo	top
perch'io	so I asked
accorto	knowledgeable
la viltà	baseness, cowardly action
ov'io = dov'io	where I

10.3 IL GIOVANE DANTE E LA POLITICA

Dante was no recluse. He led an active life, full of intrigue and adventure. Florence at this time was, arguably, the cultural capital of the peninsula; it was also the battleground for political factions, who sometimes turned to bloodshed to settle their differences. It is not surprising therefore that many a writer has been inspired to recreate the atmosphere of that age, at the same time focussing on the life of Dante. No one has done this more successfully than Mario Tobino, himself a Tuscan novelist of immense imagination and elegant style. In this extract he describes Dante's entry into the political arena and explains the reasons for his popularity: his use of 'il volgare', the language of the people, ordinary words which become, in his hands, 'like pearls.

In questi anni giovanili frequentò, discusse, lavorò. La *Vita Nova* era già stata pubblicata, e preparava il *Convivio*, il *De Vulgari Eloquentia*. Gli amici con cui ogni sera si infervorava sapevano il bollire delle sue idee, che ogni volta apparivano nuove e ardite, e mai mancava di aggiungere, modificare, ruota di mulino mossa da profonda gora . . .

Siamo al bimestre del 1300. Il momento è per lui favorevole. C'è stato un altro, Giano della Bella, un preveggente, che ha preparato il terreno, ha instaurato gli Ordinamenti di giustizia. Situazione data dal destino, dalla fortuna. Non è Cavaliere, non lo sono stati i suoi parenti; non è ricco ma neppure nullatenente, è del ceto medio. Quel che ci vuole per entrare nella Cosa Pubblica. Gli è bastato, in quanto filosofo, iscriversi all'Arte degli speziali. Lo hanno eletto quelli del suo quartiere, di San Pier Maggiore.

Ma per quale ragione? Non per il suo libretto d'amore o per le rime o perché filosofo, latinista, musico, perché ha leggiadria e nemmeno perché si infuoca parlando di giustizia e afferma che il Comune deve essere superiore a tutti. Lo hanno votato con sicurezza e felicità per il volgare, perché in volgare esprime ciò che i popolani sentono di avere nell'anima. Sono rapiti di udire la descrizione di ogni fatto, di ogni ragione, con parole usuali ma divenute all'improvviso potenti, insostituibili. Dante sceglie dal mucchio delle parole in uso quelle vere, divenute dopo lunga fatica pura conclusione; le prende in mano e sono perle. Solo lui in una parola del popolo fa luce, come sacra, non è piu neppure fiorentina, è di tutta la gente.

I popolani di San Pier eleggono Dante perché hanno trovato chi svela il brio che hanno dentro, la pugnacità, l'esatto giudizio sugli uomini, sugli avvenimenti. Era ciò che da tanto bramavano, confusamente e torbidamente. Nessuno fino allora c'era stato che, come una levatrice, li mettesse al mondo. Ascoltarlo è facile come essere dal beccaio quando squarta la sua carne. Dante fa luce, le espressioni che lui ha pronunciato c'erano già, bastava rompere il velo che le separava dalla vita.

Mario Tobino: *Biondo era e bello*
(Mondadori, 1974)

Notes on Vocabulary

frequentare	to visit people and places
Convivio e De vulgari eloquentia	titles of Dante's earlier works
infervorarsi	to get worked up; to become excited
il bollire delle sue idee	how his ideas bubbled to the surface
ardito	daring, bold
una ruota di mulino	a mill wheel

preveggente	far-sighted
il nullatenente	person of no property
iscr*i*versi	to enrol
lo speziale = il farmacista	apothecary or pharmacist
la leggiadria	gracefulness
rapito	entranced
il m*u*cchio	heap, pile
svelare	to unveil; to show
il brio	verve, liveliness
bramare	to desire strongly
la levatrice	midwife
il becc*a*io = il macell*a*io	butcher

10.4 FRA CRISTOFORO ARRIVA AL PALAZZO DI DON RODRIGO

Alessandro Manzoni, born in 1785, is the undisputed protagonist of nineteenth-century Italian literature. His monumental novel *I promessi sposi* will have been read, at least in part, by every Italian pupil at some time during her or his schooling. It is an epic saga of love, humility, faith and history and is generally considered to be the first masterpiece written in modern Italian. Thereby, it is recognised by some to have played an important political, as well as literary role. In the words of the critic Prezzolini:

L'anti-eroico Manzoni fu l'autore principale d'una riforma che portò l'Italia moderna a quella lingua dei giornali e dei manuali, della scuola e della conversazione generale, che rese possibile l'unificazione della penisola.

In this extract Fra Cristoforo arrives at the dark castle belonging to Don Rodrigo, the principal villain of the plot, in order to plead the cause of the two ill-fated lovers Renzo e Lucia.

Fra Cristoforo attraversò il villaggio, salì per una viuzza a chiocciola, e pervenne sur una piccola spianata, davanti al palazzotto. La porta era chiusa, segno che il padrone stava desinando, e non voleva esser frastornato. Le rade e piccole finestre che davan sulla strada, chiuse da imposte sconnesse e consunte dagli anni, eran però difese da grosse inferriate, e quelle del pian terreno tant'alte che appena vi sarebbe arrivato un uomo sulle spalle d'un altro.

illus. 10.1 *Eyes right in Venice*

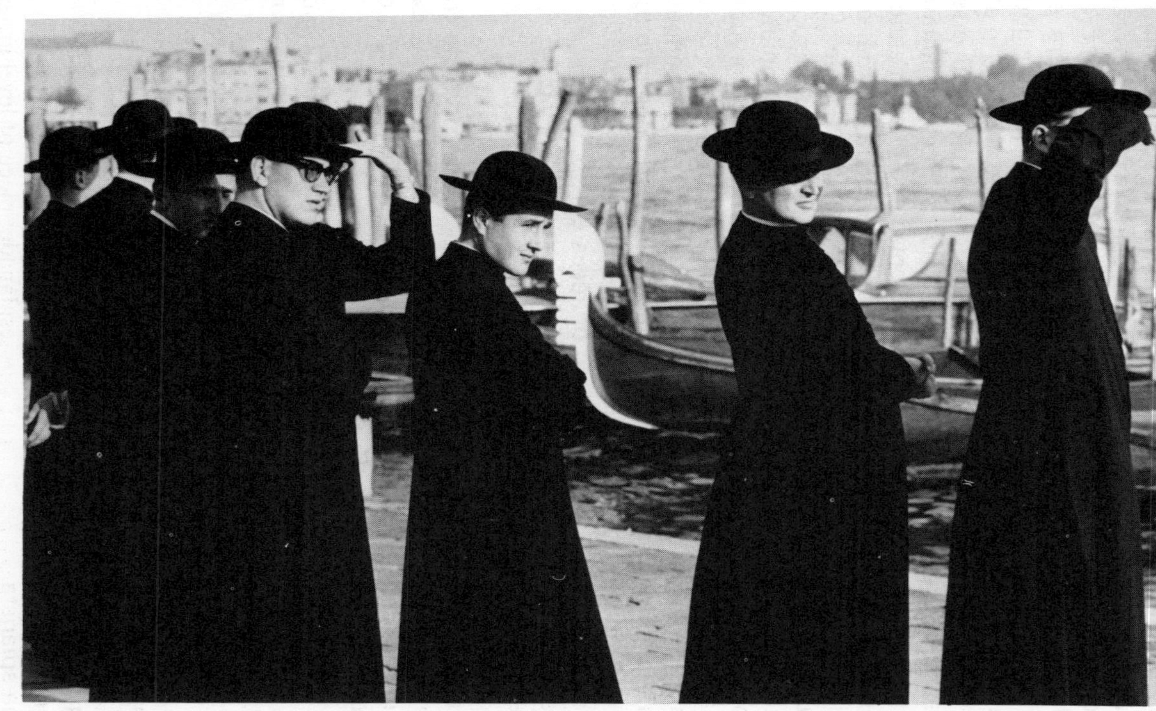

John Parr

Regnava quivi un gran silenzio; e un passeggiero avrebbe potuto credere che fosse una casa abbandonata, se quattro creature, due vive e due morte, collocate in simmetria, di fuori, non avesser dato un indizio d'abitanti. Due grand'avoltoi, con l'ali spalancate, e co' teschi penzoloni, l'uno spennacchiato e mezzo roso dal tempo, l'altro ancor saldo e pennuto, erano inchiodati, ciascuno sur un battente del portone; e due bravi, sdraiati, ciascuno sur una della panche poste a destra e a sinistra, facevan la guardia, aspettando d'esser chiamati a goder gli avanzi della tavola del signore. Il padre si fermò ritto, in atto di chi si dispone ad aspettare; ma un de' bravi s'alzò, e gli disse: 'padre, padre, venga pure avanti: qui non si fanno aspettare i cappuccini: noi siamo amici del convento: e io ci sono stato in certi momenti che fuori non era troppo buon'aria per me; e se mi avesser tenuta la porta chiusa, la sarebbe andata male'. Così dicendo, diede due picchi col martello. A quel suono risposer subito di dentro gli urli e le strida di mastini e di cagnolini; e, pochi momenti dopo, giunse borbottando un vecchio servitore; ma, veduto il padre, gli fece un grand'inchino, acquietò le bestie, con le mani e con la voce, introdusse l'ospite in un angusto cortile, e richiuse la porta. Accompagnatolo poi in un salotto, e guardandolo con una cert'aria di maraviglia e di rispetto, disse: 'non è lei . . . il padre Cristoforo di Pescarenico?'
'Per l'appunto.'
'Lei qui?'
'Come vedete, buon uomo.'
'Sarà per far del bene. Del bene', continuò mormorando tra i denti, e rincamminandosi, 'se ne può far per tutto'. Attraversati due o tre altri salotti oscuri, arrivarono all'uscio della sala del convito.

Alessandro Manzoni: *I promessi sposi*
(From Chapter 5)

(U. Mursia & Co.)

Notes on Vocabulary

una viuzza a chi*o*cciola	a narrow winding street
sur = su	on; on to
una spianata	esplanade; piece of level ground
desinare	to dine
frastornato	disturbed
rado	rare, infrequent

un'imposta	shutter
consunto	worn out
un avoltoio = un avvoltoio	vulture
con l'ali spalancate	with wings outstretched
co' (con i) teschi penzoloni	with their skulls dangling
roso	worn thin
inchiodato	nailed up
due bravi, sdraiati	two bandits, flat on their backs
gli avanzi	the leftovers
il convento	monastery
gli urli e le strida	the loud barking and yapping
di mastini e di cagnolini	of mastiffs and little dogs
un inchino	a bow
acquietò le bestie	calmed down the animals
angusto	narrow
per l'appunto	precisely

10.5 PROLOGO ALLA NOIA

Alberto Moravia will undoubtedly go down in the literary history books as one of the most prolific of twentieth-century writers. His novels and short stories span more than sixty years. In addition, he has contributed articles, book and film reviews to several leading journals and newspapers almost on a daily basis throughout that period. While some of his earlier work in the 1930s and 1940s revealed, in their realism, his political commitments, later writing is more self-indulgent, more preoccupied with the detailed analysis of the human condition in industrial and 'post-industrial' society. His heroes and heroines (he seems absorbed especially by the psychology of women in later works) are, for the most part, members of the middle classes, part of an intellectual elite, eager to feed their senses on the pleasures of modern life, yet prone to introspection and self-doubt. The narrator of *La noia* (1960) is no exception. In the Prologo to this 'existentialist' novel, he describes how, in one 'furioso e razionale gesto di distruzione', he brought his work as a painter to a rather sudden conclusion.

Ricordo benissimo come fu che cessai di dipingere. Una sera. dopo essere stato otto ore di seguito nel mio studio, quando dipingendo per cinque, dieci minuti e quando gettandomi sul divano e restandoci disteso, con gli occhi al soffitto, una o due ore; tutto ad un tratto, come per un'ispirazione finalmente autentica dopo tanti fiacchi conati, schiacciai l'ultima sigaretta nel portacenere colmo di mozziconi spenti, spiccai un salto felino dalla poltrona nella quale mi ero accasciato, afferrai un coltellino radente di cui mi servivo qualche volta per raschiare i colori e, a colpi ripetuti, trinciai la tela che stavo dipingendo e non fui contento finché non l'ebbi ridotta a brandelli. Poi tolsi da un angolo una tela pulita della stessa grandezza, gettai via la tela lacerata e misi quella nuova sul cavalletto. Subito dopo, però, mi accorsi che tutta la mia energia, come dire? creatrice, si era completamente scaricata in quel furioso e, in fondo, razionale gesto di distruzione. Avevo lavorato a quella tela durante gli ultimi due mesi, senza tregua, con accanimento; lacerarla a colpi di coltello equivaleva, in fondo, ad averla compiuta, forse in maniera negativa quanto ai risultati esteriori che del resto mi interessavano poco, ma positivamente per quanto riguardava la mia ispirazione. Infatti: distruggere la tela voleva dire essere arrivato alla conclusione di un lungo discorso che tenevo con me stesso da chissà quanto tempo. Voleva dire aver messo finalmente il piede sul terreno solido. Così, la tela pulita che stava adesso sul cavaletto, non era semplicemente una qualsiasi tela non ancora adoperata, bensì proprio quella particolare tela che avevo messo sul cavaletto al termine di un lungo travaglio. Insomma, come pensai cercando di consolarmi del senso di catastrofe che mi stringeva alla gola, a partire da quella tela, simile, apparentemente, a tante altre tele ma per me carica di significati e di risultati, adesso potevo ricominciare daccapo, liberamente; quasi che quei dieci anni di pittura non fossero passati ed io avessi ancora venticinque anni, come quando avevo lasciato la casa di mia madre ed ero andato a vivere nello studio di via Margutta, per dedicarmi appunto, a tutto mio agio, alla pittura. D'altra parte, però, poteva darsi, anzi era molto probabile che la tela pulita che adesso campeggiava sul cavalletto, stesse a significare uno sviluppo non meno e necessario ma del tutto negativo, il quale, per trapassi insensibili, mi aveva portato all'impotenza completa. E che questa seconda ipotesi potesse essere quella vera, sembrava dimostrarlo il fatto che la noia aveva lentamente ma sicuramente accompagnato il mio lavoro durante gli ultimi sei mesi, fino a farlo cessare del tutto in quel pomeriggio in cui avevo lacerato la tela; un po' come il deposito calcareo di certe sorgenti finisce per ostruire un tubo e far cessare completamente il flusso dell'acqua.

Alberto Moravia: Prologo a *La noia*
(Bompiani, 1960)

Notes on Vocabulary

dip*i*ngere	to paint
quando . . . quando . . .	sometimes . . . at other times
tanti fiacchi conati	so many feeble attempts
schiacciare	to crush
mozziconi spenti	dead cigarette stubs
spiccai un salto felino	I leapt up like a cat
raschiare	to scrape off
trinciare	to cut up
la tela	canvas
a brandelli	in shreds, in tatters
il cavalletto	easel
senza tr*e*gua	without a break
un trav*a*glio	labour
che mi stringeva alla gola	which gripped my throat
ricominciare daccapo	to start afresh
a tutto mio *a*gio	completely at ease
per trapassi insens*i*bili	by gradual changes which passed unnoticed
la sorgente	spring, fountain

10.6 DUE POESIE DI Giuseppe Ungaretti

Ungaretti was born in 1888. He enjoyed a long, active life, travelling widely (he was born and brought up in Egypt), and establishing a reputation as one of Italy's foremost poets and teachers of literature. He died in 1970.

Many critics consider that his best poetry was written in those collections of verse he published at the beginning of his long literary career, shortly after the First World War, but selected for you are two short pieces from the set entitled *Sentimento del tempo*, which was published in 1933. Ungaretti's is an elliptical style; images and impressions are reduced to their essential. The syntax may sometimes be unusual, but the language is relatively accessible.

Quiete

L'uva è matura, il campo arato
Si stacca il monte dalle nuvole.

Sui polverosi specchi dell'estate
Caduta è l'ombra,

Tra le dita incerte
Il loro lume è chiaro
E lontano.

Colle rondini fugge
L'ultimo strazio.

(1929)

Sera

Appiè dei passi della sera
Va un'acqua chiara
Colore dell'uliva,

E giunge al breve fuoco smemorato

Nel fumo ora odo grilli e rane,

Dove tenere tremano erbe.

(1929)

Giuseppe Ungaretti: *Vita d'un uomo*
(Mondadori, 1960)

Notes on Vocabulary

l'uva	grapes
arato	ploughed
staccarsi	to detach itself
polveroso	dusty
il lume	light, glow
la r*o*ndine	swallow
lo str*a*zio	agony, torment
appiè	at the foot
l'uliva	olive
smemorato	absent-minded, oblivious
il grillo	cricket, grasshopper
la rana	frog
t*e*nero	tender
tremare	to quiver, to tremble

10.7 **UNA POESIA DI Eugenio Montale**

It has to be recognised that some of the poetry of Eugenio Montale may present a considerable challenge for the student of Italian as a foreign language. Many of his poems contain allusions and images that are difficult to decipher. However, everyone who has developed an ear for the musicality of the Italian language will recognise, albeit superficially, the merits of his style, here focussing particularly on a play of both light and sound.

Montale, awarded the Nobel Prize for literature in 1975, died in 1981, acknowledged as one of the greatest of modern poets. Here, from the collection *Le occasioni*, published in 1949, is a poem which may be considered to treat the theme of separation. It is inspired, curiously enough, by one Bank Holiday spent some years earlier in the English south coast resort of Eastbourne.

EASTBOURNE

'Dio salvi il Re' intonano le trombe
da un padiglione erto su palafitte
che aprono il varco al mare quando sale
a distruggere peste
umide di cavalli nella sabbia
del litorale.

Freddo un vento m'investe
ma un guizzo accende i vetri
e il candore di mica della rupi
ne risplende.

Bank Holiday . . . Riporta l'onda lunga
della mia vita
a striscio, troppo dolce sulla china.
Si fa tardi. I fragori si distendono,
si chiudono in sordina.

Vanno su sedie a ruote i mutilati,
li accompagnano cani dagli orecchi
lunghi, bimbi in silenzio o vecchi. (Forse
domani tutto parrà un sogno.)

E vieni
tu pure voce prigioniera, sciolta
anima ch'è smarrita,
voce di sangue, persa e restituita
alla mia sera.

Come lucente muove sui suoi spicchi
la porta di un albergo
– risponde un'altra e le rivolge un raggio –

m'agita un carosello che travolge
tutto dentro il suo giro; ed io in ascolto
('mia patria!') riconosco il tuo respiro,
anch'io mi levo e il giorno è troppo folto.

Tutto apparirà vano: anche la forza
che nella sua tenace ganga aggrega
i vivi e i morti, gli alberi e gli scogli
e si svolge da te, per te. La festa
non ha pietà. Rimanda
il suo scroscio la banda, si dispiega
nel primo buio una bontà senz'armi.

Vince il male . . . La ruota non s'arresta.

Anche tu lo sapevi, luce-in-tenebra.

Nella plaga che brucia, dove sei
scomparsa al primo tocco delle campane, solo
rimane l'acre tizzo che già fu
Bank Holiday.

(1933 and 1935)

Eugenio Montale: *Le occasioni*
(Mondadori, 1949)

Notes on Vocabulary

Dio salvi il Re	God save the King
un padiglione erto su palafitte	a pavilion standing up on piles
il varco	access
peste *u*mide di cavalli	wet hoof prints
un guizzo	flicker of light
il fragore	hubbub
si chi*u*dono in sordina	become softer
i mutilati	invalids, disabled
sciolto	set free, unleashed
folto	dense, crowded
la ganga	matrix, grasp
lo sc*o*glio	rock
lo scr*o*scio	thundering noise, clamour
arrestarsi	to stop
la plaga	region (here: the skyline?)
il tizzo	charred ember

10.8 IL RITORNO IN SICILIA

Elio Vittorini was born in 1908 at Syracuse, Sicily. He died in 1966 in Milan. Through his translations of American and English authors during the period of Fascism he had breathed new life into a fading literature. His influence in the literary world of post-war, post-Fascist Italy cannot be overestimated. By means of his own novels and articles, he established his own reputation as an artist and man of culture. Furthermore, he encouraged many new young writers through his publishing enterprises.

Conversazione in Sicilia, first published in volume form in 1941, is generally recognised as his best work. It tells of a journey of return by the protagonist to the island of his birth. Yet it is a journey of revelation which gradually takes on surrealist characteristics. Here, Silvestro, having completed his physical journey by train and boat, arrives at his mother's home, only to begin, as it were, a new phase, in the author's words: 'in una quarta dimensione'.

'Ma guarda, – pensai, – sono da mia madre!' quando dalla corriera scesi appiè della lunga scalinata che portava ai quartieri alti del paese di mia madre.

Il nome del paese era scritto su un muro come sulle cartoline che io mandavo ogni anno a mia madre, e il resto, quella scalinata tra vecchie case, le montagne attorno, le macchie di neve sui tetti, era dinanzi ai miei occhi come d'un tratto ricordavo ch'era stato una volta o due nella mia infanzia. E mi parve ch'essere là non mi fosse indifferente, e fui contento d'esserci venuto, non esser rimasto a Siracusa, non aver ripreso il treno per l'Alta Italia, non aver ancora finito il mio viaggio. Questo era il più importante nell'essere là: non aver finito il mio viaggio; anzi, forse, averlo appena cominciato; perché così, almeno, io sentivo, guardando la lunga scalinata e in alto le case e le cupole, e i pendii di case e roccia, e i tetti nel vallone in fondo, e il fumo di qualche comignolo, le macchie di neve, la paglia, e la piccola folla di scalzi bambini siciliani sulla crosta di ghiaccio ch'era in terra, nel sole, intorno alla fontana di ghisa.

'Ma guarda, sono da mia madre', pensai di nuovo, e lo trovavo improvviso, esserci, come improvviso ci si ritrova in un punto della memoria, e altrettanto favoloso, e credevo di essere entrato a viaggiare in una quarta dimensione. Pareva che non ci fosse stato nulla, o solo un sogno, un intermezzo d'animo, tra l'essere a Siracusa e l'essere là, e che l'essere là fosse effetto della mia decisione, d'un movimento della mia memoria, non del mio corpo, e così anche il mattino nell'essere là, così anche il freddo della montagna, e il piacere di esserci; e nemmeno provavo rammarico per non aver potuto esserci la sera prima, in tempo con lo scadere dell'onomastico di mia madre, come se quella luce fosse ancora del giorno 8 e non del giorno 9, o fosse d'un giorno in una quarta dimensione.

Sapevo che mia madre abitava nei quartieri alti, ricordavo di aver salita quella scalinata quando si veniva là a trovare i nonni nella mia infanzia, e cominciai a salire. C'erano fascine di legna sugli scalini, davanti a qualche casa, e salii, e ogni tanto c'era un orlo di neve, e nel freddo, nel sole del mattino, quasi mezzogiorno ormai, arrivai finalmente in alto sopra l'immenso paese della montagna e i valloni chiazzati di neve. Non si vedeva gente, solo bambini scalzi coi piedi ulcerati di geloni e girai tra le case in alto intorno alle cupole della grande Chiesa Madre che anch'essa riconoscevo antica nella mia memoria.

Girai con la cartolina degli auguri in mano, su di essa avevo il nome della strada e il numero della casa dove abitava mia madre, e potei andare diritto molto facilmente, guidato nella mia ricerca dalla cartolina, come un portalettere, e un po' anche dalla memoria. A qualche bottega che vidi, di sacchi e barili, volli domandare, inoltre, e così arrivai in visita dalla signora Concezione Ferrauto, mia madre, cercandola come un portalettere, con la cartolina di auguri in mano e il nome, Concezione Ferrauto, sulle labbra. La casa era l'ultima della strada indicata, a cavallo di un piccolo giardino, con una breve scala esterna. Salii, nel sole, guardai ancora una volta l'indirizzo sulla cartolina, e fui da mia madre, riconobbi la soglia e non mi era indifferente esserci, era il più pieno del viaggio nella quarta dimensione.

Spinsi la porta ed entrai in casa e da un'altra stanza una voce disse: – Chi è? – E io riconobbi quella voce, dopo quindici anni che non la ricordavo, la stessa di quindici anni prima ora che ricordavo: era alta, chiara, e ricordai mia madre parlare nella mia infanzia da un'altra stanza.
– Signora Concezione, – dissi.

Elio Vittorini: *Conversazione in Sicilia*
(Giulio Einaudi editore, 1966)

Notes on Vocabulary

la corriera	coach
la m*a*cchia	stain, blotch
la c*u*pola	dome
il pendio	slope
il com*i*gnolo	chimney pot
scalzo	shoeless, barefooted
il ramm*a*rico	bitterness
l'onom*a*stico	name day, saint's day
chiazzato	stained, spotted
il gelone	chilblain
la s*o*glia	threshold

10.9 **IL RIFIUTO**

Italy is a land rich in myth and legend. Every region has its special set of folktales and stories. Italo Calvino will be remembered as one whose self-appointed task was to gather together so many of the country's traditional fables and retell them in modern form. He will, however, be remembered best for his own inventiveness as he created his own modern fables, now translated into many different languages. Calvino is the creator of fantasy and nowhere better to discover his magical touch than in the first of a series of short, playful, quasi-historical novels set in the sixteenth century: *Il barone rampante*. Written in 1957, this tale of youthful (and adult) revolt continues to be popular among young and older readers. The twelve year old Cosimo, faced with a plate of snails, refuses to obey the command of his father, the Baron Arminio Piovasco di Rondo. His younger brother, who acts as narrator, does not like snails either – but resigns himself and eats . . .

– E tu? – disse nostro padre a Cosimo.
– No, e poi no! – fece Cosimo, e respinse il piatto.
– Via da questa tavola!
Ma già Cosimo aveva voltato le spalle a tutti noi e stava uscendo dalla sala.
– Dove vai?
Lo vedevamo dalla porta a vetri mentre nel vestibolo prendeva il suo tricorno e il suo spadino.
– Lo so io! – Corse in giardino.

Di lì a poco, dalle finestre, lo vedemmo che s'arrampicava su per l'elce. Era vestito e acconciato con grande proprietà, come nostro padre voleva venisse a tavola, nonostante i suoi dodici anni: capelli incipriati, col codino e il fiocco, tricorno, cravatta di pizzo, marsina verde a code, calzonetti color malva, spadino, e lunghe ghette di pelle bianca a mezza coscia, unica concessione a un modo di vestirsi più intonato alla nostra vita campagnola. (Io, avendo solo otto anni, ero esentato dalla cipria sui capelli, se non nelle occasioni di gala, e dallo spadino, che pure mi sarebbe piaciuto portare). Così egli saliva per il nodoso albero, muovendo braccia e gambe per i rami con la sicurezza e la rapidità che gli venivano dalla lunga pratica fatta insieme.

Ho già detto che sugli alberi noi trascorrevamo ore e ore, e non per motivi utilitari come fanno tanti ragazzi, che ci salgono solo per cercar frutta o nidi d'uccelli, ma per il piacere di superare difficili bugne del tronco e inforcature, e arrivare più in alto che si poteva, e trovare bei posti dove fermarci a guardare il mondo laggiù, a fare scherzi e voci a chi passava sotto. Trovai quindi naturale che il primo pensiero di Cosimo, a quell'ingiusto accanirsi contro di lui, fosse stato d'arrampicarsi sull'elce, albero a noi familiare, e che protendendo i rami all'altezza delle finestre della sala, imponeva il suo contegno sdegnoso e offeso alla vista di tutta la famiglia.

– Vorsicht! Vorsicht!. Ora casca, poverino! – esclamò piena di ansia nostra madre, che ci avrebbe visti volentieri alla carica sotto le cannonate, ma intanto stava in pena per ogni nostro gioco.

Cosimo salì fino alla forcella d'un grosso ramo dove poteva stare comodo, e si sedette a gambe penzoloni, a braccia incrociate con le mani sotto le ascelle, la testa insaccata nelle spalle, il tricorno calcato sulla fronte.

Nostro padre si sporse dal davanzale.
– Quando sarai stanco di star lì, cambierai idea! – gli gridò.
– Non cambierò mai idea, – fece mio fratello, dal ramo.
– Ti farò vedere io, appena scendi!
– E io non scenderò più! – E mantenne la parola.

Italo Calvino: *Il barone rampante*
(Giulio Einaudi editore, 1965)

Notes on Vocabulary

il vetro	glass
il tricorno	three-cornered hat
lo spadino	small sword
arrampicarsi	to climb; to clamber up
l'elce	holm-oak
acconciato	attired; with hair arranged
incipriato	powdered
il fiocco	bow
il pizzo	lace
la marsina	tail coat
le ghette	gaiters
nodoso	knotty
accanirsi	to show persistent anger; to be exasperated
il suo contegno sdegnoso	his disdainful behaviour
Vorsicht! (a German word)	Be careful!
Ora casca poverino!	Now the poor little thing will fall
alla carica sotto le cannonate	charging towards cannon
la forcella	fork in the branches
la testa insaccata nelle spalle.	his head withdrawn into his shoulders
calcato	crumpled
il davanzale	window-sill

10.10 UN GIALLO DEL MEDIOEVO

Perhaps no novel has had greater universal impact in recent years than Umberto Eco's *Il nome della rosa*. It is easy to understand why such a bizarre tale should have so caught the public imagination. Eco's brilliance in developing mystery and suspense, his use of language and his erudition in creating such an authentic backcloth to the intriguing plot leave the reader somewhat in awe. The film based upon the novel has also been seen by millions of people the world over. Following the format of novels of earlier times, the author provides a succinct summary of the events of each chapter. That preceding this extract, *Quarto giorno*. reads:

Dove Salvatore si fa miseramente scoprire da Bernardo Gui, la ragazza amata da Adso viene presa come strega e tutti vanno a letto più infelici e preoccupati di prima.

Strange goings-on – but worse was to follow . . .

Stavamo infatti ridiscendendo nel refettorio quando udimmo dei clamori, e delle luci fievoli balenarono dalla parte della cucina. Guglielmo spense di colpo il lume. Seguendo i muri ci avvicinammo alla porta che dava sulla cucina, e sentimmo che il rumore proveniva dall'esterno, salvo che la porta era aperta. Poi le voci e le luci si allontanarono, e qualcuno chiuse con violenza la porta. Era un tumulto grande che preludeva a qualcosa di sgradevole. Velocemente ripassammo per l'ossario, riapparimmo nella chiesa, deserta, uscimmo dal portale meridionale, e scorgemmo un baluginare di fiaccole nel chiostro.

Ci appressammo, e nella confusione pareva che fossimo accorsi anche noi insieme ai molti che già erano sul luogo, usciti vuoi dal dormitorio vuoi dalla casa dei pellegrini. Vedemmo che gli arcieri stavano tenendo saldamente Salvatore, bianco come il bianco dei suoi occhi, e una donna che piangeva. Provai una stretta al cuore: era lei, la ragazza dei miei pensieri. Come mi vide mi riconobbe e mi lanciò uno sguardo implorante e disperato. Ebbi l'impulso di lanciarmi a liberarla, ma Guglielmo mi trattenne sussurrandomi alcuni improperi per nulla affettuosi. I monaci e gli ospiti ora accorrevano da ogni parte.

Arrivò l'Abate, arrivò Bernardo Gui, a cui il capitano degli arcieri fece un breve rapporto. Ecco cos'era accaduto.

Per ordine dell'inquisitore essi pattugliavano nottetempo l'intera spianata, con particolare attenzione per il viale che andava dal portale d'ingresso alla chiesa, la zona degli orti, e la facciata dell'Edificio. (perché? mi chiesi, e capii: evidentemente perché Bernardo aveva raccolto dai famigli o dai cucinieri voci su alcuni traffici notturni, magari senza sapere chi esattamente ne fossero i responsabili, che avvenivano tra l'esterno della cinta e le cucine, e chissà che lo stolido Salvatore, come aveva detto a me dei suoi propositi, non ne avesse già parlato in cucina o nelle stalle a qualche sciagurato che, intimorito dall'interrogatorio del pomeriggio, aveva gettato in pasto a Bernardo questa mormorazione.) Nel girare circospetti e al buio tra la nebbia, gli arcieri avevano finalmente sorpreso Salvatore, in compagnia della donna, mentre armeggiava davanti alla porta della cucina.

'Una donna in questo luogo santo! E con un monaco!' disse severamente Bernardo rivolgendosi all'Abate. 'Signore magnificentissimo', proseguì, 'se si trattasse solo della violazione del voto di castità, la punizione di quest'uomo sarebbe cosa di vostra giurisdizione. Ma poiché non sappiamo ancora se i maneggi di questi due sciagurati abbiano qualcosa a che vedere con la salute di tutti gli ospiti, dobbiamo prima far luce su questo mistero. Orsù, dico a te, miserabile', strappava dal petto di Salvatore l'evidente involto che quello credeva di celare, 'cos'hai lì dentro?'

Io già lo sapevo: un coltello, un gatto nero che, aperto che fu l'involto, fuggì miagolando infuriato . . .

Umberto Eco: *Il nome della rosa*
(Fabbri – Bompiani, 1980)

Notes on Vocabulary

un giallo	a detective story, thriller
fi*e*vole	feeble, weak
salvo che	except that
sgrad*e*vole	unpleasant
l'oss*a*rio	place where bones are deposited
un baluginare di fi*a*ccole	a flickering of torches
vuoi . . . vuoi . . . (sia . . . sia . . .)	both . . . and . . .
gli arcieri	bowmen
sussurr*a*ndomi alcuni improperi per nulla affettuosi	whispering some words of abuse that could hardly be called friendly
l'orto	vegetable garden
il fam*i*glio	footman, attendant
la cinta	surounding wall
armeggiare	to mess about; to be up to something
il man*e*ggio	scheming; intrigue
lo sciagurato	wicked person
l'involto	bundle
miagolare	to miaow

II REFERENCE MATERIAL

KEY TO THE EXERCISES

Obviously the exercises in each chapter have been designed primarily to help you practise points of language specific to the texts. There may be several possible ways of answering the questions but, for reasons of space, the key provides, in the majority of cases, only one solution.

CHAPTER 1 L'ITALIA PATRIA MIA

A

1.2.1

(a) Areas where they cook using butter (the North) and oil (the South).
(b) The average height of Italians has increased during the past 80 years by 5 centimetres. The tallest young men are from the Friuli region.
(c) It is the only country with two other states within its frontiers.
(d) Catholic, Protestant and Jewish.
(e) Somewhat surprisingly, it has a milder climate than Milan.
(f) No, he believes that they will be disappointed.

1.2.2

When you have completed your list, make sure that you learn the correct *gender* for nouns and the right *forms* of the adjectives and verbs.

1.2.3

(a) has a small one
(b) the best (because of their height)
(c) a milder climate
(d) publicity material from the tourist offices
(e) depending on their culture and their sex

B

1.4.1

(a) civile
(b) storico
(c) sociale

(d) insulare
(e) tradizionale
(f) turistico
(g) deludente
(h) londinese
(i) costante
(j) simbolico
(k) religioso
(l) culturale
(m) settimanale
(n) economico
(o) padano

1.4.2

(a) D'inverno cade più neve nelle Alpi che in Scozia.
(b) Ogni anno la città del Vaticano riceve più turisti che San Marino.
(c) Nelle Dolomiti ci sono più piste di sci che negli Appennini.
(d) Nei grandi alberghi le vacanze costano più che in pensione.

1.4.3

(a) La cucina a base di burro è più grassa della cucina a base di olio.
(b) Il clima di Napoli è più mite del clima di Torino.
(c) I biglietti di aereo sono più cari dei biglietti del treno.
(d) Le pizze mangiate in trattoria sono più deliziose delle pizze comprate in supermercato.
(e) Il turismo italiano è più sviluppato del turismo inglese.
(f) Le città italiane sono più rumorose delle città inglesi.

1.4.4

(a) ... è più mite di quello di Torino.
(b) ... sono più cari di quelli del treno.
(c) ... sono più deliziose di quelle comprate in supermercato.
(d) ... è più sviluppato di quello inglese.
(e) ... sono più rumorose di quelle inglesi.

1.4.5

(a) Tutti stanno facendo cose differenti.
(b) Mio marito/mia moglie sta preparando la cena.
(c) Mia figlia sta parlando al telefono con il fidanzato.
(d) Mio figlio sta suonando la chitarra nella sua camera da letto.
(e) I gemelli/le gemelle stanno correndo per la casa.
(f) Il cane sta abbaiando.
(g) Qualcuno sta bussando alla porta.
(h) Tutti stanno facendo troppo rumore.
(i) Ed io sto impazzendo. (Ed io sto diventando pazzo/a.)

1.4.6

(a) Si considerano enormi le differenze . . .
(b) Si definisce come 'variabile' il clima . . .
(c) Si mangiano gli spaghetti . . .
(d) Si celebrano molte feste . . .
(e) Si presenta un'immagine falsa . . .
(f) Si possono seguire gli itinerari . . .

1.6

(a) (i) about 20 years
(ii) to study and practise her English
(iii) she met her future husband
(iv) mother and father live in Venice, her brother lives and works in Naples
(v) usually for the summer holidays but also for shorter spells sometimes at Easter and Christmas.

(b) (i) more serious
(ii) it seems that no problems exist

(c) She cannot give an unequivocal yes or no because she feels that she would deny a certain part of herself if she did

1.8.1
The following groupings are suggested:
Expressing agreement

senz'altro, ho capito, mi pare di sì, questo è vero.

Linking ideas

se non mi sbaglio, perciò, e poi, allora, mi sembra, forse, intanto, penso che.

Stressing a point

naturalmente, cioè, invece, però, guarda, affatto, senza dubbio, indubbiamente, abbastanza.

1.8.2
The words occur in the following sequence, in the following form:

l'impressione – la ragione – la proiezione – un'illusione – opinione – rigenerazione – rinnovazione – istituzioni – l'intenzione – l'occasione – una definizione – situazione

B
1.10

(a) The fourth sentence may serve the purpose:

Il mondo ha scoperto il tricolore e le qualità dell'Italia.

(b) Messages from ambassadors, economic experts who study the Stock Exchange, journalists' reports, television programmes.

(c) alla riscossa – launching a counter attack
alle corde – restrained
sulla bocca di tutti – to be the talk of the town
analettico – a way of restoring health
il doppio lavoro – moonlighting
terziario – service industry
snobbare – look down one's nose at
un netto miglioramento – a marked improvement
è andata espandendo – has gone on growing

(d) **(i)** By referring to the Italians' amazing capacity for surviving every difficulty.
(ii) By referring to the growth in the national economy and the less frequent political crises.

(e) We suggest : L'Italia – un paese alla riscossa.
Paragraph sub-headings could be:

1. Rapporti ottimistici dall'Italia.
2. 1985 – un anno fortunato.
3. Le opinioni degli esperti.

1.12.1

(a) La stabilità del governo è ormai accettata.
(b) La curiosità dei giornalisti è ben nota.
(c) La capacità degli ambasciatori di mandare rapporti pessimistici è innegabile.
(d) La vivacità dei napoletani è riconosciuta in tutti i paesi europei.
(e) Non si nega la realtà dei problemi.
(f) La difficoltà degli esercizi di grammatica è stata progettata dall'autore.

1.12.2

Secondo i rapporti più recenti dal nostro ambasciatore in Russia, l'Italia è considerata dalle autorità a Mosca uno dei paesi più creativi e più vivaci del mondo. È ormai ben riconosciuto dagli esperti russi che la maestria dell'industria della moda e la qualità della vita culturale in generale rappresentano un'influenza positiva sull'immagine dell'Italia in quel paese.
Gli esperti economici hanno analizzato meticolosamente il bilancio statale e molti commentatori ritengono che, in anni recenti, c'è stato un netto miglioramento nell'economia. Nel 1985, i giornalisti internazionali, scrivendo dell'Italia, sono pieni di elogi e di ottimismo. La parola ottimismo si trova anche in rapporti pubblicati dalla Pravda.

1.13
Check your answers consulting the transcript.

CHAPTER 2 L'ITALIA FELICE

A

2.2.1

(a) more than half
(b) Alberto Sordi
(c) false
(d) Silvio Ceccato
(e) a writer and an astrologer
(f) least satisfied
(g) quite a high proportion of them declare themselves to be happy (63.2%)

2.2.2

(a) – (v)
(b) – (vi)
(c) – (i)
(d) – (iii)
(e) – (iv)
(f) – (ii)
(g) – (vii)

2.2.3

(a) non basta
(b) sotto mano
(c) con un certo ritardo
(d) abilissimo
(e) è una sciocchezza

B

2.4.1

(a) Mi pare che l'Italia sia ingovernabile.
(b) Federica Olivares pensa che gli italiani abbiano la possibilità di realizzare i propri progetti di vita.
(c) Mi sembra che non ci siano grandi differenze tra repubblicani e radicali.
(d) Al giornalista sembra che gli uomini dicano di essere felici senza esitare.
(e) Il professore crede che la Doxa abbia sbagliato.
(f) Nessuno pensa veramente che ci sia una definizione univoca della prosperità.
(g) C'è chi crede che le donne debbano aspettare ancora un po' prima di trovarsi alla pari degli uomini.
(h) Credo che le risposte possano cambiare da un momento all'altro.

2.4.2

Obviously your answers will depend to some extent on how you have interpreted the passage. The following forms would complete one correct version. Where appropriate, the verb is given in both the present and past tense.

afferma (ha affermato); ha risposto; dichiara (ha dichiarato); d'accordo; obiettano (hanno obiettato); sospettano; dice (ha detto); ammette (ha ammesso); sostiene (ha sostenuto); dicono; convinti; giudicate.

B
2.8.1

(a) Probably the fact that so many (44%) expressed such negative feelings about priests.
(b) (i) The main differences are in attitudes to religion and politics. With the passing years, attitudes have broadened. (ii) An increasing number of people accept that one can be Catholic and a good Socialist or Communist.
(c) No. Only 28% overall of whom 8% are practising Catholics.
(d) 60% chose the definition: 'The guardian of a great spiritual inheritance'.

2.8.2

(a) uno spaccato
(b) un campione
(c) la fede
(d) praticante
(e) nutrire

B
2.10.1
Refer back to the text.

2.10.2

(a) Mio fratello è convinto dell'esattezza delle risposte.
(b) La maggior parte della gente è determinata oggi a dimostrare la propria felicità.
(c) Tutti attribuiscono il successo dell'Italia alla trasformazione drammatica del paese.
(d) La povertà, comunque, è un'esperienza quotidiana per molte persone.
(e) Gli elementi che contribuiscono alla nostra contentezza sono tanti.
(f) Hai qualche preoccupazione?

CHAPTER 3 L'ITALIA IN VACANZA

3.3.1

cercate – evitate – esaminate – dimenticate – spiegate – perdete – aspettate – provate – seguite – smettete – rifugiatevi – affrontate – tenete.

3.3.2

(a) Chissà quando arriveranno!
(b) Chissà quando lo porterà!
(c) Chissà quando smetteranno!
(d) Chissà quando li controllerà!
(e) Chissà quando (lo) sarà!
(f) Chissà quando risponderà!

3.3.3

(a) Me la faccia portare in camera, per piacere.
(b) Me le faccia . . .
(c) Me li faccia . . .
(d) Me lo faccia . . .
(e) Me li faccia . . .
(f) Me lo faccia . . .

3.3.4

(a) Scusi, cerco di trovare le mie chiavi.
(b) Scusate, cerchiamo di dormire.
(c) Scusa, cerca di lasciarti un po' più di libertà.
(d) Scusi, cosa cercano di fare?
(e) Scusate, perché non cerchiamo di prendere biglietti per la Scala stasera?

3.3.5

(a) No, per carità, lo farò addebitare al mio conto.
(b) la farò addebitare . . .
(c) li farò addebitare . . .
(d) li farò addebitare . . .
(e) le farò addebitare . . .
(f) lo farò addebitare . . .

3.3.6

Il conto è salato.
Scusi, ma ci deve essere un errore.
Mi porti il menu per piacere. Vorrei controllare i prezzi.
Ma qui, ad esempio, le lasagne costano il doppio del prezzo scritto sul menu.
Chissà quante altre persone hanno fatto quell'errore. Mi chiami il direttore.
No. Al contrario, tutto va molto male.
Lasciamo stare (perdere). Sa, queste cose succedono anche in Inghilterra.
Qui non ci mettiamo più piede!

A
3.5.1

(a) suggestionato da
(b) parcheggiato(a) in doppia fila
(c) scovare il prezzo migliore
(d) la gente viene a scoprire
(e) gli occhi sognanti
(f) affollare il mercato

3.5.2

The job of travel agents is to provide information about possible holiday destinations and prices. They can also make reservations and issue tickets. They act as intermediaries between two sorts of clients. On the one hand, there are the air companies and hotel chains. On the other, there are the passengers and holiday makers. Travel agents are really caught in the middle because the former flood the market with a confusing range of prices and the latter may end up buying a more expensive trip than originally intended.

B
3.7.1

(a) Generalmente i clienti varcano la porta mal informati.
(Here, because of the close link between the ideas contained in the words *varcare* and *la porta*, the adverb is best placed after the subject of the sentence, *i clienti*, or at the beginning.)
(b) Quando qualcuno acquista un computer, ignora di solito tutto ciò che può fare.
(c) La mia macchina è in genere parcheggiata in doppia fila.
(d) Le compagnie aeree affollano regolarmente il mercato con biglietti di prezzi diversi.
(e) I viaggiatori pagano tranquillamente, senza dire niente.
(f) Una vacanza in un albergo in Inghilterra è relativamente costosa.

3.7.2
L'agenzia provvede alle prenotazioni, alcune delle quali sono a rischio.
Il cliente è colui che usa i servizi di mediazione dell'agenzia.
Non hanno una buona idea di tutto ciò che possono ottenere.
Ignorano che l'agenzia è soltanto un intermediario.
L'utente acquista i servizi di cui vuole far uso.
Questo è il motivo per cui l'utente dovrebbe cercare i prezzi migliori.
È uno dei servizi nuovi ai quali gli italiani si stanno abituando.
Cerchiamo tutti un consulente al quale possiamo chiedere servizi professionali.

3.8.2

(a) More than 900.
(b) Over the whole nation.
(c) 24 hours a day.

(d) Either repairing the vehicle or towing it to a nearby ACI centre or another garage.
(e) Every 2 kilometres.
(f) By stopping a police car or motorbike or by telephoning the operator, giving location, make of car and number.
(g) Free towing or repair, apart from a 5000 lire call-out charge.
(h) Free only to those in possession of petrol coupons.
(i) 116
(j) Informing the nearest entry or toll point.

3.8.4

(a) provenienti – gli stranieri che vengono da paesi . . .
(b) che siano muniti di – che abbiano un documento . . .
(c) che attesti – che provi la loro iscrizione . . .
(d) voce – sotto il nome di Regione X . . .
(e) è domiciliato – dove il turista abita . . .
(f) rilascerà – che darà gratuitamente . . .
(g) sprovvisto – se il turista non ha il modello . . .
(h) le prestazioni – pagamenti per i servizi . . .
(i) pertanto – è importante allora . . .
(j) si rechino – vadano all'estero . . .
(k) forniti della – con la dichiarazione

3.10

(a) È importantissimo che io dorma almeno otto ore su ventiquattro.
(b) Bisogna che tutti rimangano su di morale.
(c) Occorre che vi rivolgiate all'ufficio informazioni.
(d) È necessario che facciamo una prenotazione?
(e) Occorre che lei avverta il più vicino casello.
(f) È meglio che tu vada subito dal medico.
(g) L'esercizio non è difficile. Basta che tu lo legga attentamente.

3.11

(a) The sea is calm; there are rocks and cliffs; the flora is beautiful and it is very peaceful.
(b) Coping without everyday comforts.
(c) To save money and to stay longer.
(d) A storm at night while camping.
(e) She fears that lightning may strike the tent-pole.

3.12.2

(a) Mi è spesso capitato di pagare troppo in un ristorante.
(b) Mi è spesso capitato di incontrare un amico/un'amica in vacanza.
(c) Mi è spesso capitato di avere vicini chiassosi.
(d) Mi è spesso capitato di dimenticarmi le chiavi.
(e) Mi è spesso capitato di rimanere in panne sull'autostrada.

3.12.3

(a) Mi è piaciuto molto.
(b) Mi è piaciuta molto.
(c) Mi sono piaciuti molto.
(d) Mi sono piaciute molto.
(e) Mi è piaciuta molto.

3.13.1

(a) Leave the fruit and vegetables soaking for half an hour in a sterilising solution.
(b) It is best to boil it before drinking.
(c) It should be done with drinking water.
(d) Swimming costumcs.
(e) Usually less than a week.
(f) Rinse or sponge with very cold water for a few minutes.
(g) Every day.
(h) Ice.
(i) Strong wind and sun.
(j) In a tent.
(k) Safety pins.
(l) Suck.
(m) Take some time over it and enjoy a good breakfast.
(n) Immediately after a heavy meal.
(o) Rice, grilled meat or roast beef with accompanying salad, and coffee.

CHAPTER 4 L'ITALIA A TAVOLA

A
4.2.1

(a) Primo Conti
(b) Sergio Zavoli
(c) Wanda Osiris
(d) Giorgio Forattini
(e) Bettino Craxi
(f) Alessandro Blasetti
(g) Antonello Trombadori
(h) Bruno Brancher
(i) Gaetano Azzolina

4.2.2

(a) Ai maccheroni preferisco gli spaghetti.
(b) Di maccheroni fatti bene mi piace mangiarne due o tre, non di più.
(c) Peccato, proprio oggi che c'erano i maccheroni.
(d) I maccheroni sono la vita e quando posso, li mangio ancora.
(e) In fondo, i maccheroni sono complici della nostra disfatta nazionale.

B
4.5

Sì, ho abbastanza fame.
Lei sa come si deve fare una vera pastasciutta, allora?
Qual'è la sua specialità?
Ne ho mangiati un po' una volta ma non mi sono veramente piaciuti molto.
No grazie, e in ogni modo agli spaghetti preferisco le tagliatelle.
Va bene, forse hai ragione. Ma c'è chi dice che mangiare le tagliatelle alle vongole è una vera profanazione!

4.6

(a) true
(b) false – Italian cooking
(c) false – some difficulty with Venetian specialities
(d) false
(e) true
(f) false – about an hour

A
4.8.1

le uova – non devono essere introdotte nella dieta del bambino prima dell'ottavo mese
il pesce – può essere introdotto nella dieta del bambino solo dopo il primo anno di vita
la carne – può essere introdotta soltanto quando il bambino avrà tutti i denti
l'insalata di verdura cruda – va mangiata sempre all'inizio del pranzo
la verdura cotta – può essere mangiata come contorno
la frutta – solamente la mela può essere mangiata a fine pasto; tutta l'altra frutta è vietata
i dolci – sono assolutamente proibiti
il vino – è consigliato solo con la carne e il pesce ma, attenzione!
è permesso soltanto un bicchiere

4.8.2

(a) patate fritte
(b) una maggioranza silenziosa
(c) pollo ruspante
(d) fertilizzanti chimici
(e) una dieta equilibrata
(f) cibi sani
(g) un piatto unico
(h) verdura cruda
(i) verdura cotta
(j) una prescrizione medica

B

4.10.1

(a) Sono stati gli italiani a decidere di inserirci un buco.
(a) Era mia madre ad insistere che io mangiassi la pasta.
(c) A casa nostra è stato sempre mio padre a preparare le tagliatelle.
(d) In qualche modo, sono stati i turisti a creare quell'abitudine di mangiare le tagliatelle alle vongole.
(e) In famiglia sono stato/a io a rifiutare di mangiare gli spaghetti.
(f) È stato Luigi a proporre una bottiglia di Chianti con le lasagne?

4.10.2

(a) Si servono spesso le patate fritte . . .
(b) Non si consuma mai il vino . . .
(c) Nei migliori ristoranti si preparano sempre gli spaghetti . . .
(d) Anni fa si faceva il sugo . . .
(e) Si pronunciano le parole . . .
(f) Si deve preparare la polenta . . .

4.10.3

(a) fossi
(b) ha
(c) sia
(d) siano
(e) abbia
(f) abbiano
(g) fossero
(h) dà
(i) è
(j) sia
(k) fosse

4.10.4

(a) avranno – saranno
(b) sarà – saprà
(c) avrà – passeranno
(d) verrai – avrai
(e) aumenterà – verrà
(f) smetterò – darà
(g) continuerà – moriranno

4.10.5

Sappiamo pochissimo sulla dieta della tipica famiglia italiana prima del Novecento. Comunque, sembra che durante gli anni Sessanta e Settanta di quel secolo la maggior parte della gente fosse ben nutrita. Solo una minoranza veniva considerata troppo povera per mangiare carne e verdura ad ogni pasto. Di tanto in tanto si mangiava anche qualcosa che si chiamava 'maccheroni'.

All'inizio di quel secolo la situazione era molto diversa per la maggioranza della popolazione. Si mangiavano di solito piatti semplici a base di riso, patate o legumi crudi. Ma nel 1986, evidentemente, tutto cambiò (è cambiato). È chiaro che, da allora in poi, gli italiani cominciarono (hanno cominciato) a seguire la nostra maniera moderna di mangiare – ingozzando alla svelta hamburgher e patate fritte all'americana per la prima colazione, al pranzo del mezzogiorno e per la cena!

4.11

(a) No: she says that she can just about manage.
(b) No: she prefers to concoct a new recipe with what she has in the kitchen.
(c) Yes: including some famous titles.
(d) No: from her brother.
(e) No: her father does.
(f) Yes: humble maybe, but simple and healthy, and low in calories.

4.13

(a) Ti piacciono i lavori domestici?
(b) Ti piace cucinare?
(c) Segui le ricette o preferisci improvvisare?
(d) Preferisci la cucina napoletana o la cucina veneziana?
(e) Trovi facilmente tutti gli ingredienti necessari?
(f) Da chi hai imparato a cucinare?
(g) Prepari un pranzo abbondante tutti i giorni della settimana o solamente la domenica?
(h) È apprezzata la tua cucina dalla famiglia?

CHAPTER 5 L'ITALIA IN FAMIGLIA

(a) T
(b) F: She says that Laura's memories are bound to be fresher than hers.
(c) T
(d) F: The parents get up first.
(e) F: They went separately.
(f) T
(g) F: They relax at home.
(h) F: The youngest have to stay at home.
(i) T: She is the youngest.

5.1.2

(a) una giornata da trascorrere in famiglia
(b) si rifanno a parecchi anni fa ormai

(c) i preparativi sono avviati quasi immediatamente
(d) l'importante era andarci
(e) meglio degli altri giorni
(f) mi stai facendo venire un'enorme nostalgia
(g) questa è l'immagine a specchio

5.3.2

(a) Ci si alza presto.
(b) Ci si incontra con gli amici.
(c) Ci si raccontano le storie della settimana.
(d) Ci si diverte a fare una gita.
(e) Si esce e si va in discoteca.
(f) (Ci) si va verso mezzanotte.

5.3.3

(a) Ci si può ballare tutta la notte.
(Ci si può passare tutta la notte a ballare.)
(b) Ci si possono incontrare tante persone interessanti.
(c) Ci si possono trovare quadri magnifici.
(d) Ci si possono comprare i gelati migliori.
(e) Ci si possono trovare i prezzi meno cari.
(f) Ci si può facilmente smarrire.

A
5.5.1

Paragraph 1
(a) Se proprio ero obbligato – non andavo più in là di . . . Clearly the author avoided having to speak to children unless he were obliged to and even then he restricted himself to the one question 'cosa farai da grande?' – What will you do when you grow up?
(b) When asked the question above the child retorts: 'e tu cosa farai da piccolo?' In order to retain the same kind of play on words as above, this is probably best translated as: 'And what will *you* do when you grow down?' The author is reminded rather poignantly of the ageing process.
(c) It appears that the 'innocent' child has realised that the author has a lady friend of that name so has chosen to ask that embarrassing question.

Paragraph 2
He couldn't get down on the carpet with his son and pretend to be a dog. He couldn't bring himself to throw him into the air shouting out 'Fly! Fly! Fly!' Neither was he much of a storyteller by all accounts.

Paragraph 3
He assumed that useful phrases were learned without much effort (per conto suo) so he concentrated on useless ones!

Paragraph 4
(a) A pile of plates. Hence something that is very fragile and liable to topple over.

(b) The normal school starting age is six. By asking that question of a four-year-old, he was displaying an incredible degree of ignorance about children.

Paragraph 5
With the passing of time he has become more paternal. He has also taken some interest in the psychology of the child.

5.5.2

(a) infastidire
(b) una favola
(c) snaturato
(d) un parente
(e) il contegno
(f) suscitare
(g) la commozione

5.5.3

(a) i bambini
(b) mio figlio
(c) mio figlio
(d) raccontargli delle favole ('ci' stands for the whole idea, not just a single word)
(e) le frasi utili
(f) anni (the phrase must be either 'quando aveva quattro anni' or 'quando ne aveva quattro' if the word *anni* has been mentioned before
(g) i rispettivi figli

B
5.7.1

(a) Non sono capace di aprirlo neanch'io.
(b) Non sono capace di tradurla neanch'io.
(c) Non sono capace di chiuderlo neanch'io.
(d) Non sono capace di sciare neanch'io.
(e) Non sono capace di giocare neanch'io.
(f) Non sono capace di mangiarne di più neanch'io.
(g) Non sono capace di guidarla neanch'io

5.7.2.

(a) Vi dà fastidio se parcheggio la macchina qui?
(b) Le dà fastidio se telefono più tardi stasera?
(c) Ti dà fastidio se Giovanna ci accompagna?
(d) Le dà fastidio se lascio i miei bagagli in ufficio?
(e) Vi dà fastidio se vado direttamente in camera?

5.7.3
Refer to the original passage to correct this exercise.

A
5.9.1

La casa: The house has taken the place of the motor-car as a cult object for middle-class Italians. This is primarily because it is such a difficult possession to acquire. It has become the main focus of their desires and interests.
La generazione tra i 30 e i 40 anni: This generation, it is suggested, has broken away from past traditions; it has broken away from relationships that were found to be unsatisfying and sought a new way of life. But this is precisely why it suffers so much – because it has neglected the family.
La vita in famiglia – un inferno continuo: Family life is described as a form of hell with people not bothering to talk to one another but living isolated lives within the home, ignoring the feelings and problems of the other members of the family.
Gli italiani – una nazione di piagnoni: The professor considers that Italians lack a sense of humour. They may use sarcasm against other people but seem incapable of looking at themselves in a light-hearted way. So they go around complaining and feeling sorry for themselves. That seems to be the best form of escapism.

5.9.2

(a) da
(b) da
(c) come; di; al centro dei; degli; dell'; del
(d) per; degli; con; degli
(e) tra; per
(f) in; nella; dei;
(g) di; in; del; verso.

5.9.3

(a) oggetto – object; ottenere – obtain; assenza – absence
(b) la valutazione – evaluation; l'evoluzione – evolution; l'istituzione – institution; la discussione – discussion; l'autocommiserazione – we would not really say autocommiseration in English, preferring 'self-pity', but the word 'commiseration' does exist.
(c) la realtà – reality; la capacità – capacity, ability; la lievità – levity, light-heartedness

5.9.4

(a) brutto – la bruttezza: ugliness
(b) spazioso – lo spazio: space
(c) maleducati – la maleducazione: rudeness
(d) pigri – la pigrizia: laziness
(e) difficile – la difficoltà: difficulty
(f) continuo – la continuazione: continuation
la continuità: continuity
(g) saldo – la saldezza: firmness, steadiness
(h) attento – l'attenzione: attention
(i) familiare – la famiglia: family
la familiarità: familiarity, informality

(j) vecchio – la vecchiaia: old age (la vecchiezza is a rare form)
il vecchio: old man; la vecchia: old woman

B

5.11.1

(a) E Marco, cosa gli è successo? È diventato professore.
(b) E Gianna, cosa le è successo? È diventata dottore.
(c) E Gabriella e Luisa, cos'è successo loro? Sono diventate impiegate.
(d) E suo fratello Giorgio, cosa gli è successo? È diventato cattolico.
(e) E Riccardo e Paolo, cos'è successo loro? Sono diventati funzionari.
(f) E Marisa, cosa le è successo? È diventata farmacista.
(g) E tu e tua moglie? Siamo diventati genitori!

5.11.2

(a) Sì, è difficile trovare una macchina che ne consumi di più.
(b) Sì, è difficile trovare un professore che parli di più.
(c) Sì, è difficile trovare un posto che sia più bello.
(d) Sì, è difficile trovare una trattoria che ne offra una scelta più grande.
(e) Sì, è difficile trovare un campeggio che ne abbia di più.
(f) Sì, è difficile trovare un popolo che ne beva di più.

5.11.3.

(a) imparerei a suonare la chitarra
(b) visiterei tutti i musei e i monumenti
(c) mi dedicherei agli sport acquatici
(d) passerei la maggior parte del tempo al mare
(e) non sarei così grasso
(f) perfezionerei il mio italiano
(g) gli scriverei una lettera
(h) smetterei di fumare

5.11.4

(a) se tu mi accompagnassi
(b) se il mio stipendio aumentasse domani
(c) se Franco e Maria venissero al cinema con noi
(d) se noi prendessimo lo stesso tassì
(e) se mio zio ricco ci comprasse un appartamento a Sorrento
(f) se il telefono non squillasse mai più

5.11.5

Penso di sì, ma sono sicura almeno che la mia è una famiglia felice.
Forse se abitassi in Italia, la situazione sarebbe diversa.
La maggior parte della gente in Inghilterra continua a porre la famiglia al centro delle sue attività.
Al contrario. Non ha niente a che fare con il denaro.
Tra le pareti domestiche c'è sempre bisogno di trovare un po' di tempo per parlare l'uno all'altro.

Non importa se seria o banale, la conversazione è il bene massimo da custodire.
C'è molta gente che direbbe subito: la televisione – e io sarei d'accordo.

5.12

(a) six
(b) twelve
(c) She could never manage to love everybody.
(d) With the grandparents, in Naples
(e) She used to spend a lot of time playing or reading on her own.
(f) She did not always manage to express herself as she wished.

5.14

(a) – (vii)
(b) – (iv)
(c) – (v)
(d) – (vi)
(e) – (ix)
(f) – (viii)
(g) – (iii)
(h) – (i)
(j) – (ii)

CHAPTER 6 L'ITALIA AL VOLANTE

A
6.2.1

(a) . . . nobody really asks them to.
(b) . . . nothing at all will happen to you.
(c) . . . police cars.
(d) . . . are violated in a variety of ways.
(e) . . . never cross over in a determined way.
(f) . . . a kindly suggestion, perhaps a piece of advice.

6.2.2

(a) è una finzione
(b) impunemente
(c) una cosa del genere
(d) l'Italia attuale
(e) da un bel po'

6.2.3
Refer back to the text.

B

6.4.1

(a) il minimo rispetto per il semaforo
(b) la città più caotica del mondo
(c) il più bel posto del mondo
(d) il migliore pasto che io abbia mai mangiato
(e) il massimo errore che io abbia mai fatto
(f) con la massima attenzione per i dettagli
(g) il migliore momento della mia vita
(h) automobili con una velocità massima di 190km all'ora

6.4.2

(a) vengono
(b) viene
(c) vengono
(d) verrete
(e) verrà
(f) vennero

6.4.3

(a) La polizia crede di avere il diritto . . .
(b) Gli italiani credono di avere molto rispetto . . .
(c) Il sindaco di Napoli crede di poter(e) spiegare l'uso del semaforo . . .
(d) I pedoni credono di sapere quando gli è permesso . . .
(e) Credo di aver(e) imparato a memoria . . .
(f) Tutti gli utenti delle autostrade credono di aver(e) capito il significato . . .

6.4.4

(a) Non bere troppo!
(b) Non guidare troppo forte! (troppo velocemente)
(c) Non parlare così in fretta! (così rapidamente)
(d) Non dimenticare di portare il tuo ombrello!
(e) Non telefonarmi prima di giovedì!
(f) Non scherzare!
(g) Non venire prima delle sette!
(h) Non dire sciocchezze!

6.8

(a) Naples was designed for horse-drawn carriages, not for cars travelling in both directions. There is also little parking space available.
(b) Buy some comfortable shoes and leave the car at home.
(c) He refers to it as the 'so-called public transport system' and, in what is an obvious understatement, says that it does not really function perfectly.

(d) A Neapolitan, he says, will not bother to look for a car-park but, with a kind of 'couldn't care less attitude', will double park, thus causing traffic chaos.
(e) He suggests that Neapolitans really like their chaotic way of life even if they swear about it and express hatred for it in public.

6.9.1

(a) Non è che esistano in realtà.
(b) Non è che si trovino in grande quantità in centro.
(c) Non è che cerchino problemi.
(d) Non è che abbia l'intenzione di creare un ingorgo.
(e) Non è che se ne freghino.

6.9.2

(a) Per quanto mi sforzi di scriverla, non ci riesco.
(b) Per quanto ci sforziamo di mangiarlo, non ci riusciamo.
(c) Per quanto si sforzi di spiegarlo, non ci riesce.
(d) Per quanto si sforzino di capirla, non ci riescono.
(e) Per quanto mi sforzi di evitarlo, non ci riesco.

A
6.11.1

(a) (i) no (ii) yes (iii) no
(b) (i) no (ii) yes (iii) yes
(c) (i) no (ii) yes (iii) yes (iv) no
(d) (i) no (ii) yes (iii) yes (iv) no
(a) (ii) I verdi sono fermamente intenzionati ad impedirne l'accesso ai centri storici.
(b) (ii) Tutti ormai sono abituati alla libertà conseguente all'uso della propria auto.
(iii) Tornare al mezzo pubblico sarà per alcuni più traumatico di quanto ci si possa aspettare.
(c) (ii) Ci dà protezione dalle intemperie.
(iii) Occorre riprogettare le reti viarie.
(d) (ii) Citroen, Renault e Fiat proseguiranno nella sua ulteriore proletarizzazione.
(iii) La civiltà dei consumi . . .si riverbera di nuovo sulla produzione, investendo l'automobile di valori di 'status symbol', di prestigio . . .

6.11.2

(a) (i) illimitato (ii) ingombrante (iii) intenzionato (iv) incidente (v) inquinamento (vi) investendo
(b) (i) strapotere (ii) svolta (iii) sconvolgere (iv) spostamenti (v) sprechi (vi) stravaganza

6.13.1

(a) Il vivere in città è diventato quasi impossibile.
(b) Impedire l'accesso ai centri storici delle nostre città è un passo importante.

(c) Occorrerà progettare sistemi efficienti di comunicazione.
(d) Il parcheggiare indiscriminato di tante automobili per le strade ha portato all'aumento del numero di interventi da parte della polizia.
(e) Abbandonare la macchina e ritornare all'uso dei mezzi pubblici è l'intenzione degli amministratori locali.
(f) Sprecare del tempo negli ingorghi fa parte della vita quotidiana per i cittadini di Milano.

6.13.2

Pro:
1. l'indipendenza negli spostamenti
2. (ci fa fare) bella figura
3. (ci dà) produttività maggiore
4. comodità – (più dei mezzi pubblici)
5. protezione dalle intemperie
6. contatti umani più facili

Contro:
1. ingombrante negli agglomerati urbani
2. sconvolge la vita
3. rischi di incidenti
4. ritardi
5. sprechi (di tempo e di denaro)
6. mancanza di parcheggi
7. inquinamento

2. Pro: La macchina ci fa fare bella figura.
   Contro: Le macchine sconvolgono la vita dei cittadini.
3. Pro: La macchina ci offre la possibilità di creare maggiore produttività.
   Contro: Con tante automobili in giro c'è sempre il rischio di incidenti.
4. Pro: È più comodo viaggiare in macchina che usare i mezzi pubblici.
   Contro: Si arriva sempre in ritardo a causa della congestione.
5. Pro: Viaggiando in macchina, si è protetti dal brutto tempo.
   Contro: Chi possiede una macchina spreca spesso denaro e tempo.
6. Pro: La macchina ci permette di tenerci più facilmente in contatto con la nostra famiglia e con i nostri amici.
   Contro: In città i parcheggi sono insufficienti per il numero di automobili in giro. Quindi, molte macchine ingombrano le strade e la loro presenza impedisce alla gente di circolare.
7. Contro: I vapori dei tubi di scappamento inquinano l'aria e danneggiano i monumenti storici.

CHAPTER 7 L'ITALIA GIOVANE

A
7.2.1

(a) la cosa che mi ha colpito di più.

(b) al momento giusto
(c) sul serio
(d) forse avrete miglior fortuna
(e) a me non spiace
(f) un obiettivo alla volta
(g) non significa automaticamente

7.2.2

(a) Una persona che ha circa quarant'anni.
(b) Una persona che riflette le caratteristiche di un gruppo.
(c) Una persona che dà lezioni a persone che vogliono imparare.
(d) Una persona che scrive canzoni e poi le canta in pubblico o in registrazioni.
(e) È un posto in cui si seguono lezioni.
(f) È un posto in cui i ragazzi dai quattordici ai diciotto anni frequentano lezioni.
(g) È un posto in cui la gente s'incontra per chiacchierare e anche per manifestare!

7.2.3

(a) – (iii)
(b) – (vi)
(c) – (v)
(d) – (i)
(e) – (iv)
(f) – (vii)
(g) – (ii).

B
7.4.1
(b) *E*: Argues that the new movement will make gradual progress rather than tackle too many issues at the same time.
V: Suggests that, unlike today's young people, his generation wanted to sever links with their parents, that young people now only aspire to a limited form of power.
(c) *E*: Claims that they do have some interest in politics but that they do not wish to be subjected to party politics.
V: Wonders whether *E* trusts his teachers.
(d) *E*: Explains what he looks for in a teacher. Qualities include tact and understanding when things are not going well.
V: Wonders whether *E* is afraid of getting low marks.
(e) *E*: Getting low marks from a teacher in whom one has confidence is acceptable; one bad mark in a year does not necessarily mean total failure.
V: Wonders how *E* feels about those teachers today who demonstrated in 1968.
(f) *E*: Believes that older teachers who give low marks despise today's youth. Is struck by the frequency with which they describe how hard things were for them as young people, how they had to struggle for an identity.
V: Says it was the same in 1968.

(g) *E*: Argues that young people are fed up and have decided to speak out now.
V: Is rather pleased that there *are* differences between their respective youth protests and recognises that they are having a real impact, even if theirs is not a revolutionary stance.

7.4.2

- (a) E del liceo classico, cosa ne pensi?
- (b) E dei professori più giovani, cosa ne pensi?
- (c) E delle lezioni di greco e di latino, cosa ne pensi?
- (d) E dei brutti voti, cosa ne pensi?
- (e) E dei professori che bocciano volentieri, cosa ne pensi?
- (f) E dei professori molto esigenti, cosa ne pensi?

7.4.3

- (a) Avrebbe preferito insegnare nel Sessantotto?
- (b) Secondo lei, oggi nelle scuole le cose sono molto diverse?
- (c) Pensa che i partiti politici possano influire sul comportamento dei giovani?
- (d) Le dispiace che i giovani non vogliano paragonarsi alla generazione del Sessantotto?
- (e) Come reagiscono i suoi studenti quando gli dà un brutto voto?

7.4.4

- (a) abbia
- (b) vogliano
- (c) capiscano – siano
- (d) si siano riconciliati
- (e) funzionino
- (f) rompano

7.4.5

- (a) Appena gli studenti hanno richiesto un'intervista, i giornalisti sono arrivati al liceo.
- (b) Appena il professore ha fatto una domanda, gli studenti sono usciti.
- (c) Appena ho letto la notizia, ho telefonato a Giovanni.
- (d) Appena i contestatori sono entrati nell'aula, il preside si è deciso a chiudere il liceo.
- (e) Appena Maria è riuscita a convincere suo padre, lui se n'è andato.

7.5

- (a) They thought that she would have a more complete religious education.
- (b) Una scuola del governo and una scuola pubblica.
- (c) It was where she first came into contact with 'a load of boys'.
- (d) She particularly enjoyed science subjects and English.

(e) She remembers receiving a compliment during her first lesson and she gained a sense of pride which spurred her to work hard.
(f) He treated his students as adults.
(g) She also enjoyed literary criticism.
(h) She seems to think that the situation is improving.

7.8.1
Refer back to the original.

A
7.10.1

(a) nei momenti più impensati
(b) una spiegazione esauriente
(c) ammesso che lei abbia voglia di ascoltarmi
(d) lo eravamo un po' tutti
(e) cerco ad indurla a riflettere
(f) in linea generale
(g) per un'ora di fila

7.10.2

(a) to peel
(b) absolute confidence
(c) an exchange
(d) bordering on
(e) to stand in her way
(f) suddenly bursting into
(g) gulping down
(h) parades

B
7.12.1

(a) . . . che mi possa indicare la strada per Ravenna?
(b) . . . che abbia moneta? (degli spiccioli)
(c) . . . che mi possa portare i bagagli?
(d) . . . che sappia guidare?
(e) . . . che sia capace di darmi una spiegazione precisa?
(f) . . . che parli inglese?

7.12.2

(a) Sì, ma prima dovrei cambiarmi.
(b) Sì, ma prima dovrei comprargli un regalino.
(c) Sì, ma prima dovrei ascoltare le previsioni del tempo.
(d) Sì, ma prima dovrei comprare una cartolina.
(e) Sì, ma prima dovrei fare una fotografia.

7.12.3

(a) No, non ho voglia di guardare la televisione. Preferirei continuare a leggere il mio libro.

(b) No, non ho voglia di scriverla stasera. Preferirei scriverla domani.
(c) No, non ho voglia di fare una gita in barca. Preferirei rimanere sulla spiaggia.
(d) No, non ho voglia di andarci. Preferirei trovare un posto più tranquillo.
(e) No, non ho voglia di cucinare. Preferirei uscire e mangiare in un ristorante.

7.12.4

Figlia: Mi dispiace di essere in ritardo. Ho dovuto partecipare ad una manifestazione studentesca.
Padre: Non è la prima volta che hai fatto tardi questa settimana. Tua madre ed io siamo scontenti che tu abbandoni così spesso la scuola.
Figlia: Ma sapete che gli operai della Fiat sono scesi in sciopero?
Padre: Sì, l'abbiamo visto alla televisione. C'era chi sfilava in piazza.
Figlia: Ma mi avete vista allora? C'eravamo tutti là, io e i miei amici.
Padre: Senti, ho l'impressione che a te piaccia far baccano in pubblico.
Figlia: Ma papà, questa non è la ragione per cui ho partecipato alla manifestazione. Le rivendicazioni degli operai sono giuste.
Padre: Spero di sì, ma non sarebbe male compiere un'analisi più profonda della situazione. Così si capirebbero le idee politiche che inducono la gente a protestare.
Figlia: I motivi politici variano di caso in caso e di generazione in generazione. Ad esempio, vorrei veramente sapere perché tu, da giovane, sei stato fascista.
Padre: Ma insomma, scegli sempre i momenti più impensati per fare questo tipo di domanda. Comunque, ti prometto che un giorno ti spiegherò tutto.
Figlia: Ma tu rispondi sempre vagamente quando ti rivolgo questa domanda.
Padre: Mi guardo sempre bene dal contrastarti ma mi sembra inopportuno all'ora del pranzo dare l'avvio ad un discorso complesso sugli impulsi della gioventù.
Figlia: Sì, d'accordo; comunque ritieni giusta o ingiusta la solidarietà con gli operai?
Padre: In linea generale, la ritengo giusta.
Figlia: Dovresti smetterla di trattarmi come una bambina.
Padre: Ti chiedo scusa. Dovrei avere maggior fiducia nelle tue capacità intellettuali.

7.13

(a) . . . non aver molto tempo libero a sua disposizione.
(b) . . . passeggiare, stare all'aria aperta oppure andare al cinema o leggere.
(c) . . . trascorre delle ore cercando libri che le possono interessare.
(d) . . . le persone che ha incontrato durante i suoi viaggi.
(e) . . . un po' dappertutto, negli Stati Uniti, in Canada, in Sudamerica, in India.

(f) . . . la conoscenza che le dà delle differenze tra una cultura e l'altra.
(g) . . . sempre negli anni della scuola.
(h) . . . per incontrare della gente.
(i) . . . non si mantenga in contatto con tutti i suoi amici.

CHAPTER 8 L'ITALIA: COMUNICAZIONE E MASS MEDIA

A
8.2.1

(a) A writer
(b) Holidays.
(c) Ask for record requests.
(d) A sales representative.
(e) We always run to answer the telephone.
(f) Someone apologises for disturbing us.

8.2.2

(a) È un uccellino femmina a cui è morto il compagno.
(b) Sono giochi televisivi in diretta (live broadcast) in cui gli spettatori devono indovinare la risposta giusta.
(c) Sono le persone che non conosciamo.
(d) È una persona ossessionata dal desiderio di prendere in giro gli altri.
(e) È una chiamata al telefono in cui una persona fa finta di voler chiacchierare ma invece ha l'intenzione di chiederti un favore.
(f) È un veicolo molto grande e solido usato dagli eserciti.

8.2.3

(a) Il campanello.
(b) Il cervello.
(c) Lo stecchino.
(d) Un intruso.
(e) Uno sventato.
(f) Un cialtrone.

B
8.5.1

(a) Il telefono le porta in casa qualsiasi intruso.
(b) La chiama a mezzanotte per chiederle il numero telefonico di un altro.
(c) È sempre una persona che chiede, quasi mai una persona che le dà qualcosa.
(d) Raramente qualcuno che le porti in casa una buona notizia.
(e) Magari le domandano come sta.
(f) Chi la difende dal telefono?

8.5.2

(a) Oggigiorno si può viaggiare in qualsiasi parte del mondo senza pagare molto.
(b) Possiamo guardare la televisione qualsiasi sera della settimana. Stasera, invece, andiamo al cinema.
(c) Mi piacerebbe fare qualcosa di veramente bello.
(d) Prendiamo qualcosa (da bere)?
(e) Qualcuno ha parcheggiato una macchina proprio davanti alla nostra.
(f) Cerco qualcuno che possa tradurre questo documento.
(g) Qualunque critica che lei possa fare al mio lavoro sarà utilissima.
(h) Per piacere, mi mostri qualcosa di meno caro.
(i) Hanno annunciato che il treno potrebbe arrivare in qualsiasi momento.
(j) Se hai bisogno di qualche cosa, fammelo sapere.

8.5.3

You might have come up with some or all of the following:

(a) la porta: la portiera; il portinaio; il portiere; portare; la porta principale; la porta laterale; la porta-finestra; aprire/chiudere la porta; sbattere la porta; suonare alla porta;
il portabagagli; il portacenere; il portafoglio.
(b) la cucina: cucinare; cuocere; il cuoco; culinario;
la cucina italiana; la cucina vegetariana; la cucina casalinga;
la cucina elettrica/a gas;
il forno; la stufa; la lavatrice; la lavapiatti.
(c) la fotografia: la foto; il fotografo; fotografare; fare una foto; una foto a colori; una macchina fotografica; una macchina da presa; una cinepresa; filmare; fotogenico; fotocopiare; sviluppare; una pellicola.
(d) la notizia: una bella/brutta notizia; le ultime notizie; notizie lampo (newsflash); i titoli (headlines); dare notizia di qualcosa; il notiziario; il giornale radio; il telegiornale; l'inviato speciale.

8.8.1

Compare your version with the relevant extracts in the original passage **(8.6)**

8.8.2

(a) (i) Scusi, non me ne sono accorto.
(b) (ii) Grazie, non me lo ha detto mai nessuno prima.
(c) (i) Le chiedo scusa del disturbo.
(iii) Mi dispiace di averla disturbato.
(d) (ii) Domani saprò quanto tempo mi rimane ancora per le vacanze.
(e) (i) Bada di tenere la sinistra.
(iii) Bada che si guida a sinistra.

(f) (i) Il lunedì non faccio mai nulla d'interessante.
(iii) Il lunedì è raro che io faccia qualcosa d'interessante.
(g) (i) Mi meraviglio che tu non me l'abbia detto prima.
(ii) Mi meraviglio di non averlo saputo prima.

8.9

(a) Nothing, it is free.
(b) Un abbonato or, of course, un'abbonata.
(c) Ventiquattro ore (or ventiquattr'ore) su ventiquattro.
(d) True. Confinanti means bordering on our frontier (il confine).
(e) There are 10 news bulletins on work days (giorni feriali) but only 7 on Sundays and public holidays (giorni festivi).
(f) Dialling 1911 provides you with a regional forecast whereas 1912 offers a national forecast.
(g) The word orari would best be translated by 'opening times' here.
(h) The prices of government securities (titoli), government bonds (obbligazioni) and exchange rates (cambi).
(i) La viabilità.
(j) The 'promise' is that this service which is currently available in only the four cities mentioned will be extended to other towns.
(k) Direct dialling.
(l) You can send someone an urgent message even if that person's line is engaged.
(m) The age range for whom the film is deemed suitable – e.g., Vietato ai minori di 14 anni, (VM14). Only persons over the age of 14 are allowed into the cinema.
(n) Advice on special diets (Ricette di cucina dietetiche).

8.12

Nel 1924 fu fondata la RAI. Trent'anni più tardi, cioè nel 1954, fu inaugurato il servizio pubblico regolare di televisione. Inoltre, nello stesso anno si cambiò il nome da Radio Audizioni Italiane a quello di Radio Televisione Italiana. Nel 1958 si tentò di introdurre, per la prima volta, la TVL, ma l'esperimento fallì. Nel 1972 scadde la convenzione fra lo Stato e la RAI e quest'ultima si trasformò dunque da una società per azioni formalmente privata in una società per azioni ad interesse nazionale. Tre anni dopo, nel 1975, il Parlamento approvò l'introduzione della TV a colori. Nel 1978 divennero legali le trasmissioni private. L'anno successivo fu introdotta la Terza Rete che creò così una base di ventun sedi regionali. Canale 5 nacque nel 1980. Dopo due anni si lanciarono altri due canali: Rete 4 e Italia 1. Nel 1987 gli Italiani ebbero la prima occasione di guardare la televisione all'ora della prima colazione.

8.13

(a) CONAD inaugura la primavera con offerte straordinarie e tanti regali per te. In occasione della 'Festa della Donna', dal ventisette febbraio al sette marzo, per ogni centomila lire di spesa, il tuo supermercato CONAD ti regalerà un elegantissimo foulard, mentre il sette marzo per tutte le gentili clienti ci sarà una colorata primula in tutti i supermercati CONAD di Reggio, Parma, Piacenza, Mantova e provincia. Oggi, più che mai, CONAD è con te, ogni giorno.

(b) Ci sono diversi modi per proteggersi dagli imprevisti ma solo l'UNIPOL ti dà la garanzia di una protezione totale. Con una serie di proposte assicurative uniche per la tua sicurezza stradale e quella degli altri. La prossima volta che sali in macchina, pensaci! UNIPOL – Assicurazione – Protetti dalla più ampia copertura.

8.15

(a) This is the page reserved for cultural items.
(b) Because they do not seem to focus sufficiently on women's issues.
(c) They give both local and regional news *and* they tackle national and international issues as well.
(d) They cover Sunday's sporting events, including, of course, the popular football matches which are played on that day.
(e) Daily.

CHAPTER 9 L'ITALIA: LINGUA E CULTURA

A
9.2.1

(a) Yes
(b) Yes
(c) No; the point is made that dialects can differ from one another as much as two Romance languages.
(d) Yes
(e) No; they say that it is likely that certain rules are common to different dialects, thus making comprehension easier.
(f) Yes
(g) No; people from different social groups use dialect but some people are prepared to abandon dialect in order to 'move up the social scale'.
(h) Yes

9.2.2

(a) l'albanese
il belga
il francese
il tedesco
il greco
l'inglese
l'italiano
il portoghese
il rumeno
lo spagnolo
(b) il latino
(c) Don't forget to learn your list once you have compiled it!

9.2.3

(a) ci si scontrerebbe con notevoli difficoltà
(b) estendendo la ricerca
(c) tanto quanto
(d) se non altro perché
(e) nel corso dei secoli
(f) al fondo della scala
(g) dal basso verso l'altro

9.4

Ci si scontrerà sempre con delle difficoltà se si crederà di poter fornire una semplice definizione scientifica per la lingua italiana. Esiste una straordinaria varietà di idiomi parlati entro i confini della Repubblica Italiana. Ovviamente, alcuni di questi idiomi vengono anche usati in altre parti del mondo dalle numerose comunità che, nel corso degli anni, sono emigrate. Questi dialetti non sono come quelli che si trovano, per esempio, in Inghilterra, perché differiscono enormemente l'uno dall'altro. Infatti, è abbastanza facile che un italiano del nord non sia capace di capirne uno del sud. Può darsi che in Gran Bretagna il sistema fonologico sia diverso e che qualche parola non sia esattamente la stessa – ma è essenzialmente lo stesso linguaggio che viene parlato sia nel nord che nel sud del paese. Questo non è certo valido in Italia. Quanto alla pronuncia dell'italiano, tutti hanno, più o meno, un accento regionale. C'è ancora gente che non conosce che un po' d'italiano ma la tendenza ad abbandonare il dialetto per adottare l'italiano è una caratteristica comune della società moderna.

9.5.1

(a) attività extracurriculari
(b) programmi modulari
(c) libri di testo
(d) la quota (or le quote)
(e) corso primi passi
(f) per fini specifici
(g) prenotazioni
(h) la sistemazione
(i) i docenti specializzati
(j) l'insegnamento della lingua italiana a stranieri
(k) le strutture comunicative della lingua
(l) dibattiti e conferenze
(m) gli interessi dei singoli partecipanti
(n) acconto
(o) saldo
(p) mezza pensione

9.5.2

Spettabile Direzione.

Il Suo indirizzo mi è stato dato da un'amica (un amico) residente nella Sua città. Le sarei grata(o) se potesse inviarmi un opuscolo dei corsi offerti dal Suo istituto. Spero che Lei possa fornirmi nella Sua risposta le seguenti informazioni: la quota totale dei corsi e se essa è inclusiva, per esempio, del materiale scolastico e dei libri di testo.
Se è necessario un acconto e la somma da pagare.
Se vengono organizzate attività extracurriculari.
La durata delle lezioni e la loro frequenza.
Se è offerto un corso per il mio amico (la mia amica) che è ai primi passi nello studio dell'italiano.
Se si prevede di organizzare corsi in italiano per fini specifici.
Il costo approssimativo della sistemazione a mezza pensione.
Se i docenti sono specializzati nell'insegnamento della lingua italiana a stranieri.
Quanti studenti, di media, partecipano alle class.
Se viene fornito un servizio di trasferimento dall'aeroporto.

A
9.8.1

(a) Firstly, it was still considered good manners to 'keep one's distance' between people of different ages and social status – therefore to use *lei*. Secondly, *tu* was used as a demonstration of affection, irrespective of age and social status, but used, therefore, less widely.
(b) Young people tended to use *lei* within the family as a sign of respect for older members such as fathers and grandfathers.
(c) Respect for age based on superficial appearances – e.g., white hair.
(d) Old people inviting younger people to use *tu* and young people being overwhelmed by receiving such an invitation.
(e) To be addressed by *tu* by young people thus somehow proving their continuing worth in society.
(f) Dying with the shock!

9.8.2

(a) richiesto
(b) camminare
(c) abolito
(d) ristretto
(e) sommerso
(f) proposto
(g) sparito
(h) sopravvissuto

B
9.10.1

(a) non richiesto
(b) scoperto dai vecchi stessi
(c) autorizzato a tuteggiare
(d) soffocato com'è
(e) fatti scendere dal loro piedistallo
(f) soffocato dalla soverchia felicità

9.10.2

(a) Supponendo la possibilità di partire da zero . . .
(b) Estendendo la ricerca linguistica ad altre zone d'Italia . . .
(c) L'italiano, derivando dal latino . . .
(d) Abbandonato (or abbandonando) il dialetto . . .
(e) Accettata la differenza nell'uso del lei e del tu . . .
(f) Identificate le regole di corrispondenza tra l'italiano e l'inglese . . .
(g) Generalizzato (or diventato generale) l'uso del tu . . .

9.11.1

(a) . . . was made in 1930 and was entitled '*la canzone dell'amore*'.
(b) . . . was encouraged to produce propaganda films, but some directors demonstrated their creative talents and originality nonetheless by making films in a style that came to be known as '*il documentarismo*'.
(c) . . . one of rapid expansion with Italy taking a leading role in world cinema through movements such as '*il neorealismo*'.
(d) . . . Cinecittà, in Rome.
(e) . . . the Italian cinema industry, in common with that in other countries, contracted.
(f) . . . were among those directors who took up the challenge and produced excellent films.

A
9.13.1

(a) Sceglie l'immagine di una pianta selvaggia, forte, delicata e pura.
(b) Si rifiuta di farlo dicendo che non spetta a lui giudicarsi.
(c) Dice che è utile sentirsi in disco, che chi fa registrazioni migliora sempre ma, tuttavia, preferisce cantare dal vivo.
(d) Pavarotti si riferisce a Mario Lanza come esempio di una voce adatta al palcoscenico e Buttafava si riferisce all'attività cinematografica di Mario Lanza.
(e) Il film era maschilista, la protagonista femminile era antipatica e poi, secondo Pavarotti, è stato massacrato dai critici prima che uscisse.
(f) Alcuni sono ostili al suo successo ma altri, quelli seri, spesso dicono il vero.
(g) Perché Pavarotti avrebbe voluto cantare con lei.
(h) Ne parla per provare che si considera una persona normale.
(i) È il fatto che lui, come cantante lirico, si fa strumento musicale, 'suona' con la voce e il pubblico lo apprezza.

9.13.2

(a) per tirare le somme
(b) del resto
(c) non spetta a me
(d) tracciare un bilancio
(e) intendiamoci
(f) per partito preso
(g) c'è sempre qualcosa di vero
(h) tanto più

9.13.3

(a) rimpiangere – to regret
(b) accontentarsi – to be content with
(c) meditare – to meditate
(d) rovinarsi – to be ruined
(e) acquistare – to acquire; to gain
(f) migliorare – to improve
(g) entusiasmare – to excite
(h) divertirsi – to enjoy oneself
(i) spaventarsi – to be terrified
(j) esigere – to demand

B
9.15.1

(a) se avessi . . . la porterei
(b) se ci fosse . . . io andrei
(c) se mi alzassi . . . avrei
(d) se sapessero . . . troverebbero
(e) se io potessi . . . perfezionerei

9.15.2

(a) Se gli attori avessero parlato più forte, (noi) avremmo capito tutto.
(b) Se (io) avessi saputo il tuo numero di telefono, ti avrei senz'altro chiamato mentre ero in Italia.
(c) Se avesse fatto bel tempo, (noi) avremmo potuto mangiare all'aria aperta.
(d) Se il treno fosse partito in orario, (noi) saremmo arrivati all'ora prevista.
(e) Se il mare fosse stato meno mosso, mi sarebbe piaciuto visitare l'isola di Capri.

9.15.3

(a) . . . che i cantanti riescano mai a conoscersi veramente.
(b) . . . che quelli che fanno dischi migliorino sempre.
(c) . . . che Mario Lanza avesse una voce che fosse adatta al palcoscenico.
(d) . . . il suo film non ha avuto successo.

(e) . . . che la protagonista femminile nel suo film non fosse molto simpatica.
(f) . . . che c'è sempre qualcosa di vero in ciò che dicono i critici.
(g) . . . che la lirica non morirà mai.

CHAPTER 10 LA LETTERATURA ITALIANA

10.1.1

(a) He had some newspapers and magazines that he wanted to look over.
(b) He noticed the colourful dust-cover of the book and realised that it was the German edition of one of his novels.
(c) He thought that she might have been a primary school teacher or the wife of a doctor.
(d) He found out by standing up to put some magazines on the luggage-rack, thereby glancing down at the page she was reading.
(e) He had had to work very hard at that particular chapter.
(f) There might have been a photograph of the author on the cover.
(g) He could not recall why he had written the page that the woman was reading at that moment. In fact, it now seemed rather silly.
(h) He recalled a letter from a worker in which he had been asked for his interpretation of a certain sentence from one of his books. He had been embarrassed because he remembered that he had written it without really thinking.
(i) He vowed that he would set about re-reading that novel with a critical eye.

10.1.2

(a) nod
(b) took out
(c) book mark
(d) did not have
(e) feeling of unease
(f) left out
(g) to turn to
(h) without thinking

GRAMMAR SECTION

Throughout this book, there have been sections dealing with the grammar points arising from the various texts, with examples taken directly from the passages themselves. A summary of the points covered can be found on the **Contents** page at the beginning of the book. The purpose of this **Grammar Section** is twofold. Firstly, to provide, where possible, further clarification and additional examples of those matters already highlighted in the chapters. Secondly, to give some grammatical information on elements of language use that may not have been alluded to directly in the chapters, but which will be, we feel, of interest to the serious student of Italian. For those requiring some basic revision of grammar, *Mastering Italian 1* contains a very useful summary of essential rules. *Mastering Italian 2*, while building on the contents of the first volume does not claim to present an exhaustive list of grammar rules. Therefore, for further clarification, the reader is also directed to one of the comprehensive Grammars listed on p. 356.

G1 THE ARTICLE

G1.1 The Definite Article

G1.1.1 Sing.: il lo l' (masc.) la l' (fem.)
Plur.: i gli (masc.) le (fem.)

il and i are used before *consonants*:

il libro – i libri

lo and gli are used before a *vowel*, or before words beginning with *z, ps, gn, x* or *s* followed by a consonant:

lo zio – gli zii, lo sbaglio – gli sbagli

la and le are used before *consonants:*

la ragazza – le ragazze

l' and le are used before a *vowel*:

l'amica – le amiche

G1.1.2 The definite article is *omitted* before *forenames* (although it is used colloquially) but it *must* be used before signor, signora, signorina and other titles such as dottore. It is *not* used when addressing someone *directly*:

Entri pure, signor Rossi Do come in, Mr Rossi.

La signora Ferrari è molto simpatica.

Mrs Ferrari is very nice.

G1.1.3 The definite article is *omitted* before a *possessive adjective* preceding a family relation (*sing. only*):

mia sorella – my sister, tuo suocero – your father-in-law

Exceptions to this rule are *diminutives*:

il mio fratellino – my little brother

and *colloquial terms*:

la mia mamma, il mio papà

The definite article *must* be used with relatives referred to in the *plural*:

i miei figli – my children, le mie cugine – my cousins (fem.)

G1.2 **The Indefinite Article**

G1.2.1 un uno (masc.) un' una (fem.)
un is used before both *consonants* and *vowels*:

un pesce – a fish, un amico – a friend

uno is used before *z, ps, gn, x* and *s* followed by *another consonant*:

uno sdraio – a deck-chair, uno zaino – a rucksack, uno psichiatra – a psychiatrist

una is used before *consonants*:

una fam*i*glia – a family, una scuola – a school

un' is used before feminine words beginning with a vowel:

un'oliva – an olive, un'amica – a girlfriend

When the indefinite article has a *numerical* meaning, it *must* follow the pattern above:

una birra, due caffè, un amaro e un'aranciata

one beer, two coffees, one amaro (a dry aperitive drink) and an orangeade

G1.2.2 The indefinite article is *omitted* before nouns indicating a *profession*:

Marco è professore

and religious or political persuasion:

sono socialista

G2 NOUNS

G2.1 Gender and Endings

Nouns in Italian are either *feminine* (fem.) or *masculine* (masc.). There is no neuter gender. There are *two* main patterns for noun endings:

(a) masc. sing.: -o masc. plur.: -i

il bambino i bambini

fem. sing.: -a fem. plur.: -e

la bambina le bambine

(b) masc. and fem. sing.: -e

lo studente la patente (driving licence)

masc. and fem. plur.: -i

gli studenti le patenti

G2.2 Other Plural Forms

Nouns ending in -ca and -ga form their plural in -che and -ghe:

la mucca (cow) – le mucche, la paga (wage) – le paghe

Nouns ending in -co and -go from their plural in -chi and -ghi:

il buco (hole) – i buchi, il fungo (mushroom) – i funghi

A few masc. nouns ending in -co and -go, however, form their plural in -ci and -gi:

l'amico – gli amici

Other examples:

il man**i**aco, il m**e**dico (doctor), lo st**o**maco, l'astr**o**logo (astrologist), l'asp**a**rago (asparagus)

G2.3 Nouns Ending in -a: 1
Some nouns ending in -a are both masc. and fem. in the singular but have regular plurals in -i (if masc.) and -e (if fem.):

l'artista (artist masc. or fem.) – gli artisti and le artiste

Other common examples:

musicista, pianista, violinista, regista (film director), farmacista (chemist), specialista

G2.4 Nouns Ending in -a: 2
Some nouns ending in -a in the singular are masc. and therefore have the plural ending in -i:

il dramma (drama) – i drammi

Other examples:

il Papa (Pope), il poeta, il problema, il telegramma, il tema (theme or essay)

G2.5 Nouns Ending in -a: 3
Some nouns ending in -a in the singular are masc. *and* invariable:

il cinema (cinema) – i cinema

Other examples:

il boia (executioner), il gorilla (gorilla), il vaglia (money order)

G2.6 Irregular Feminine Plurals
There are some irregular fem. plurals:

l'arma (weapon) – le armi, l'ala (wing) – le ali

G2.7 Nouns With a Singular Ending in -o
Some nouns with a singular ending in -o are fem.:

la mano (hand) – le mani, la eco (echo) – gli echi (has a *masc.* plur.)

G2.8 Nouns Invariable in Plural
Some nouns are invariable in the plural:

la città (town) – le città (towns)

Other examples:

l'auto (fem. sing.) – le auto, la dinamo – le dinamo, la foto – le foto, la radio – le radio, il re (king) – i re, la serie (series) – le serie

G2.9 Nouns With Feminine Form in Plural

Some nouns that are masc. in the singular have a fem. form in the plural:

l'uovo (egg) – le uova

Other examples:

il lenzuolo (sheet) – le lenzuola, il braccio (arm) – le braccia, il ginocchio (knee) – le ginocchia, il riso (laughter) – le risa, il paio (pair) – le paia, il centinaio (hundred) – le centinaia, il miglio (mile) – le miglia

Note that l'uomo (man) – gli uomini (men)

l'uva does not really have a plural form. It expresses the plural idea 'grapes'. A bunch of grapes is un grappolo d'uva; a single grape is un chicco d'uva.

G2.10 Nouns With Masculine and Feminine Plurals

Some nouns have both masc. and fem. plurals. The meaning changes according to the *gender*:

il ciglio (eyelash)	le ciglia degli occhi	(the eyelashes)
	i cigli della strada	(the sides of the road)
il labbro (lip)	le labbra del bimbo	(the baby's lips–
	i labbri della ferita	(the lips of the wound)
il membro (limb)	le membra del corpo	(the limbs of the body)
	i membri del partito	(the party members)
il muro (wall)	le mura della città	(the city walls)
	i muri della casa	(the walls of the house)

G3 PRONOUNS

G3.1 Subject Pronouns

G3.1.1 The subject pronouns in everyday usage are as follows:

io – I
tu – you (sing.)
lui – he or it (masc.)
lei – she or it (fem.) or you (formal sing.)
noi – we
voi – you (plural)
loro – they

G3.1.2 Other, less frequently used, forms are as follows:

egli – he, **ella** – she, **Lei** and **Loro** when written with capitals meaning 'you' (sing. and plural), **esso** – it (masc.) and **essa** – it (fem.)

Ella meaning 'you' is used only very rarely, in very formal situations.

G3.1.3 The *subject pronouns* are not used in spoken Italian unless:

(a) special emphasis is intended:

Non l'ho fatto io, l'hanno fatto loro!	*I* didn't do it, *they* did!

(b) used with an adverb such as anche and neanche:

Vorrei andare in vacanza anch'io.

I, too, would like to go on holiday.

Non hai molto denaro? Neanch'io!

Haven't you got much money?

Neither have I!

G3.2 Conjunctive Pronouns

G3.2.1 These pronouns are so called because they can be *joined to a verb*. They are as follows:

Direct object pronouns		Indirect object pronouns	
mi	me	mi	to me
ti	you	ti	to you
lo, la,	him, her, it	gli, le	to him, to her
La	you (formal)	Le	to you (formal)
ci	us	ci	to us
vi	you (plural)	vi	to you (plur.)
li, le,	them (masc. and fem.)	gli, loro	to them
Li, Le	you (plur. formal)	Loro	to you (plur. formal)

*In current Italian, loro is often substituted by gli unless there is an ambiguity.

G3.2.2 All the conjunctive pronouns normally *precede* the main verb of the sentence, except loro, which always *follows*:

Le scrivo una lettera.	I write a letter to her.
Gli scrivo una lettera.	I write him (or them) a letter.

BUT:

Scrivo loro una lettera.	I write them a letter.

G3.2.3 Conjunctive pronouns are joined to the end of the *following verb forms*:

(a) an infinitive: Voglio vederti domani.	I want to see you tomorrow.
(b) an imperative: Ascoltami!	Listen to me!
(c) a gerund: guardandola	looking at her

(d) a past participle: Vistolo, lo chiamai. — Having seen him, I called him

And after the adverb ecco: Eccomi! — Here I am

G3.3 Disjunctive Pronouns

G3.3.1 These pronouns *stand alone*. They are not joined to the verb. They are as follows:

me	me
te	you
lui, lei; esso essa	him, her; it (masc. and fem.)
Lei	you (formal)
sé	himself, herself, itself
noi	us
voi	you (plur.)
loro, essi, esse	them
Loro	you (plur., formal)
sé	themselves (masc. and fem.)

G3.3.2 These pronouns are used:

(a) After prepositions:

Andiamo con loro. — Let's go with them.

(b) When a verb is followed by two pronouns:

Paolo guarda lei e me. — Paolo is looking at her and at me.

(c) In exclamations:

Beato te! — Lucky you!

(d) Instead of object pronouns when special emphasis is needed:

Non mi piace quella musica. — I don't like that music.
A me non piace quella musica. — (You may, but . . .) *I* don't like that music.

G3.4 Pronoun Combinations and Combined Pronouns

G3.4.1 When *two conjunctive pronouns are used together*, the following rules apply:

(a) The *indirect* object comes first.
(b) The pronouns mi (to me), ti (to you), ci (to us), vi (to you) change to me, te, ce, ve, when preceding the direct object pronouns lo, la, li, le.
(c) They always *precede* the verb:

Lui mi spiegava la ricetta. — He was explaining the recipe to me.

Lui me la spiegava.	He was explaining it to me.

G3.4.2 gli and le as indirect object pronouns are combined in the form gli with lo, la, li, le, in the following way:

glielo, gliela, glieli, gliele

Gliela spiegherò.	I shall explain it to him (to her).

Vuole un caffè? Glielo faccio s*u*bito.

Do you want a coffee? I shall make it for you immediately.

The combined pronoun forms follow the same rules as other conjunctive pronouns – i.e., tagged on to infinitives, imperatives, gerunds and past participles:

D*a*ndoglielo.	Giving it to him (to her).

G3.4.3 The conjunctive adverbs ci and vi follow the same pattern as personal pronouns – i.e., changing to ce and ve before a direct object pronoun:

Ce li manda.	He (or she) sends them there.

G3.5 Reflexive Pronouns

G3.5.1 The *conjunctive forms* are as follows:

mi myself
ti yourself
si herself, himself, itself, oneself, yourself (formal)
ci ourselves
vi yourselves
si themselves, yourselves (formal plur.)

G3.5.2 Reflexive pronouns can also have a *reciprocal meaning*:

Noi ci vogliamo bene.	We love each other.
Si sal*u*tano ogni giorno.	They greet each other every day.

G3.5.3 The *disjunctive forms* are as follows:

me myself
te yourself
se herself, himself, itself, oneself, yourself (formal)
noi ourselves
voi yourselves
se themselves, yourself (formal plural)

Lo faccio da me.	I do it by myself.
Non sei sicuro di te?	Are you not sure of yourself?

Note that all pronouns (except loro) *precede* si and ne.

G3.6 Interrogative Pronouns

chi?	who?	a chi?	to whom	di chi?	of whom, whose
che?	what?	a che?	to what	di che?	of what?
che cosa?	what?	a che cosa?	to what?	di che cosa?	of what?
cosa?	what?	a cosa?	to what?	di cosa?	of what?
quale?	which?				
quanto?	how much?				

Examples of usage:

Di chi è questo disco?	Whose record is this?
A chi parla, signorina?	Who are you talking to, young lady?
Cosa ha detto Maria?	What did Maria say?
Quant'è questo?	How much is this?

G3.6.1 quale and quanto are also used as adjectives and will follow the normal rules of agreement:

Quanti figli ha? — How many children do you have?

G3.6.2 che and quanto can also be used in exclamations:

Che bello! How nice! Quanto sei matto! How crazy you are!

G3.7 Relative Pronouns

G3.7.1 che is the most common relative pronoun. It is invariable and is translated by the English 'who', 'whom', 'what', 'that':

Il ragazzo che parla . . .	The boy who is speaking . . .
Le pizze che ho comprato . . .	The pizzas that I bought . . .

In an English sentence, the relative pronoun as object may sometimes be left out – e.g., The man (whom) I saw yesterday. In Italian, however, the relative pronoun *must never be omitted*:

L'uomo che ho visto ieri.

G3.7.2 cui is used after a preposition and is *invariable*:

il ragazzo a cui parlo — the boy to whom I am speaking

G3.7.3 il quale, la quale, i quali, le quali correspond to che and cui, and agree in number and gender with the *noun to which they refer*.

G3.7.4 'Whose' is translated by il cui, la cui, i cui, le cui. The definite article agrees with the noun following cui. It can refer to people or things:

Il compositore la cui canzone ha vinto il concorso . . .

The composer whose song won the competition . . .

Napoli le cui strade sono molto strette . . .

Naples, whose streets are very narrow . . .

G3.7.5 'What' is translated by ciò che, quello che, or quel che. These forms often follow tutto:

Mi ha dato (tutto) ciò che aveva.	He gave me everything he had.

G3.7.6 il che, or less commonly cosa che, means 'which' when referring not to something specific, but an *idea or action*.

Antonio è andato a trovarla, il che le ha fatto ovviamente piacere.

Anthony went to see her, which obviously pleased her.

G3.7.7 chi is used as a relative pronoun with the meaning of 'he who', 'she who', 'those who'. The verb following is *always* singular:

Chi è generoso trova molti amici.

Those who are generous find many friends.

Note also:

c'è chi dice che . . .	There are those who say that . . .

G3.8 Indefinite Pronouns and Adjectives
These are grouped for ease of reference as follows:
G3.8.1

qualcuno	someone, somebody, anyone, anybody
ognuno, ciascuno	everyone
altro, altri	other, others
alcuni, alcune (di)	some, any of
qualcosa, qualche cosa (di)	something, anything

Examples of usage:

Qualcuno è entrato in casa.	Somebody came into the house.
Ognuno pensa per sé.	Everyone thinks for himself.
Alcuni di noi credono di sì.	Some of us think so.
Bevi qualcosa di caldo?	Will you have something warm to drink?

G3.8.2

chiunque	whoever, anyone (who)
qualunque cosa	whatever, anything
qualsiasi cosa	whatever, anything

The verb following these pronouns *must be in the subjunctive*:

Chiunque telefoni, non ci sono!	Whoever telephones, (say) I'm not in!
Farei quals*i*asi cosa per te.	I would do anything for you.

Qualunque cosa tu dica, non ci crederò.

Whatever you say, I won't believe it.

G3.8.3

tutti	all, everyone, everybody
tutto	all, everything
So tutto della situazione.	I know everything about the situation.
Tutti p*e*nsano bene di lei.	Everyone thinks well of her.

Note that tutti requires a *plural* verb.

G3.8.4

l'uno e l'altro	both
tutti e due	both
entrambi	both
ambedue (invariable)	both
l'uno o l'altro	either
né l'uno né l'altro	neither

Note that all except ambedue have *fem.* forms:

l'una e l'altra, etc.

G3.8.5

nessuno (di)	nobody, no one, none of
niente	nothing, not anything
nulla	nothing, not anything

Italian has a *double form of the negative* when these pronouns follow the verb:

Non è venuto nessuno alla festa.	No one came to the party.
Non ho comprato niente.	I have not bought anything.

But when placed *before* the verb, non is not needed:

Nessuno avrebbe pensato così.	Nobody would have thought like that.

Note that nessuno is also an *adjective*, and follows the usual rules about agreement, but *only* in the *singular*:

nessun libro, nessuna casa

G4 ADJECTIVES

G4.1 Formation of Adjectives

G4.1.1 In Italian, adjectives agree in *number* and *gender* with the noun they describe. In a dictionary, you will find adjectives listed in the masc. sing. form. There are two main groups:

(a) those ending in -o, which have *four* possible endings:

un posto l*i*bero	una c*a*mera l*i*bera
dei posti l*i*beri	delle c*a*mere l*i*bere

(b) those ending in -e, which have only *two* possible forms:

masc. and fem. sing. -e and masc. and fem. plural -i

un libro interessante	una città interessante
dei libri interessanti	delle città interessanti

G4.1.2 Adjectives ending in -co and -go form their plural in -chi and -che; -ghi and -ghe. Notable exceptions to this pattern are:

simp*a*tico (pleasant), antip*a*tico (unpleasant), magn*i*fico (magnificent)

which have a masculine plural ending in -ci:

Sono ragazzi simp*a*tici. They are nice lads.

G4.1.3 The adjective bello (beautiful) follows the pattern of the definite article before a noun:

sing.: bel, bell', bella plur.: bei, begli, belle

G4.1.4 The adjective buono (good) follows the pattern of the indefinite article before a noun:

sing.: buon, buono, buona plur. forms are normal: buoni, buone

G4.1.5 The adjectives grande (great) and santo (holy) also have slight irregularities.

Grande is often shortened:

in gran forma (in great form), un grand'uomo
San Marino, un sant'uomo (a holy man) Sant'*A*ngelo, Sant'Anna

G4.2 Position of Adjectives

G4.2.1 Adjectives can be placed before or after the noun. However, the following demonstrative adjectives and adjectives denoting quantity always *precede* the noun:

questo (this), **quello** (that), **molto** (much), **poco** (little), **troppo** (too much), **tanto** (so much), **quanto** (how much):

Ho pochi amici, ma tante conoscenze.

I have few friends but so many acquaintances.

G4.2.2 Adjectives denoting religion, political allegiance and nationality *always follow* the noun. Similarly, adjectives describing shape or colour also *usually follow* the noun:

Portava un vestito rosso.	She wore a red dress.
È un terreno quadrato.	It is a square piece of land.

G4.3 Possessive Adjectives

il mio, la mia, i miei, le mie	my
il tuo, la tua, i tuoi, le tue	your
il suo, la sua, i suoi, le sue	his, her, its, your (formal)
il nostro, la nostra, i nostri, le nostre	our
il vostro, la vostra, i vostri, le vostre	your
il loro, la loro, i loro, le loro	their
il proprio, la propria, i propri, le proprie	one's

Examples:

il mio amico	my friend
la loro casa	their house

These are also used as *possessive pronouns* – i.e., standing alone without the noun:

La mia valigia è qui. Dov'è la tua?	My case is here. Where is yours?

Note the following uses:

un mio amico	a friend of mine (one of my friends)
poche sue amiche	few of his/her girlfriends
questo mio disco	this record of mine

G4.4 Demonstrative Adjectives

G4.4.1 The demonstrative adjectives are as follows:

questo this (masc. sing.)	questi these (masc. plur.)
questa this (fem. sing.)	queste these (fem. plur.)

questo and questa may be shortened to quest' before a word beginning with a vowel:

quest'uomo, quest'*i*sola

quello 'that' follows the pattern of the definite article when it occurs before a noun:

masc. forms: quel tipo (that type); quello studio (that study); quei ragazzi (those boys); quegli uomini (those men)
fem. forms: quella piazza (that square); quell'amica (that friend); quelle montagne (those mountains)

G4.4.2 Note that when questo and quello stand alone as pronouns, meaning 'this one', 'that one', etc., they *do not follow the pattern of the definite article*:

Quale gelato vuoi? Questo o uno di quelli?

Which ice-cream do you want? This one or one of those?

G4.4.3 Questo can also mean 'the latter', while quello means 'the former'. They will agree in number and gender with the *noun referred to*.

G4.5 Indefinite Adjectives

These are grouped for ease of reference as follows:

G4.5.1 'Every', 'each', 'some'

ogni (each, every) is *singular* and *invariable*:

ogni giorno (every day), ogni sera (every night)

alcuni, alcune; dei, degli, delle; certi, certe; all mean 'some'.

alcune persone (some people), degli scompartimenti, (some compartments), certi dischi (some records)

qualche (some) expresses a plural idea in English but is *singular*, and *must* be accompanied by a verb in the singular:

C'è qualche persona in più. — There are some more people.

G4.5.2 'No', 'not any'

nessun, nessuno, nessuna: Non ho nessun'amica qui
I haven't got a girlfriend here.

non . . . alcun, alcuna: Non c'è alcun motivo.
There is no reason.

G4.5.3 'all', 'the whole'

tutto, tutta, tutti, tutte:
Ho letto tutta la Divina Commedia di Dante.

I have read the whole of the *Divine Comedy* by Dante.

G4.5.4 'Other', 'else', 'more'

altro, altra, altri, altre:

l'altra sorella – the other sister, un'altra sorella – another sister
Che altro c'era? What else was there?

G4.5.5 'Both', 'each', 'either', 'neither'

tutti e due, tutte e due, entrambi/e	both
ciascun, ciascuno, ciascuna	each
l'uno o l'altro, l'una e l'altra	either
né l'uno né l'altro, né l'una né l'altra	neither

Examples of usage:

Prenderò entrambe le chiavi.	I shall take both the keys.
Guiderò l'una o l'altra macchina.	I shall drive either car.

G4.5.6 'Such', 'such like', 'quite a lot', 'several', 'same'

tale (sing.), tali (plur.)	such
parecchio, parecchia	a good deal, quite a lot
parecchi, parecchie	several
vari, varie	several
stesso, stessa, stessi, stesse	same

Examples of usage:

Una tale domanda	such a question
Tali amici è meglio perderli!	It is better to lose friends like that!
Ci vuole parecchio tempo.	Quite a lot of time is needed.
Ci sono parecchie differenze.	There are several differences.
lo stesso cappello	the same hat

G4.6 Comparative of Adjectives

G4.6.1 The comparatives of *equality* are expressed by:

tanto or cosi + adjective + quanto or come + noun

Mario è {tanto intelligente {quanto Antonio.
{così {come

Mario is as intelligent as Antonio.

But, note that tanto, used adjectivally, must *agree with the noun*:

Marco ha tanti soldi quanti Antonio.

Marco has as much money as Antonio.

G4.6.2 The comparatives of *inequality* are expressed by:

(a) {più + adjective + di before a noun or pronoun
{meno

Mario è più/meno alto di Antonio.

Mario is taller/less tall than Antonio.

(b) {più + adjective + che before an adjective referring
{meno to the same noun

Marco è più simpatico che intelligente.

Marco is more pleasant than intelligent.

(c) {più + {adjective + che before a noun or a pronoun
{meno {adverb preceded by a preposition
{noun

Antonio è più simpatico con te che con me.

Antonio is more pleasant with you than with me.

(d) {più + {adjective + {di quel che (followed by an indicative verb)
{meno {adverb {che non (followed by a subjunctive verb)
{noun

È più presto di quel che pensavo.	It is earlier than I thought.
È più tardi che non pensassi.	It is later than I thought.

G4.6.3 'More and more', and 'less and less'
When standing on their own as adverbial expressions:

sempre di più more and more; sempre di meno less and less

When in front of a noun, adjective or adverb:

sempre più, sempre meno:

L'italiano diventa sempre più difficile.

Italian is getting more and more difficult.

G4.6.4 Note the following comparative adjectives:

anteriore – former; esteriore – outer, exterior; inferiore – lower, inferior; interiore – inner, interior; posteriore – hind, posterior; superiore – upper, superior.

G4.6.5 Note the following expressions:

il più possibile	as much as possible
il meno possibile	as little as possible
il più presto possibile	as soon as possible

G4.7 Superlatives of Adjectives

G4.7.1 The *relative superlative* is formed by placing the appropriate definite article in front of the comparative:

il più alto – the tallest, i più rumorosi – the noisiest

Meno has to be placed *after* the noun to which it refers:

il film meno interessante	the least interesting film

G4.7.2 The *absolute superlative* is formed by adding -issimo, -issima. -issimi, -issime to the adjective after having eliminated the last vowel:

car*i*ssimo – very (most) expensive, elegant*i*ssimo – very (most) elegant

It can also be expressed by molto or assai preceding the normal form of the adjective.

G4.8 Irregular Comparatives and Superlatives of Adjectives

The most common of these are as follows:

Adjective	Comparative	Relative superlative	Absolute superlative
buono (good)	migliore (better)	il migliore (the best)	*o*ttimo (very good)
cattivo (bad)	peggiore (worse)	il peggiore (the worst)	p*e*ssimo (very bad)
grande (big)	maggiore (bigger)	il maggiore (the biggest)	m*a*ssimo (very big)
p*i*ccolo (small)	minore (smaller)	il minore (the smallest)	m*i*nimo (very small)

Note that 'further' is translated by più lontano or ulteriore:

Vivo più lontano da Roma di te.	I live further from Rome than you do.
Ti darò ulteriori notizie.	I shall give you further news.

G5 ADVERBS

G5.1 Formation of Adverbs

G5.1.1 The majority of adverbs are formed by adding the ending -mente to an adjective.
Adjectives ending in -o change the -o into an -a:

onesto (honest) – onestamente

Adjectives ending in -e drop the -e, provided that they do *not* end in -te, -ce, -se, -ve:

Facile (easy) – facilmente, evidente (evident) – evidentemente

G5.1.2 Some adverbs have the *same form as the masc. sing. adjective*:

piano (softly, slowly); forte (loudly, fast, strongly); molto (very); troppo (too much); poco (little); tanto (so, as much); quanto (as much); solo (only; vicino (nearby)

Others have a *specific form*:

bene (well); male (badly); volentieri (willingly); altrimenti (otherwise); giù (down); su (up); sempre (always).

G5.2 Use of Adverbs

(a) An adverb usually *follows* the verb to which it refers. If the verb is made up by an auxiliary verb and a past participle, the adverb is *placed between the two*. If the sentence contains two adverbs, one will *precede* the verb, the other *follow*:

Antonio parla troppo.	Antonio speaks too much.
Antonio ha sempre parlato troppo.	Antonio has always spoken too much

(b) If an adverb modifies an adjective, it will usually *precede* it:

Il mare è sempre bello.	The sea is always beautiful.

G5.3 Irregular Comparatives and Superlatives of Adverbs

The most common of these are as follows:

Adjective	Comparative	Relative superlative	Absolute superlative
bene (well)	meglio (better)	il meglio (the best)	ottimamente (very well)
male (badly)	peggio (worse)	il peggio (the worst)	pessimamente (very badly)

G5.4 Adverbs of Time

oggi	today	sempre	always
domani	tomorrow	spesso	often
ieri	yesterday	ancora	still, yet
l'altro ieri	the day before yesterday	mai	never
		talvolta	sometimes
dopo domani	the day after tomorrow	raramente	rarely

Adverbs of time are often placed at the *beginning* of the sentence.

G5.5 Ci and vi

The adverbs ci and vi refer to places *previously mentioned*:

Vai al cinema domani? Sì, ci vado dopo cena.

Are you going to the cinema tomorrow? Yes, I'll go after supper.

Note that ci and vi can also mean 'in it' or 'to it':

Ecco la pentola; ci metto la pasta.

Here is the pot; I put the pasta in it.

The adverb ne means 'from there/here' or 'out of it', 'out of there'.

G6 THE VERB

G6.1 Function of the Verb

The verb is the part of a sentence which expresses an *action* or a *state*. The action can be performed by the subject:

Paul gives some money. (active)

Paolo dà del denaro.

or 'borne' or 'received' by the subject:

Paul is given some money. (passive)

A Paolo è dato del denaro.

The action can be the expression of *certainty* (indicative mood), of a *hypothesis* (subjunctive mood) or of a *condition* (conditional mood), or of a *command or prohibition* (imperative and negative imperative). It can also take place in the *present*, in the *past* (in various forms of the past) and in the *future*. The verb is found in the dictionary under its *infinitive* form – e.g., fare – to do.

G6.2 The Infinitive

G6.2.1 Conjugations

(a) The *first conjugation* infinitive ending is -are. The vast majority of Italian verbs are in this category:

guardare, (to look), mangiare (to eat), tornare (to return), chiamare (to call)

(b) The *second conjugation* infinitive ending is -ere:

temere (to fear), ripetere (to repeat), scr*i*vere (to write), es*i*stere (to exist).

(c) The *third conjugation* infinitive ending is -ire:

sentire (to hear), dormire (to sleep), finire (to finish), riuscire (to succeed).

G6.2.2 The infinitive can also have a *past form and meaning*. This is obtained by combining the infinitive form of the appropriate auxiliary verb avere (to have) or essere (to be) with the past participle of the verb in question:

to have looked at – avere guardato
to have feared – avere temuto
to have succeeded – essere riuscito

Sometimes the final -e of the auxiliary infinitive is *omitted.*

G6.2.3 Verbs followed by a dependent infinitive

G6.2.3.1 The following common verbs, when followed by an infinitive, require NO preposition:

bastare – to be enough
bisognare – to need
desiderare – to desire (wish)
dovere – to have to (must)
fare – to do, to make
importare – to be important

occorrere – to be necessary
osare – to dare
piacere – to please
potere – to be able to (can, may)
preferire – to prefer
sapere – to know (how to)
volere – to want

G6.2.3.2 The following common verbs require the preposition *a/ad* before a dependent infinitive:

abituarsi – to grow used to
aiutare – to help
andare – to go
cominciare – to begin
consentire – to consent
continuare – to continue
esitare – to hesitate
imparare – to learn
insegnare – to teach
invitare – to invite
persuadere – to persuade
prepararsi – to prepare oneself
provare – to try
riuscire – to succeed
tardare – to delay
tendere – to tend
tornare – to do again
uscire – to go out
venire – to come

Note that essere obbligato and essere costretto, meaning 'to be obliged to' also follow this pattern:

Sono costretto ad assistere.

I am obliged to attend.

G6.2.3.3 The following verbs are followed by the preposition *di* before a dependent infinitive:

badare – to take care to
capitare – to happen
cercare – to try
cessare – to stop
decidere – to decide
dimenticare – to forget
dire – to say, to tell
dispiacere – to displease
evitare – to avoid
finire – to finish

offrire – to offer
ordinare – to order
pensare – to think
permettere – to allow, to permit
pregare – to beg
promettere – to promise
ricordarsi – to remember
rifiutare – to refuse
scusare – to excuse
sforzarsi – to strive
smettere – to stop
sperare – to hope
temere – to fear
tentare – to try

Note that several constructions with essere also follow this pattern:

essere contento/felice – to be happy, essere sicuro – to be sure, essere sul punto di – to be about to, essere stanco – to be tired.

G6.2.4 When 'to' before an infinitive means 'in order to' or 'for the purpose of', it is translated by the preposition *per*:

Studiamo la grammatica per imparare la struttura della lingua.

We are studying the grammar to (in order to) learn the structure of the language.

G6.2.5 The infinitive can be the *subject* or the *object* of a sentence:

Parlare agli amici è piacevole.	Speaking with friends is pleasant.
Mi piace cantare nella doccia.	I like singing in the shower.

G6.2.6 The infinitive can be used as a *noun*. It is considered *masc.* and has the appropriate forms of the definite article and prepositions when these are required:

Il vivere in città non è bello.	To live in the city is not nice.

G6.2.7 The following prepositions require the *infinitive*:

prime di – before, invece di – instead of, oltre a – besides, senza – without.

Dopo will be followed by the *past infinitive*:

Dopo aver visto il film . . .	After seeing the film . . .

G6.2.8 Verbs of *perception* such as those below are often followed by the infinitive:

guardare – to look at, to watch
notare – to notice
osservare – to observe
percepire – to perceive
sentire – to hear, to feel
vedere – to see

Ho visto arrivare Antonio.

I saw Antonio arrive.

However, this same concept may also be expressed by the use of a *relative clause*:

Osservavo il cuoco che preparava il sugo.

I was watching the cook prepare (preparing) the sauce.

G6.3 The Verb: Indicative Mood

G6.3.1 The present tense

G6.3.1.1 The present indicative is used to describe actions and states in the *present*. It is formed as follows:

(a) *First conjugation* **Model** – guardare:

guardo – guardi – guarda – guardiamo – guardate – guardano

(I look/I am looking, you look/you are looking, etc.)

(b) *Second conjugation* **Model** – prendere:

temo – temi – teme – temiamo – temete – temono.

(c) *Third conjugation* **Model (pattern A)** – sentire:

sento – senti – sente – sentiamo – sentite – sentono

(d) *Third conjugation* **Model (pattern B)** – capire:

capisco – capisci – capisce – capiamo – capite – capiscono

The majority of -ire verbs follow **pattern B**. Common verbs following **pattern A** are:

aprire – to open, bollire – to boil, consentire – to consent, divertirsi – to enjoy oneself, dormire – to sleep, partire – to leave, seguire – to follow, servire – to serve, soffrire – to suffer.

G6.3.1.2 The present tense of the auxiliary verb avere – to have and essere – to be is formed as follows:

ho – hai – ha – abbiamo – avete – hanno
sono – sei – è – siamo – siete – sono

G6.3.2 The present continuous tense
This tense is used less frequently than in English. It expresses an action taking place over a *span of time in the present*. It is formed from the present of the verb stare plus the *gerund* of the verb in question:

Non disturbarmi! Sto leggendo. – Don't bother me! I am reading.
Stai imparando molto? – Are you learning a lot?

G6.3.3 The future tense
G6.3.3.1 The future tense denotes an action which will take place in the *future*. It is formed as follows:

(a) *First conjugation*:

guarderò, guarderai, guarderà, guarderemo, guarderete, guarderanno.

(I shall look, you will look, etc.)

(b) *Second conjugation*:

temerò, temerai, temerà, temeremo, temerete, temeranno.

(I shall fear, etc.)

(c) *Third conjugation*:

sentirò, sentirai, sentirà, sentiremo, sentirete, sentiranno.

(I shall feel, etc.)

G6.3.3.2 The future of the auxiliary verbs avere and essere is formed as follows:

avrò – avrai – avrà – avremo – avrete – avranno
sarò – sarai – sarà – saremo – sarete – saranno

G6.3.3.3 The future tense in Italian can translate the English *present continuous tense*:

I am leaving in two weeks for America.

Partirò fra due settimane per l'America.

G6.3.4 The future perfect tense

G6.3.4.1 This tense is used when it is necessary to indicate that an action *will have been accomplished in the future*. It is formed by the future tense of the appropriate auxiliary plus the past participle:

(a) *First conjugation*:

avrò guardato, avrai guardato, avrà guardato, avremo guardato, avrete guardato, avranno guardato.

(I shall have looked, you will have looked, etc.)

(b) *Second conjugation*:

avrò temuto, avrai temuto, etc.

(c) *Third conjugation*:

avrò sentito, avrai sentito, etc.

G6.3.4.2 The future perfect of the auxiliary verbs is formed as follows:

avrò avuto, avrai avuto, etc. (I shall have had, etc.)
sarò stato/a, sarai stato/a, etc. (I shall have been, etc.)

G6.3.5 The hypothetical future

Both future tenses may be used to express a hypothesis – i.e., an assumption, a possibility, an idea which may or may not be true:

Non c'è Giovanna. Sarà ancora a casa.

Giovanna is not here. She is probably (she must be) still at home.

Marco avrà perduto l'*ae*reo. Marco has probably missed the plane.

G6.3.6 The future in dependent clauses

If the main sentence is in the future, the *dependent clause* is also in the future after the following conjunctions and phrases:

(non) appena (che) – as soon as
finché – until
quando – when
la prima volta che – the first time that
la prossima volta che – the next time that
dopo, dopo che – after
fintantoché – as long as
se – if

Non avrò pace finché non le parlerò.

I will not rest until I speak to her.

Note that *verbs of motion* in the future require the preposition *a* immediately before a dependent infinitive:

Domani andremo a trovare Maria.	Tomorrow we'll go and see Maria.

G6.3.7 Verbs with irregular future forms
As well as the auxiliary verbs essere and avere (see **G6.3.3.2** above) a number of common verbs have *irregular futures*. The main irregularities are summarised below:

andare – to go: andrò, andremo, andranno
dare – to give: darò, daremo, daranno
fare – to do, to make: farò, faremo, faranno
stare – to stay, to be: starò, staremo, staranno
bere – to drink: berrò, berremo, berranno
cadere – to fall: cadrò, cadremo, cadranno
porre – to lay: porrò, porremo, porranno
rimanere – to stay, to remain: rimarrò, rimarremo, ramarranno
tenere – to hold, to keep: terrò, terremo, terranno
vedere – to see: vedrò, vedremo, vedranno
vivere – to live: vivrò, vivremo, vivranno
dire – to say: dirò, diremo, diranno
venire – to come: verrò, verremo, verranno

Note also the 'modal' verbs:

dovere – to have to: dovrò, dovremo, dovranno
potere – to be able to: potrò, potremo, potranno
sapere – to know (how to): saprò, sapremo, sapranno
volere – to want: vorrò, vorremo, vorranno

G6.4 The Past Participle (Il participio passato)

G6.4.1 For *regular* verbs, this is formed from the *infinitive*.
Replace the 1st conjugation ending -are with -ato – e.g., guardato
Replace the 2nd conjugation ending -ere with -uto – e.g., temuto
Replace the 3rd conjugation ending -ire with -ito – e.g., sentito
Note that the past participle of avere is avuto but the past participle of essere is stato.
G6.4.2 There are, unfortunately, many *irregular past participles*. The most common are:

accendere – to switch on: acceso
aggi*u*ngere – to add: aggiunto
apparire – to appear: apparso
app*e*ndere – to hang: appeso
aprire – to open: aperto
att*e*ndere – to wait: atteso
bere – to drink: bevuto
chi*e*dere – to ask: chiesto
chi*u*dere – to close: chiuso

c*o*rrere – to run: corso
dec*i*dere – to decide: deciso
del*u*dere – to disappoint: deluso
dire – to say: detto
distr*u*ggere – to destroy: distrutto
esporre – to expose: esposto
fare – to do, to make: fatto
fr*i*ggere – to fry: fritto
imm*e*rgere – to plunge: immerso
l*e*ggere – to read: letto
m*e*ttere – to put: messo
morire – to die: morto
mu*o*vere – to move: mosso
n*a*scere – to be born: nato
occ*o*rrere – to need: occorso
offrire – to offer: offerto
parere – to seem: parso
p*e*rdere – to lose: perso
p*o*rgere – to present: porto
porre – to put: posto
pr*e*ndere – to put: preso
p*u*ngere – to sting: punto
r*a*dere – to shave: raso
r*i*dere – to laugh: riso
rimanere – to stay: rimasto
risp*o*ndere – to reply: risposto
r*o*mpere – to break: rotto
sc*e*gliere – to choose: scelto
sc*e*ndere – to go down: sceso
sci*o*gliere – to untie: sciolto
scr*i*vere – to write: scritto
sm*e*ttere – to stop: smesso
s*o*rgere – to rise: sorto
sp*e*gnere – to switch off: spento
sp*e*ndere – to spend: speso
sp*i*ngere – to push: spinto
str*i*ngere – to squeeze: stretto
succ*e*dere – to happen: successo
t*e*ndere – to tighten: teso
t*i*ngere – to dye: tinto
tradurre – to translate: tradotto
vedere – to see: visto
v*i*vere – to live: vissuto

G6.5 The Perfect Tense (Il passato prossimo)

G6.5.1 This is the usual way of referring, in conversation, to *events in the past*. It is formed by using the *present tense* of the auxiliary verbs avere or essere with the *past participle* of the verb in question:

Ho scritto una l*e*ttera.	I have written a letter.
Siamo andati in Italia.	We went to Italy.

G6.5.2 The auxiliary avere is used with *transitive verbs* – i.e. those which can have a *direct object* (una lettera in the sentence above). The auxiliary essere is coupled with *intransitive verbs* – i.e., verbs which have no direct object such as the verbs of motion listed below:

andare – to go
arrivare – to arrive
cadere – to fall
correre – to run
entrare – to enter
fuggire – to escape
partire – to leave
passare – to pass
passare da – to call upon
restare – to stay
rimanere – to remain
(ri)tornare – to return
salire – to go up
scappare – to escape
scendere – to go down
sparire – to disappear
uscire – to go out
venire – to come

The following verbs also take essere:

capitare – to happen
divenire – to become
diventare – to become
morire – to die
nascere – to be born
parere – to seem
piacere – to please
riuscire – to succeed
scoppiare – to burst
succedere – to happen

Note 1 Potere, dovere and volere, when standing on their own must have the auxiliary avere. But when used as 'modal' or auxiliaries themselves in compound tenses, they may have either avere or essere as auxiliary verbs, depending on the verb which follows. That is, when the verb requires essere, it is considered more refined to use essere as auxiliary:

Sono dovuto/a partire in fretta. I had to leave in a hurry.

However, in contemporary speech, avere is more commonly used:

Avete potuto uscire ieri sera, voialtri?

Were you people able to go out last night?

Note 2 Essere requires essere as auxiliary for all its compound tenses:

Sono stato/a a casa. I stayed at home.

Note 3 All *reflexive* verbs and verbs used in a reflexive way (e.g., guardarsi – to look at oneself) also require the auxiliary essere.

G6.5.3 When essere is the auxiliary verb, the past participle acquires an *adjectival character* and varies according to the gender and number of the subject to which it refers. This is true for all compound tenses:

Maria è partita.	Maria has left.
Maria e Luisa sono partite.	Maria and Luisa have left.
Paolo e Marco sono partiti.	Paolo and Marco have left.

G6.5.4 When avere is the auxiliary verb and a direct object comes before the verb *as a pronoun*, the past participle must agree with the pronoun in number and gender:

Hai visto le sorelle di Giorgio? No, oggi non le ho ancora viste.

Have you seen Giorgio's sisters? No, I haven't seen them yet today.

Questa pesca è troppo matura eppure quando l'ho comprata sembrava perfetta.

This peach is too ripe and yet when I bought it, it seemed perfect.

Che cosa hai fatto dei biglietti-omaggio che ti ha dato Sergio? Li ho dati via.

What have you done with the complimentary tickets that Sergio gave you? I have given them away.

In this last example, the object (che-biglietti) comes *before* the verb. However, it is a *relative* pronoun and in modern Italian it is more usual *not* to make the past participle agree in cases like this.

G6.6 The Imperfect Tense (L'imperfetto)

G6.6.1 The imperfect is used to express *habitual actions in the past*:

Anni fa, leggevo più libri.

Years ago I read (used to read) more books.

It can also express the idea of *continuous* or *continuing action* in the past.

Mentre mangiavo, guardavo la televisione.

While I was eating, I was watching television.

In order to stress the continuity of the action the *continuous imperfect* may be used:

Stavamo discutendo in piazza quando la polizia è arrivata.

We were busy discussing things in the square when the police arrived.

The imperfect is the tense to use to describe a situation, a state of affairs or a state of mind *that is now past*:

I nonni abitavano a Roma. My grandparents lived in Rome.

Quando ero giovane, volevo diventare ingegnere.

When I was young, I wanted to become an engineer.

La spiaggia era deserta.

The beach was deserted.

G6.6.2 The imperfect tense is formed in the following way:

-are verbs: guardavo, guardavi, guardava, guardavamo, guardavate, guardavano
-ere verbs: temevo, temevi, temeva, temevamo, temevate, temevano
-ire verbs: sentivo, sentivi, sentiva, sentivamo, sentivate, sentivano.

Note the stress in the *3rd person plural.*

G6.6.3 Irregular verbs in the imperfect tense are:

bere – to drink: bevevo, bevevi, beveva, bevevamo, bevevate, bevevano.
dire – to say: dicevo, dicevi, diceva, dicevamo, dicevate, dicevano.
essere – to be: ero, eri, era, eravamo, eravate, erano.
fare – to do: facevo, facevi, faceva, facevamo, facevate, facevano.
porre – to put: ponevo, ponevi, poneva, ponevamo, ponevate, ponevano.

G6.7 The Pluperfect (Il trapassato)

This compound tense corresponds to the idea 'had done' (aveva fatto), and is formed by using the *imperfect* of the appropriate auxiliary verb together with the *past participle* of the verb in question:

Avevo già spedito la lettera qualche giorno prima.

I had already sent the letter a few days before.

The pluperfect of the auxiliaries is formed as follows:

avere: avevo avuto, avevi avuto, (I had had, you had had, etc.)
essere: ero stato/a, eri stato/a, (I had been, you had been, etc.)

G6.8 The Past Definite Tense (Il passato remoto)

G6.8.1 Also known as the *past historic tense*, this is used to refer to *single completed actions* in the past. It is the usual tense for telling stories – and writing novels! It is not used widely in current spoken Italian.

G6.8.2 *Regular verbs* are formed in the following way:

1st conjugation	2nd conjugation	3rd conjugation
guardai	temei (temetti)	sentii
guardasti	temesti	sentisti
guardò	temè (temette)	sentì
guardammo	tememmo	sentimmo
guardaste	temeste	sentiste
guard*a*rono	tem*e*rono (tem*e*ttero)	sent*i*rono

Note that the forms in brackets are *alternatives*.
The auxiliary verbs are formed as follows:

avere: ebbi, avesti, ebbe, avemmo, aveste, *e*bbero.
*e*ssere: fui, fosti, fu, fummo, foste, f*u*rono.

G6.8.3 There are a number of *irregular verbs in the past definite*. The main patterns are summarised below. Given the 1st and 2nd person singular forms, the pattern for the remaining persons of the verb can be worked out by studying the regular forms above.

bere – to drink: bevvi or bevetti, bevesti, etc.
chi*u*dere – to close: chiusi, chiudesti, etc.
con*o*scere – to know: conobbi, conoscesti, etc.
dare – to give: diedi, desti, etc.
dec*i*dere – to decide: decisi, decidesti, etc.
dire – to say: dissi, dicesti, etc.
fare – to do: feci, facesti, etc.
l*e*ggere – to read: lessi, leggesti, etc.
m*e*ttere – to put: misi, mettesti, etc.
piacere – to please: piacqui, piacesti, etc.
porre – to put: posi, ponesti, etc.
pr*e*ndere – to take: presi, prendesti, etc.
rimanere – to remain: rimasi, rimanesti, etc.
sapere – to know: seppi, sapesti, etc.
sc*e*ndere – to go down: scesi, scendesti, etc.
scr*i*vere – to write: scrissi, scrivesti, etc.
stare – to stay: stetti, stesti, etc.
tenere – to hold: tenni, tenesti, etc.
vedere – to see: vidi, vedesti, etc.
venire – to come: venni, venisti, etc.
v*i*vere – to live: vissi, vivesti, etc.
volere – to want: volli, volesti, etc.

G7 THE VERB: IMPERATIVE MOOD

G7.1 The Imperative Mood is the Mood of Command

Since an order can only in fact be given directly to someone or a group of people, the true forms of the imperative are the 2nd person sing. (you) and the 2nd person plur. In the 1st person plur. (we), the imperative takes on the tone of an exhortation (let us . . .)

G7.2 The Direct Informal Forms

The direct informal forms of the imperative are as follows:

1st conjugation: -are verbs:

guarda – look (sing.), guardiamo – let's look, guardate – look (plur.)

2nd conjugation: -ere verbs:

vedi – see (sing.), vediamo – let's see, vedete – see (plur.)

3rd conjugation: -ire verbs:

senti – listen (sing.), sentiamo – let's listen, sentite – listen (plur.)

G7.3 Imperative of Irregular Verbs

andare – to go: va', andiamo, andate.
avere – to have: abbi, abbiamo, abbiate.
dare – to give: da', diamo, date.
dire – to tell: di', diciamo, dite.
fare – to do: fa', facciamo, fate.
stare – to stay: sta', stiamo, state

Note that there is a *doubling up* of consonants when some of these verbs combined with pronouns and ci (there):

dare: dammi – give; d*a*mmelo – give it to me
dire: dimmi – tell me; d*i*mmelo – tell me it
fare: fammi – do for me; f*a*mmelo – do it for me
andare: vacci – go there; v*a*ttene – go away from here

G7.4 The Negative Imperative

The negative imperative acts as a *prohibition* or *negative suggestion*. It is formed by placing *non* before the affirmative 1st and 2nd person plural forms:

Non guardiamo la televisione.	Let's not (don't let's) watch television.
Non dite quello.	Don't say that.

But for the 2nd person sing. familiar 'tu' form, non is placed *in front of* the infinitive:

Non guardare! Do not look! Non temere! Do not be afraid!

G7.5 The Polite Form of the Imperative

G7.5.1 When an order, an exhortation or a request is given to a person one is not well acquainted with, to an older person or to someone in a position which demands respect (i.e., someone you would address as Lei), the imperative form is taken from the 3rd person singular of the present subjunctive (see G8.2 below). The very rare formal 3rd person plural imperative form is given in brackets. It is common practice now to address more than one person in the above categories using the 2nd person plural (voi) imperative form:

-are verbs: guardi, (guardino).
-ere verbs: scriva, (scrivano).
-ire verbs: senta,* (sentano).

*This is the usual way of *attracting attention* – e.g., in a restaurant:

Senta, il conto per favore.

Excuse me, the bill, please.

G7.5.2 Below are some of the most common polite irregular imperative forms:

andare: vada (vadano)
dare: dia (diano)
dire: dica (dicano)
fare: faccia (facciano)
rimanere: rimanga (rimangano)
sapere: sappia (sappiano)
stare: stia (stiano)
tenere: tenga (tengano)
venire: venga (vengano)

G7.6 The Imperative of Reflexive Verbs

The reflexive pronouns follow the pattern of other pronouns in being tagged on to the verb in the imperative forms:

Svegliati! Svegliatevi! Wake up! Svegliamoci! Let's wake up!

However, the pronoun is placed *before* the verb in the polite 3rd person forms of the imperative:

Si accomodi. Sit down. (sing.) Si accomodino. Sit down. (plur.)

G8 THE VERB: SUBJUNCTIVE MOOD

G8.1 What the Subjunctive Mood Expresses

The subjunctive mood is used very extensively in Italian. Apart from its use in the formal imperative, the subjunctive is always *subordinate to a principal clause*. The subjunctive expresses uncertainty, unlikeliness, doubt, opinion, etc.

G8.2 Regular Forms

The regular forms of the present subjunctive are as follows:

-are verbs: guardi, guardi, guardi, guardiamo, guardiate, gu*a*rdino.
-ere verbs: tema, tema, tema, temiamo, temiate, t*e*mano.
-ire verbs: senta, senta, senta, sentiamo, sentiate, s*e*ntano.
or: capisca, capisca, capisca, capiamo, capiate, cap*i*scano.

G8.3 Irregular Verbs

Irregular verbs in the present subjunctive, other than those listed in **G7.5.2** above are as follows:

avere: abbia, abbia, abbia, abbiamo, abbiate, *a*bbiano.
dovere: debba, debba, debba, dobbiamo, dobbiate, d*e*bbano.
*e*ssere: sia, sia, sia, siamo, siate, s*i*ano.
morire: muoia, muoia, muoia, moriamo, moriate, mu*o*iano.
parere: paia, paia, paia, paiamo, paiate, p*a*iano.
piacere: piaccia, piaccia, piaccia, piacciamo, piacciate, pi*a*cciano.
porre: ponga, ponga, ponga, poniamo, poniate, p*o*ngano
potere: possa, possa, possa, possiamo, possiate, p*o*ssano.
uscire: esca, esca, esca, usciamo, usciate, *e*scano.
valere: valga, valga, valga, valiamo, valiate, v*a*lgano.
volere: voglia, voglia, voglia, vogliamo, vogliate, v*o*gliano:

G8.4 The Perfect Subjunctive

The perfect subjunctive is formed by using the *present subjunctive of* the appropriate *auxiliary verb* plus the *past participle*:

-are verbs: abbia guardato, abbia pensato, etc.
-ere verbs: abbia temuto, abbia venduto, etc.
-ire verbs: abbia sentito, abbia capito, etc.

The forms of the auxiliary verbs in this tense are as follows:

avere: abbia avuto, etc. *e*ssere: sia stato/a, etc.

Verbs requiring *e*ssere: sia andato/a, si sia svegliato/a, etc.

G8.5 The Imperfect Subjunctive

The imperfect subjunctive is formed in the following way:

-are verbs:
guardassi, guardassi, guardasse, guardassimo, guardaste, guardassero
-ere verbs:
temessi, temessi, temesse, temessimo, temeste, temessero
-ire verbs:
sentissi, sentissi, sentisse, sentissimo, sentiste, sentissero

The imperfect subjunctive of the auxiliary verbs is as follows:

avere: avessi, avessi, avesse, avessimo, aveste, avessero.
essere: fossi, fossi, fosse, fossimo, foste, fossero.

G8.6 The Pluperfect Subjunctive

The pluperfect subjunctive is formed by using the *imperfect subjunctive* of the appropriate *auxiliary verb* plus the *past participle*:

-are verbs: avessi guardato, avessi pensato, etc.
-ere verbs: avessi temuto, avessi venduto, etc.
-ire verbs: avessi sentito, avessi capito, etc.

Verbs requiring essere: fossi andato/a, mi fossi svegliato/a, etc.
The auxiliary verbs are formed: avessi avuto, etc., fossi stato/a, etc.

G8.7 Uses of the Subjunctive

G8.7.1 The subjunctive is required in dependent clauses after certain verbs and verbal expressions and conjunctions. It is usually introduced by the conjunction *che* and only when the subject of the verb in the dependent clause is different from that of the main clause.
The subjunctive is needed after main clauses including *three* types of verbs:
G8.7.2 Verbs of *opinion*, *doubt*, *fear*, *hope* and similar emotions:

aspettarsi – *to expect*; aver paura – to be afraid; temere – to fear; credere – to believe; dubitare – to doubt; pensare – to think; non vedere l'ora – to look forward to; sperare – to hope; aspettare – to wait; etc.

G8.7.3 Verbs expressing *desire*, *preference*, *sorrow*:

volere – to want; desiderare – to wish; piacere – to please; dispiacere – to be sorry; preferire – to prefer; etc.

G8.7.4 Verbs of *command*, *permission*, *denial*, *suggestion*, *request*:

dire – to tell; ordinare – to order; permettere – to permit; negare – to deny; impedire – to prevent; suggerire – to suggest; etc.

G8.7.5 **Note** that if the subject of the dependent clause is *identical* to that of the main clause, the verb does *not* require the subjunctive. It will be in the *infinitive* preceded by the preposition *di*:

Penso che tu sia fortunato. I think that you are lucky.

BUT:

Penso di essere fortunato. I think that I am lucky

G8.7.6 The subjunctive is required after *impersonal expressions* such as:

*e*ssere poss*i*bile/imposs*i*bile – to be possible/impossible
*e*ssere naturale – to be natural
*e*ssere necess*a*rio – to be necessary
*e*ssere un peccato – to be a pity
*e*ssere prob*a*bile/improb*a*bile – to be probable/improbable
*e*ssere meglio – to be better
*e*ssere consigli*a*bile – to be advisable
basta che – it is enough
bisogna che – it is necessary
può darsi che – it may be
sembra che/pare che – it seems

Note that if the dependent clause *does not have a definite subject*, the verb following these and similar expressions will be in the *infinitive*:

È necessario che tu faccia attenzione.

It is necessary for you to take care.

BUT:

È necessario fare attenzione. Care should be taken.

G8.7.7 The subjunctive is also needed after certain *conjunctions*:

anche se – even if; a meno che (non) – unless; affinché – in order that; benché – although; nel caso che or caso mai – in case; per paura che – lest; perché – meaning 'so that'; purché – provided that; nonostante che – in spite of the fact that; sebbene – though; prima che – before.

G8.7.9 The subjunctive is required after *indefinite expressions* such as:

chiunque – whoever; dovunque – wherever; qualunque/quals*i*asi (cosa) – whatever; per quanto – however much.

There are also a number of less common uses of the subjunctive. It is suggested that you study current spoken and written usage, making a note of the situations in which Italians have recourse to the subjunctive – and build these into your repertoire.

G9 SEQUENCE OF TENSES: INDICATIVE + SUBJUNCTIVE

G9.1 Main Clause Indicative Present or Future

When the verb in the main clause is in the *indicative present*, *imperative* or *future*, and the action in the dependent clause takes place *at the same time*, the verb in the dependent clause will be in the *present subjunctive*:

Spero (main clause verb) che tu abbia (dependent clause verb) voglia di mangiare.

I hope that you feel like eating.

If the action in the dependent clause has taken place *before* that of the main verb, the verb in the dependent clause will be in the *perfect subjunctive*:

Spero che tu abbia mangiato bene.

I hope that you have eaten well.

If the action in the dependent clause is going to take place *after* that of the main clause, the verb in the dependent clause is most commonly found in the *future indicative*:

Spero che tu mangerai bene.

I hope that you will eat well.

G9.2 Main Clause Indicative Past or Conditional

When the verb in the main clause is in any *past tense of the indicative* or either of the *two conditional tenses* and the action in the dependent clause takes place *at the same time*, the verb in the dependent clause is ALWAYS in the *imperfect subjunctive*:

Non mi piaceva che tu mangiassi tanto.

I was not pleased that you ate so much.

Mi piacerebbe che tu mangiassi meno.

I would be pleased if you ate less.

If the action in the dependent clause has taken place *before* that of the main clause, the verb in the dependent clause is ALWAYS in the *pluperfect subjunctive*:

Mi piaceva che tu avessi mangiato tanto bene.

I was pleased that you had eaten so well.

Note, however, that if the action in the dependent clause is going to take place *after*, that of the main clause, the verb in the dependent clause will ALWAYS be in the *perfect conditional*:

Speravo che tu avresti mangiato bene,

I hoped that you would eat/were going to eat/would have eaten well.

G10 THE VERB: CONDITIONAL MOOD

G10.1 What the Conditional Mood Expresses

The conditional mood expresses the *probability of an action*.

G10.2 The Formation of the Conditional Present

-are verbs: guarderei, guarderesti, guarderebbe, guarderemmo, guardereste, guarderebbero. (I would look, you would look, etc.)
-ere verbs: temerei, temeresti, temerebbe, temeremmo, temereste, temerebbero. (I would fear, you would fear, etc.)
-ire verbs: sentirei, sentiresti, sentirebbe, sentiremmo, sentireste, sentirebbero. (I would hear, you would hear, etc.)

The *present conditional* of the auxiliary verbs is as follows:

avere: avrei, avresti, avrebbe, avremmo, avreste, avrebbero.
essere: sarei, saresti, sarebbe, saremmo, sareste, sarebbero.

Note that the verbs listed in **G6.3.7** above as having irregular forms in the future tense will have the *same irregular patterns in the conditional tense* – e.g., verrò – I will come: verrei – I would come

G10.3 The Formation of the Conditional Perfect

In common with other compound tenses, this tense requires the appropriate auxiliary verb and the past participle. The auxiliary will be in the *conditional tense*. The same rules about past participle agreement apply:

-are verbs: avrei guardato – I would have looked, etc.
-ere verbs: avrei temuto – I would have feared, etc.
-ire verbs: avrei capito – I would have understood, etc.

The *auxiliary verbs* are formed:

avere: avrei avuto – I would have had, etc.
essere: sarei stato/a – I would have been, etc.

G10.4 Sequence of Tenses in Conditional Sentences

The conditional is often linked to a dependent clause introduced by se (if). The *imperfect* or *pluperfect subjunctive* are used according to the tense of the conditional and respecting the rules governing the sequence of tenses, as follows:

(a) **IF clause: present indicative** – main clause: present indicative

Se Paolo viene, gli parliamo.

If Paolo comes, we are going to talk to him.

(Certain on the condition of his coming.)

(b) **IF clause: future indicative** – main clause: future indicative

Se Paolo verrà, gli parleremo.

If Paolo comes, we shall talk to him.

(Certain, but slightly less probability of his coming.)

(c) **IF clause: imperfect subjunctive** – main clause: present conditional

Se Paolo venisse, gli parleremmo.

If Paolo came (were to come), we would talk to him.

(Probable but uncertain.)

(d) **IF clause: pluperfect subjunctive** – main clause: conditional perfect

Se Paolo fosse venuto, gli avremmo parlato.

If Paolo had come, we would have spoken to him.

(Impossible – he did not come!)

G10.5 Use of the Future and Conditional in Reported Speech

When the main clause is in the present indicative and the dependent clause expresses an action taking place in the future, the use of the present, conditional and conditional perfect *implies an increasing degree of probability*: Examples:

(a) Paolo dice che verrà domani.

Paolo says that he will come tomorrow. (Certain.)

(b) Paolo dice che verrebbe domani.

Paolo says that he would come tomorrow. (Probable but not certain.)

(c) Paolo dice che sarebbe venuto domani.

Paolo says that he would have come tomorrow. (Impossible. He cannot.)

Note that when the main clause is in any of the past tenses of the indicative, the dependent clause expressing an action in the future ALWAYS requires the *conditional perfect tense*:

Paolo ha detto/diceva/disse/aveva detto che sarebbe venuto.

Paolo said/had said that he would/would have come.

The ideas in this one sentence range from *certain*: (He has come and he had previously announced his intention to come), to *impossible* (He did not come and he had warned that he would not).

G11 THE PASSIVE

G11.1 What the Passive Mood Expresses

The passive mood expresses an action that is 'received' or 'done to' the subject, as opposed to the subject carrying out the action.
There are *three* ways of expressing the passive in Italian:

(a) By using the verb essere (in any tense) and the past participle (which will agree in number and gender with the subject):

La lettera era scritta in italiano.

The letter was written in Italian.

La lettera era stata scritta in italiano.

The letter had been written in Italian.

(b) By using venire in the place of essere plus the past participle:

La lettera veniva scritta in italiano.

The letter was written in Italian.

Note that **(a)** is much more common that **(b)**.

(c) By using si plus the 3rd person singular or plural of the verb in the *active* form:

Si scrive il libro in italiano.

The book is written/is being written in Italian.

Si scrivono i libri in italiano.

The books are written/are being written in Italian.

G12 USES OF *SI*

Besides the use of *si* in the passive form above (si passivante), there are *three* further uses of this versatile little word.

(a) **The reflexive *si*:**

Paolo si diverte molto. Paolo is enjoying himself a lot.

(b) The reciprocal *si*:

Paolo e Maria si scr*i*vono spesso.	Paolo and Maria write to each other often.

(c) The impersonal or indefinite *si* (corresponding to the English 'one', 'you', 'they', 'people'):

Si dice che l'italiano è una bella lingua.

People/They say that Italian is a beautiful language.

Note that this use of *si* requires the verb *always in the 3rd person sing.* The auxiliary verb, when required, will always be essere. A past participle or adjective, because of the indefinite nature and implied plural in the sentence, will take the masculine plural form of agreement:

Si è sempre felici in vacanza.

One is always happy on holiday.

In many cases the Italian indefinite *si* verges on the boundaries of the passive *si*.

G13 THE GERUND

The gerund, corresponding in English to that part of a verb ending in '-ing', is often used to convey the idea of a *whole subordinate or dependent clause or phrase*:

(a) Temporal (time)

La bambina, giocando, calpestava i fiori.

The girl, while she was playing, trod on the flowers.

(b) Modal (manner)

Laura si alzò, ridendo.

Laura woke with a smile on her lips.

(c) Causal (reason)

Correndo, si inciampò e cadde.

(Because of his) running along, he stumbled and fell.

(d) Instrumental (means)

Leggendo i giornali, si impara la lingua.

By reading the newspapers, you can learn the language.

Note that the gerund ALWAYS refers to the subject of the action expressed in the *main verb*:

G14 THE PRESENT PARTICIPLE

The present participle form of the verb (also ending in '-ing' in English) is formed by substituting -ante for the infinitive ending in -are verbs, and -ente for -ere and -ire verbs – e.g., parlare – parlante (talking); ridere – ridente (smiling); bollire – bollente (boiling)

Note that the present participle form is used mainly in an *adjectival way* – i.e., to describe something or someone:

l'uccello parlante – the talking bird	plur.: gli uccelli parlanti
il viso ridente – the smiling face	plur.: i visi ridenti
l'acqua bollente – boiling water	plur.: le acque bollenti

G15 USES OF *ANDARE*

(a) When followed by a past participle (which agrees in number and gender with the subject) the verb andare – to go is translated by the expression 'have to be':

Le leggi vanno rispettate.	The rules have to be respected.
Come va preparato?	How does it have to be prepared?

(b) When followed by a gerund, andare is translated in English either by the present or the past continuous:

Antonio va migliorando.	Antonio is improving.
Maria andava invecchiando.	Maria was getting old.

G16 USES OF *FARE*

(a) Sentences with an *active* meaning:

to make: Fallo venire subito.

Make him come immediately.

to get: Mi farò prestare il denaro da Giorgio.

I'll get Giorgio to lend me the money.

to let: Fatelo sapere anche ad Antonio.

Let Antonio know too.

(b) Sentences with a *passive* meaning:

to have: Li farò addebitare al mio conto.

I'll have them charged to my bill.

to make: Il suo coraggio la fa ammirare da tutti.

Her courage makes her admired by everyone.

Note that some *intransitive verbs*, when used in a transitive way, are also translated by fare + the infinitive:

Il pilota fece entrare la nave in porto.

The pilot sailed the ship into port.

(c) **Special expressions:**

fare pagare – to charge
far sapere – to inform
fare venire – to send for
fare notare – to point out
far aspettare – to keep waiting
far dire – to send word
far venire in mente – to recall
far cu*o*cere (al forno) – to bake

As can be seen from the above list, the final -e of the infinitive may be omitted before the following infinitive.

GRAMMAR SECTION INDEX

USEFUL BOOKS AND ADDRESSES

GRAMMAR BOOKS

Jones, F. J., *A Modern Italian Grammar* (University of London Press).
Katerinov, K. and M. C. B. Katerinov, *Lingua e vita d'Italia* (Edizioni Scolastiche Bruno Mondadori).
Lepschy, A. L. and G. Lepschy, *La lingua italiana* (Fabbri-Bompiani); English edn, *The Italian Language* (Hutchinson).
Milesi, G., *Italiano vivo* (Harrap).
Roncari, A. and C. Brighenti, *La lingua italiana per gli stranieri* (Edizioni Scolastiche Mondadori).
Russo, J. L. *Practical Italian Grammar* (Harrap).

DICTIONARIES

Cassell's Colloquial Italian (a handbook of idiomatic usage) (Cassell).
The Concise Cambridge Italian Dictionary (Penguin).
English–Italian, Italian–English Dictionary (Oxford University Press).
Marolli, G., *Dizionario tecnico – Technical Dictionary* (Le Monnier).
Picchi, F., *Economics & Business, Dizionario enciclopedico economico e commerciale, Inglese–Italiano:Italiano–Inglese* (Zanichelli).
Sansoni/Harrap, *Standard Italian and English Dictionary* (Harrap).

REFERENCE BOOKS

Aust, D. and C. Shepherd, *Lettere sigillate* (A Guide to Formal and Informal Letter-Writing) (Stanley Thornes).
Clay, K. and A. Favret, *Uno sguardo all'Italia* (Harrap).
Dekovic, G., *Vita italiana* (National Textbook Co.)
Denzler, A. and P. Guzzanti, *Come usare l'Italia* (Arnoldo Mondadori).
Douglas, N., *Old Calabria* (Century Publishing, Gentry Books, London).
Elia, P., *I verbi italiani per gli stranieri* (Edizioni Scolastiche Mondadori).
Harvard, J. and M. M. Miletto, *Billingual Guide to Business and Professional Correspondence*, Italian–English:English–Italian (Pergamon).

Haycraft, J., *Italian Labyrinth* (Penguin).
Manchester University Press has published a selection of Italian literature in its *Italian Texts* series. Each edition includes an introduction, notes and vocabulary.
Mollica, A. and A. Convertini, *L'Italia racconta* (John Murray).
Nichols, P., *Italia, Italia* (Fontana/Collins).

ADDRESSES

CILT (The Centre for Information on Language Teaching and Research) Regent's College, Inner Circle, Regent's Park, London, NW1 4NS.
CIT (England) Ltd, 50–51, Conduit Street, London W1R 9FB. (For travel arrangements. CIT also acts as agents for the Italian State Railways.)
The Italian Cultural Institute, 39 Belgrave Square, London SW1X 8NX.
The Italian State Tourist Office, (ENIT) 1 Princes Street, London W1R 8AY; 47 Merrion Square, Dublin 2. (ENIT publishes annually a free *Travellers' Handbook*.)